**Laboratório de artes visuais:
fotografia digital e quadrinhos**

André Lopez Scoville
Bruno Oliveira Alves

2ª edição

Rua Clara Vendramin, 58 · Mossunguê · CEP 81200-170 · Curitiba · PR · Brasil
Fone: (41) 2106-4170 · www.intersaberes.com · editora@intersaberes.com

Conselho editorial
Dr. Alexandre Coutinho Pagliarini
Drª Elena Godoy
Dr. Neri dos Santos
Mª Maria Lúcia Prado Sabatella

Editora-chefe
Lindsay Azambuja

Gerente editorial
Ariadne Nunes Wenger

Assistente editorial
Daniela Viroli Pereira Pinto

Edição de texto
Monique Francis Fagundes Gonçalves

Capa
Cynthia Burmester do Amaral
Sílvio Gabriel Spannenberg (*design*)
Incredible_movements/Shutterstock (imagem)

Projeto gráfico e diagramação
Conduta Design (*design*)
Nadiia Korol, Primsky e Incredible_movements/
Shutterstock (imagens)

Equipe de *design*
Sílvio Gabriel Spannenberg
Laís Galvão

Iconografia
Palavra Arteira
Regina Claudia Cruz Prestes

Dados Internacionais de Catalogação na Publicação (CIP)
(Câmara Brasileira do Livro, SP, Brasil)

Scoville, André Lopez
  Laboratório de artes visuais : fotografia digital e quadrinhos / André Lopez Scoville, Bruno Oliveira Alves. -- 2. ed. -- Curitiba, PR : InterSaberes, 2024. -- (Série teoria e prática das artes visuais)

  Bibliografia.
  ISBN 978-85-227-0903-8

  1. Artes – Estudo e ensino 2. Artes visuais 3. Fotografia 4. Fotografia – História 5. Fotografia digital 6. Histórias em quadrinhos I. Alves, Bruno Oliveira. II. Título. III. Série.

23-181452   CDD-700

Índices para catálogo sistemático:
1. Artes visuais 700

Eliane de Freitas Leite – Bibliotecária – CRB 8/8415

1ª edição, 2018.
1ª edição, 2024.
Foi feito o depósito legal.

Informamos que é de inteira responsabilidade dos autores a emissão de conceitos.

Nenhuma parte desta publicação poderá ser reproduzida por qualquer meio ou forma sem a prévia autorização da Editora InterSaberes.

A violação dos direitos autorais é crime estabelecido na Lei n. 9.610/1998 e punido pelo art. 184 do Código Penal.

Sumário

Apresentação 7
Organização didático-pedagógica 11

Parte I   Fotografia 17

1   O que é fotografia? 19
   1.1   A arte da fotografia 21
   1.2   Fotografia digital e sociedade 25
   1.3   Princípios da fotografia 27
   1.4   Composição fotográfica 41
   1.5   Conhecendo a obra de grandes fotógrafos 57

2   História e tecnologias da fotografia 71
   2.1   Breve história da fotografia 73
   2.2   A câmera fotográfica 83
   2.3   Aspectos técnicos da imagem fotográfica 93
   2.4   Objetivas e acessórios fotográficos 121

3   Fotografia na prática 143
   3.1   Fotojornalismo 145
   3.2   Fotografia de natureza, paisagem e arquitetura 150
   3.3   Fotografia publicitária 154
   3.4   Fotografia de retrato 156
   3.5   Fotografia de *fine art* 159
   3.6   Fotografia em estúdio 166
   3.7   Técnica de *light painting* 167
   3.8   Pós-produção na fotografia 168

Referências 193
Bibliografia comentada 197

Parte II Quadrinhos 201

4 O que são quadrinhos? 203
    4.1 Definições de quadrinhos 205
    4.2 Linguagem dos quadrinhos 211
    4.3 Gêneros e formatos 216

5 Breve história dos quadrinhos 229
    5.1 Como tudo começou 231
    5.2 Do fenômeno dos quadrinhos no século XX à contemporaneidade 238

6 Quadrinhos na prática 261
    6.1 Como se faz uma história em quadrinhos 263
    6.2 Ferramentas de produção 279
    6.3 Produzindo uma revista em quadrinhos 281
    6.4 Quadrinhos digitais 286

Referências 295
Bibliografia comentada 297
Considerações finais 299
Respostas 303
Sobre os autores 305

Apresentação

Logo nas primeiras décadas do século XX, o cinema começou a ser conhecido como *a sétima arte*. Anos mais tarde, outras formas de expressão também alcançaram esse *status* elevado. Neste livro, abordamos duas dessas formas de artes visuais – a fotografia e os quadrinhos –, que, usualmente e respectivamente, têm sido chamadas de *a oitava arte* e *a nona arte*.

Embora sejam as duas artes sejam distintas, elas conservam algumas semelhanças – ambas surgiram no século XIX e levaram algum tempo até serem reconhecidas como expressões artísticas, por exemplo. Além disso, alguns aspectos técnicos, como tipos de planos, ângulos de visão e iluminação, também as aproximam. No entanto, é certo que esses assuntos, ainda que similares, são diferenciados; então, por isso e para melhor atender às especificidades de cada caso, optamos por dividir esta obra em duas partes: cada uma dessas expressões artísticas (fotografia digital e quadrinhos) é apresentada por um autor especialista no assunto.

Na **Parte I**, que consiste nos três primeiros capítulos, abordamos a fotografia – e mais especificamente, a **fotografia digital**. Essa linguagem é relativamente nova em relação à história da humanidade – menos de dois séculos –, mas tem grande relevância, pois está na base técnica das principais linguagens visuais da atualidade, como cinema e televisão, e está presente em vários meios de comunicação.

É notável que a fotografia tem relevante influência em nossas vidas, pois grande parte das pessoas têm contato diário com ela por meio de anúncios publicitários, reportagens jornalísticas, redes sociais etc. Na sociedade contemporânea, é praticamente impossível passar um dia sem ter contato com fotos. A fotografia está presente para mediar nossas relações com o mundo e nossa comunicação, então, é essencial, tanto como consumidores quanto como produtores de imagens, pensarmos criticamente sobre essa linguagem.

Nesse sentido, nos três primeiros capítulos, nosso intuito é que você amplie seu entendimento sobre essa expressão artística, conheça mais a fundo as práticas e a história da fotografia e, assim, desenvolva ou aprimore seu senso crítico em relação à linguagem. Além disso, lançamos mão de ferramentas para que você possa analisar e produzir boas fotos, de forma que, ao longo de todos os capítulos, a abordagem contempla aspectos tanto teóricos quanto práticos, pois entendemos que é essencial relacionar o pensamento ao fazer fotográfico.

No Capítulo 1, propomos uma imersão no mundo da fotografia para apresentar os principais conceitos, destacando que uma linguagem está sempre relacionada ao seu contexto social. Examinamos os primeiros aspectos técnicos da produção fotográfica, como enquadramento e outros elementos presentes na composição, os princípios da visão e a teoria das cores. Para finalizar o capítulo, selecionamos para análise três expoentes da fotografia mundial, considerando que conhecer a obra de fotógrafos é essencial para o pensar e o fazer fotográficos.

No Capítulo 2, a discussão é essencialmente teórica, com um breve relato sobre o surgimento da fotografia de forma relacionada aos modos de produção de imagens anteriores a ela. Nesse capítulo, focamos a parte prática nas características técnicas do aparelho fotográfico (câmera, objetivas, sensor etc.) e seus controles (abertura, velocidade etc.), no intuito de demonstrar como é possível manipular a câmera e criar fotografias que atendam às intenções estéticas de cada situação.

No Capítulo 3, dedicamo-nos aos gêneros fotográficos. Entendemos que essa linguagem é composta por suas várias práticas, muito distintas entre si: fotojornalismo, publicidade, retrato, arte, entre outras. Descrevemos as características dessas práticas e apresentamos alguns exemplos para que você se familiarize com alguns dos gêneros fotográficos possíveis. Além disso, no final do capítulo, tratamos da pós-produção fotográfica, comentando algumas ferramentas e procedimentos para o tratamento da imagem digital.

Na **Parte II** desta obra, que consiste nos três últimos capítulos, mergulhamos nos **quadrinhos**. E é essencial iniciar essa conversa ressaltando que, contemporaneamente, não há mais motivo para qualquer constrangimento quando se admite que é leitor de quadrinhos, e a ideia de que estes são voltados somente para o público infantil é antiquada, sobretudo porque essa linguagem conquistou reconhecimento como forma de arte, atingiu uma diversidade de gêneros nunca antes vista e é lida tanto por crianças quanto por adultos. Atualmente, não é mais possível ignorar essa arte – ela é difundida no mundo inteiro, apreciada por milhões de pessoas, arregimenta milhares de fãs em convenções, consiste em parcela substancial dos mercados editorial, de brinquedos e de outros produtos, e ainda "abastece" a indústria cinematográfica e a televisiva com suas histórias e seus personagens.

No entanto, até chegarmos ao panorama atual, o caminho dessa forma de expressão foi árduo e longo. Nesse contexto, o primeiro passo para analisar essa expressão é refletir sobre o que ela é e o que significa no mundo contemporâneo. Por isso, no Capítulo 4, tratamos sobre definições, ou seja, "tratamos", mas não as consolidamos, justamente porque os quadrinhos são dinâmicos e abrangentes demais. Nossa intenção é que, ao final dessa discussão, você forme sua própria definição para essa arte.

No Capítulo 5, concentramo-nos no essencial da história dos quadrinhos, traçando um panorama que permite obter uma visão geral sobre esse assunto tão extenso. Destacamos períodos importantes da história dessa linguagem, relacionando-os a obras e a artistas que foram e ainda são referências para outros artistas e, certamente, também serão para você.

Por fim, no Capítulo 6, abordamos aspectos práticos referentes aos quadrinhos, como etapas de produção, ferramentas, métodos e recursos que podem ser empregados na criação de uma história em quadrinhos. Fazer uma história em quadrinhos implica querer se comunicar, querer se expressar e, nesse sentido, em geral, quem faz uma história em quadrinhos quer que ela seja lida por outra pessoa. Por isso, assinalamos também algumas maneiras de fazer com que os quadrinhos cheguem aos leitores – seja digitalmente, seja por meio de uma revista impressa. Além disso, partindo de uma proposta de planejamento para se obter uma revista em quadrinhos impressa, estabelecemos relações com os quadrinhos digitais e apresentamos alternativas de veiculação.

Entretanto, é importante ter em mente que, para entender e fazer quadrinhos, não basta ler sobre o assunto, é preciso ler bons – e muitos – quadrinhos. O hábito desse tipo de leitura faz com que você se familiarize com diferentes estilos e técnicas, estabeleça comparações e identifique suas preferências. Trata-se, nesse sentido, de um processo contínuo de descobertas e, é claro, pode ser também uma atividade muito prazerosa. Em resumo, a Parte II desta obra é essencialmente um convite para que você reflita, explore, crie, descubra e leia quadrinhos.

Por fim, é válido mencionar que nossa proposta, aqui, é apresentar, ainda que não exaustivamente, os principais aspectos dessas duas formas de arte, provocar a reflexão, sugerir desdobramentos, contribuir para sua formação e estimulá-lo, caro leitor, a descobrir e a se envolver com essas fascinantes expressões artísticas.

Organização didático-pedagógica

Esta seção tem a finalidade de apresentar os recursos de aprendizagem utilizados no decorrer da obra, de modo a evidenciar os aspectos didático-pedagógicos que nortearam o planejamento do material e como o leitor pode tirar o melhor proveito dos conteúdos para seu aprendizado.

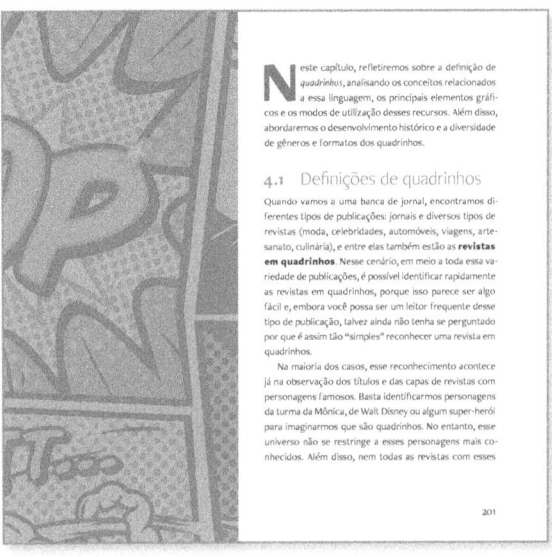

Introdução do capítulo

Logo na abertura do capítulo, você é informado a respeito dos conteúdos que nele serão abordados, bem como dos objetivos que os autores pretendem alcançar.

Preste atenção!

Neste boxe, você confere informações complementares a respeito do assunto que está sendo tratado.

Importante!

Algumas informações importantes da obra aparecem neste boxe. Aproveite para fazer sua própria reflexão sobre os conteúdos apresentados.

Síntese

Você conta, nesta seção, com um recurso que o instigará a fazer uma reflexão sobre os conteúdos estudados, de modo a contribuir para que as conclusões a que você chegou sejam reafirmadas ou redefinidas.

Indicações culturais

Nesta seção, os autores oferecem algumas indicações de livros, filmes ou *sites* que podem ajudá-lo a refletir sobre os conteúdos estudados e permitir o aprofundamento em seu processo de aprendizagem.

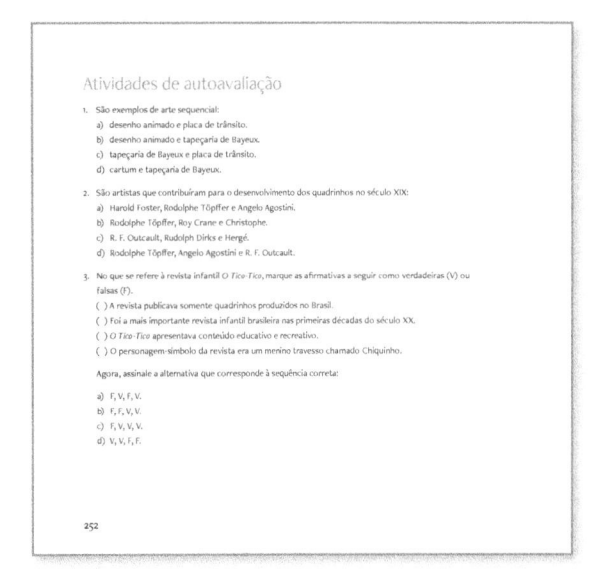

Atividades de autoavaliação

Com estas questões objetivas, você tem a oportunidade de verificar o grau de assimilação dos conceitos examinados, motivando-se a progredir em seus estudos e a se preparar para outras atividades avaliativas.

Atividades de aprendizagem

Aqui você dispõe de questões cujo objetivo é levá-lo a analisar criticamente determinado assunto e aproximar conhecimentos teóricos e práticos.

Bibliografia comentada

Nesta seção, você encontra comentários acerca de algumas obras de referência para o estudo dos temas examinados.

Parte

Fotografia

O que é fotografia?

Bruno Oliveira Alves

Neste capítulo, iniciaremos os estudos sobre a linguagem fotográfica, com enfoque nas questões relacionadas a sua natureza, seus conceitos e seus princípios.

Para tanto, é preciso ter em mente que o desenvolvimento da fotografia sempre deve ser pensado considerando o contexto em que a sociedade se encontra. Assim, é certo que a fotografia digital surgiu como mais um capítulo da fotografia, o qual está mudando a maneira como as pessoas se relacionam com essa expressão.

Além disso, discutiremos os princípios básicos que auxiliam na produção de fotografias harmônicas e cativantes, como a natureza da luz, a teoria das cores e os elementos presentes na composição de uma imagem.

1.1 A arte da fotografia

A fotografia foi inventada em meados do século XIX, oficialmente em 1839, em um contexto mundial de industrialização e de desenvolvimento científico. Havia a busca por um tipo de imagem mecânica, "automática", que fosse gerada com o mínimo de interferência da mão do artista e "capturasse" a realidade.

A própria etimologia da palavra *fotografia* dá uma pista sobre a pretensa automaticidade da produção fotográfica: *foto* = luz; *grafia* = escrita. Logo, *fotografia* significa "escrita da luz". Nessa arte, a **luz** ganhou protagonismo, como se a imagem fosse criada pela luz; no entanto, tal expressão artística é, com certeza, muito mais complexa do que uma imagem escrita "pela" luz ou "com" a luz.

É claro que a luz é importante, pois é a matéria-prima da criação fotográfica – isso significa que, sem ela, não há fotografia. Assim, usamos a luz que emana de uma cena (objeto ou pessoa) para registrá-la em um material sensível, seja uma película analógica, seja um sensor digital. No entanto, a imagem não se faz automaticamente: ela só ocorre mediante uma série de escolhas técnicas e culturais feitas tanto pelo fotógrafo que opera a câmera quanto pela indústria que desenvolveu a tecnologia fotográfica.

A tecnologia tem papel fundamental na maneira como criamos imagens fotográficas. Flusser (1998) considera a fotografia a primeira imagem técnica, ou seja, a primeira imagem produzida por aparelhos técnicos.

Para o autor, a **câmera fotográfica** é um aparelho técnico que incorpora um "programa": uma série de conceitos científicos e culturais preestabelecidos e cristalizados no aparelho, tais como a sensibilidade à luz dos sais de prata do filme ou as propriedades fotoelétricas do sensor digital; as propriedades ópticas das lentes objetivas; a concepção do que é uma reprodução realista das cores; a perspectiva (Flusser, 1998).

Esse programa é capaz de traduzir dada realidade visual (luz) em imagens (fotos) e é resultado de séculos de progresso científico e cultural: o desenvolvimento do aparelho ocorreu de forma vinculada à relação da tecnologia com a sociedade.

O fotógrafo, em geral, não interfere diretamente no programa da câmera, que, a seu ver, é uma "caixa preta" (Flusser, 1998), pois ele não sabe como o programa funciona. Contudo, o fotógrafo pode manipular diversas funções do aparelho fotográfico (quantidade de luz, enquadramento, tipo de filme, entre outros) para criar imagens como ele deseja.

Por ser uma imagem técnica, a fotografia tornou-se símbolo da sociedade moderna. Segundo Rouillé (2009), essa expressão artísica deve suas condições de existência à sociedade do século XIX, que compartilhou seus valores, sendo seu principal paradigma. O autor afirma, ainda, que a fotografia foi

> Criada, forjada, utilizada por essa sociedade, e incessantemente transformada acompanhando suas evoluções [...] essa sociedade, tinha necessidade de um sistema de representação adaptado ao seu nível de desenvolvimento, ao seu grau de tecnicidade, aos seus ritmos, aos seus modos de organização sociais e políticos, aos seus valores e, evidentemente, à sua economia. (Rouillé, 2009, p. 31)

Historicamente, a fotografia sempre esteve ligada a um valor documental. No início (século XIX), as características técnicas e formais – como produção mecânica da imagem e grande semelhança com o tema fotografado – foram as principais razões para se creditar à fotografia o caráter de objetividade, ou seja, um espelho do real que não sofria interferência da subjetividade do artista.

> No entanto, a fotografia não pode ser considerada um espelho, uma vez que ela usa o mundo como matéria-prima, mas é constituída por meio de uma série de escolhas do fotógrafo: o que fotografar, como fotografar e onde veicular a imagem. Existe uma variedade de escolhas anteriores e posteriores ao **ato fotográfico** (momento do clique) que contribuem para uma construção sobre a realidade que a fotografia registra (Machado, 2000).

Portanto, os fotógrafos usam a fotografia não para refletir o mundo tal como ele é, mas para representar e construir suas visões de mundo. Para Rouillé (2009), a fotografia não é um documento, mas está provida de um **valor documental**, que sofre variações conforme as circunstâncias. O fotógrafo e pesquisador espanhol Fontcuberta (2010, p. 13) colabora com essa visão, afirmando que

> Toda fotografia é uma ficção que se apresenta como verdadeira. Contra tudo o que nos inculcaram, contra o que nos costumamos pensar, a fotografia mente sempre, mente por instinto, mente porque sua natureza não lhe permite fazer outra coisa. Contudo, o importante não é essa mentira inevitável, mas como o fotógrafo a utiliza, a que propósitos serve. O importante, em suma, é o controle exercido pelo fotógrafo para impor um sentido ético à sua mentira. O bom fotógrafo é o que mente bem a verdade.

Ao longo do desenvolvimento da linguagem e do entendimento da natureza fotográfica, a noção do que é o valor documental da fotografia se transformou. A fotografia não é um documento graças à suposta característica "copiadora" do aparelho mecânico – a ela se atribui um valor de acordo com a maneira como é usada. Assim, "acreditaremos" no conteúdo de uma foto de acordo com as características de sua produção e circulação. Por exemplo, uma fotografia jornalística é considerada mais documental do que uma fotografia de moda, visto que se pressupõe que alguns princípios da prática jornalística foram seguidos, tais como o testemunho visual do fotógrafo, a busca de imparcialidade e a não manipulação dos conteúdos e da informação dos fatos como eles ocorreram. Já o registro fotográfico de moda segue outros princípios, como a criação de um "clima" e de um mundo – muitas vezes ficcionais – para divulgar, por exemplo, uma marca de roupas e vender seus produtos.

O diretor de um dos principais projetos documentais da história da fotografia, Roy Stryker (1893-1975) (citado por Hamilton, 1997, p. 83, grifo do original, tradução nossa), apresentou uma definição do que é um **bom documentário**: "deve não apenas mostrar como um lugar ou coisa **parece**, mas devem também mostrar para a audiência como ela se **sentiria** se fosse uma testemunha real da cena". Com base nesse conceito de fotografia documental, uma foto ganha autenticidade quando agrega a experiência pessoal do autor e seu testemunho, pois, por "estar lá", o autor transmite um **valor de verdade** para seu trabalho – valor que não advém somente da aparência da imagem (Hamilton, 1997).

Preste atenção!
Roy Stryker foi o diretor de um dos projetos mais importantes na história da fotografia – realizado pela Secretaria de Segurança no Trabalho Rural dos Estados Unidos (Farm Security Administration – FSA) –, que documentou a vida dos trabalhadores rurais pobres no interior do país durante a recessão da década de 1930. Esse projeto foi, e ainda é, referência para toda a fotografia documental.

1.2 Fotografia digital e sociedade

A fotografia digital, principal objeto de estudo da Parte I, é o resultado atual do desenvolvimento técnico e de linguagem da fotografia em todas as suas práticas desde o século XIX e que hoje, por meio de um novo suporte (tecnologia digital), ganha contornos e usos inéditos em nosso cotidiano. Além disso, a fotografia faz parte de uma tradição imagética muito forte, de representação visual do mundo, de conceitos e sentimentos, que vêm de todas as artes visuais anteriores, como a pintura e o desenho. Na verdade, as imagens nos acompanham há milhares de anos, desde as pinturas rupestres – algumas com mais de 30 mil anos. Muito antes da invenção da escrita, conceitos e ideias eram registrados por meio das imagens.

A produção pictórica é muito importante para a troca e a formação de significados, como a construção da identidade. Ao longo da história da pintura, o **retrato** foi um dos principais produtos, e as pessoas mais abastadas contratavam artistas para imortalizar suas fisionomias em pinturas; em razão do custo elevado, ter um retrato era um símbolo social.

Uma das principais funções da fotografia no século XIX foi justamente o retrato, que atendia a uma burguesia ascendente, porém com menos recursos financeiros para poder se autorrepresentar por meio da pintura. Com o retrato fotográfico, mais barato e acessível, um maior número de pessoas pode ter a própria imagem e ajudar a construir sua identidade (Freund, 2001). Esse é um bom exemplo de como a tecnologia e a sociedade se constroem mutuamente, pois o desenvolvimento técnico e o barateamento do processo fotográfico eram necessidades da sociedade na segunda metade do século XIX e, ao mesmo tempo, a fotografia contribuía para o desenvolvimento social da pessoa retratada.

De fato, não apenas os retratos são importantes na relação sociedade e fotografia, mas as imagens em geral ajudam na mediação entre nós e o mundo, proporcionando o acesso a lugares que não poderíamos saber como são sem visitá-los.

A massificação e a circulação da fotografia no fim do século XIX mudaram a relação das pessoas com o mundo: passamos a ter contato, muitas vezes, primeiro com a imagem, depois com a realidade.

> A introdução da foto na imprensa é um fenômeno de importância capital. Muda a visão das massas. Até então, o homem comum só podia ver os acontecimentos que ocorriam ao seu lado, na sua própria rua, em seu próprio povoado. Com a fotografia, se abre uma janela para o mundo. Os rostos das personagens públicas, os acontecimentos que ocorrem no mesmo país ou além das fronteiras se tornam familiares. (Freund, 2001, p. 96, tradução nossa)

Durante quase dois séculos, a fotografia ganhou cada vez mais usos: ela se destina à documentação científica, à arquitetura, à publicidade, ao jornalismo, aos retratos, à moda, ao registro cotidiano; ela está na base de outras linguagens, como o cinema, o vídeo, a televisão, a computação gráfica e o *design*. Atualmente, a fotografia está presente no cotidiano e é praticamente impossível passar um dia sem ter contato com ela.

Ao longo de sua história, a fotografia ampliou cada vez mais o acesso à produção da imagem. Os primeiros processos demandavam do profissional um grande conhecimento da área de química. Era preciso preparar as chapas de negativo imediatamente antes de se fazer a foto e revelá-la em seguida. Em pouco tempo, a tecnologia avançou e foram comercializados equipamentos mais fáceis de usar, além de *kits* de materiais previamente preparados, o que permitiu que mais pessoas fotografassem. No final do século XIX, a Kodak lançou sua primeira câmera, com o *slogan* "Você aperta o botão, nós fazemos o resto" (Sontag, 2007, p. 67). Nesse estágio do desenvolvimento, pessoas amadoras, sem conhecimento científico, apontavam suas câmeras e registravam o mundo. Depois, era necessário apenas levar a câmera a uma loja e pegar outra com um novo filme.

Nesse sentido, podemos afirmar que a tecnologia digital é uma extensão do processo do desenvolvimento fotográfico e de sua linguagem, que ampliou o acesso à produção e à circulação da fotografia.

Os primeiros testes com imagens digitais ocorreram nos anos 1960, mas a tecnologia se tornou popular e acessível à maioria do público consumidor apenas no final dos anos 1990 e início dos anos 2000. Hoje, estamos no ápice do progresso tecnológico: a cada ano é lançada uma infinidade de câmeras fotográficas digitais, para todos os gostos. Há câmeras de médio formato, DSLRs (*Digital Single Lens Reflex*, em inglês, ou Monorreflex Digital, em português), câmeras *mirrorless* (sem espelho), que servem para fotografia documental ou de moda, fotojornalismo, registro cotidiano, entre muitos outros usos. Inclusive, grande parte das pessoas carrega câmeras acopladas a seus aparelhos de telefone, fáceis de se levar para todos os lados, o que permite o registro das mais variadas cenas.

Essa é uma das grandes "revoluções" da tecnologia digital: aumentar, e muito, o acesso à produção das imagens. Se antes a maior parte das pessoas consumia as imagens em jornais e revistas e registrava apenas alguns momentos importantes de suas vidas, hoje a maioria fotografa o cotidiano, contribuindo, dessa maneira, para o desenvolvimento da linguagem fotográfica como um todo.

1.3 Princípios da fotografia

Como mencionamos, é importante compreender que a fotografia não é um espelho do mundo, isto é, não registra o mundo exatamente como ele é ou como o vemos. A fotografia é uma **tradução imagética** desse mundo e da visão do fotógrafo. Assim, é válido analisarmos como muitos princípios técnicos e científicos ajudam a entender e a produzir melhores imagens. Vamos a alguns deles.

1.3.1 O olho e a visão

O **sistema visual** é complexo e muito eficiente na captação e na tradução da radiação luminosa (luz) em imagens. Ele é composto pelos órgãos visuais (olhos), que captam a luz, e pelo sistema nervoso, que processa as informações, gerando as imagens que enxergamos.

Assim funciona o sistema visual: primeiramente, os seres humanos são dotados de dois olhos, portanto, têm uma visão estereoscópica – a pequena diferença de pontos

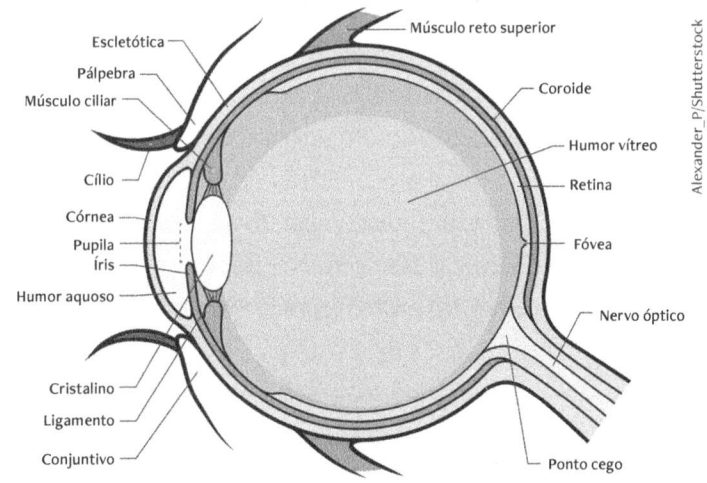

Figura 1.1 – Estrutura do olho humano

de vista de cada olho nos permite perceber a **profundidade** dos espaços e objetos, ou seja, vemos o mundo em três dimensões (3-D).

Na fotografia, ocorre o contrário. Como a maior parte das câmeras só possui uma lente, a imagem é **planificada** em um suporte bidimensional e só é possível perceber duas dimensões do espaço (largura e altura). Para obtermos fotografias com ilusão de três dimensões, é preciso registrar duas imagens da mesma cena, a partir de pontos de vista ligeiramente diferentes (como a diferença de posição dos olhos). Na exibição, as duas imagens devem ser vistas separadamente, cada uma por um dos olhos. Por isso usamos óculos especiais em um cinema 3-D, por exemplo. Eles separam as imagens e cada olho vê uma imagem diferente. Nosso sistema, então, processa essas imagens projetadas nas retinas, criando a sensação de profundidade.

Simplificadamente, o órgão visual (olho) funciona como uma câmera, porém de forma muito mais complexa e eficiente. O globo ocular é uma **câmera obscura** – na parte frontal, há um "sistema de lentes" que converge e focaliza a luz, e no fundo do olho, há uma região com receptores da luz projetada, como um sensor ou filme.

Nessa parte frontal do globo ocular, localizam-se a córnea, o humor aquoso e o cristalino, cada um com índices de refração diferentes. A luz refletida pelos objetos passa por eles, sofrendo desvios em seu trajeto. O cristalino é a lente responsável pela focalização da imagem no fundo do globo ocular, aumentando ou diminuindo sua espessura voluntariamente para fazer o foco.

Em frente ao cristalino, há um disco colorido, chamado *íris*. Nele, há um orifício, a pupila, que aumenta ou diminui de diâmetro, dependendo da quantidade de luz do ambiente. Assim como um diafragma, a pupila controla a quantidade de luz que atinge a retina. O diâmetro da pupila varia entre 1,5 mm a 10 mm, respectivamente, quando há muita luz ou pouca luz.

A retina, localizada no fundo do olho, é a região onde se encontram as células sensíveis à luz, o "sensor" do olho. É a parte responsável por transformar a radiação luminosa em estímulos elétricos, que serão processados pelo sistema nervoso em imagens.

Existem dois tipos de células sensíveis à luz, também conhecidas como *fotorreceptores*: os cones e os bastonetes. Eles estão separados em diferentes áreas na retina. Na região central da retina (no centro do campo de visão), encontra-se a fóvea. Em uma área de aproximadamente 0,25 mm estão concentrados cerca de 7 milhões de cones, que são as células responsáveis pela visão diurna e pela visão colorida.

A retina ainda apresenta, em sua composição, os bastonetes, que são responsáveis pelas visões noturna e periférica. Em torno de 100 milhões, eles não conseguem distinguir diferenças cromáticas, captam apenas diferenças de quantidade de luz, não de cor. Os bastonetes são cerca de dez vezes mais sensíveis à luz do que os cones, e é por isso que conseguimos enxergar em condições de pouquíssima luz.

Note que a percepção visual não se resume a uma relação física ou biológica do aparelho visual, ela é também psicológica. Todos os estímulos visuais que recebemos são processados pelo cérebro: a visão é uma construção da nossa mente. O cérebro faz compensações de luminosidade, cores e foco o tempo todo.

1.3.2 Teoria das cores: cor e luz

A cor é a sensação gerada pelo sistema visual quando este é estimulado pelas radiações luminosas que atingem nossos olhos, as quais emanam diretamente de uma fonte de luz ou do reflexo de um objeto. Nesse sentido, as cores não estão nos objetos, mas na luz que atinge nossos olhos.

> Os aspectos físicos definem a cor como uma sensação percebida em certas organizações nervosas a partir do estímulo da luz, isto é, a cor seria o resultado da ação da luz sobre os olhos primeiramente. Neste contexto, não se pode afirmar que os objetos possuem suas cores. O que acontece são raios de luz batendo nos objetos, parte absorvidos, parte refletidos, vindo diretamente para nossos olhos, que, por sua vez, são capazes de, através de reações químicas e fisiológicas, interagir e fazer uma primeira interpretação do resultado da síntese de raios feita pelas propriedades físicas do objeto. (Silveira, 2011, p. 18-19)

Fisicamente, a luz é uma radiação de ondas eletromagnéticas, as quais são emitidas por todos os corpos quentes (com temperatura acima de 0 K ou –273 °C). Existem vários tipos de ondas, e a luz visível é uma pequena fração de um grande espectro de eletromagnéticas.

Figura 1.2 – Espectro de ondas eletromagnéticas visíveis

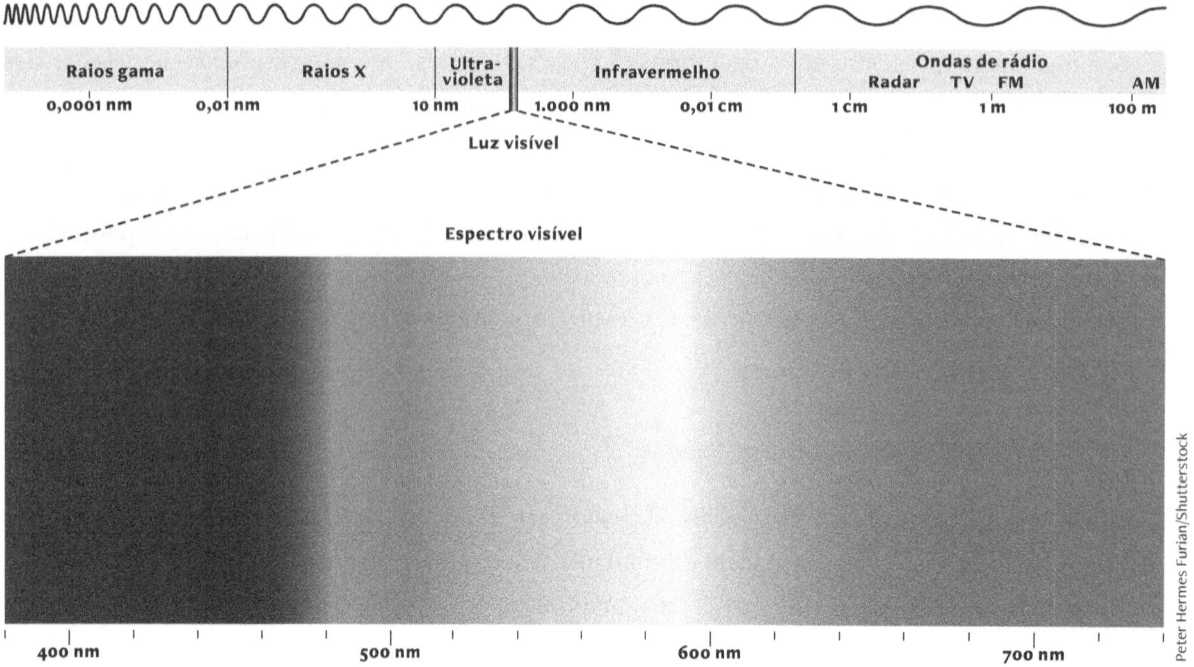

As ondas eletromagnéticas têm comprimentos variados, o que lhes dá características diferentes. Há o comprimento de onda curto, como os raios X (de 0,01 até 10 nanômetros), utilizados na medicina; no outro extremo do espectro estão as faixas com comprimentos de onda longos, como as ondas de rádio (de 1 a 100 metros de comprimento).

No meio do espectro de ondas eletromagnéticas estão as ondas que formam a luz visível ao olho humano, que compreende a faixa de comprimento de onda entre 380 nanômetros (violeta) e 780 nanômetros (vermelho).

A luz branca é a soma de todas essas radiações (coloridas) do espectro de luz visível. Decompondo a luz visível através de um prisma, é possível perceber as diferentes cores (Figura 1.3). Esse fenômeno é o mesmo que ocorre com o arco-íris: as partículas de água no ar decompõem a luz do sol (branca), o que permite a visualização das cores.

Na **decomposição da luz branca**, as cores das radiações vão mudando gradativamente de umas para as outras, mas, para simplificar, podemos agrupar as ondas eletromagnéticas visíveis em três grupos, quais sejam, as cores primárias: vermelho, verde e azul (ou RGB – *red*, *green* e *blue*, em inglês).

Fisicamente, como ocorre o fenômeno de cor? Primeiro, é preciso entender que a luz incide nos objetos e pode ser refletida, absorvida, refratada e transmitida.

A **reflexão** ocorre quando a luz atinge um objeto opaco e é rebatida (Figura 1.4). A luz viaja em linha reta e, quando atinge uma superfície irregular (imagem à esquerda), reflete em várias direções diferentes. Quando a superfície é plana (imagem à direita), a luz refletirá, em sua maior parte, em um sentido. Se a luz incide em um ângulo na superfície, ela vai refletir no mesmo ângulo, no sentido oposto à sua incidência. Porém, como a maior parte das superfícies não é totalmente plana, a luz também reflete em outros sentidos.

Figura 1.3 – Decomposição da luz visível

mikeshinmaksim/Shutterstock

Figura 1.4 – Reflexão da luz

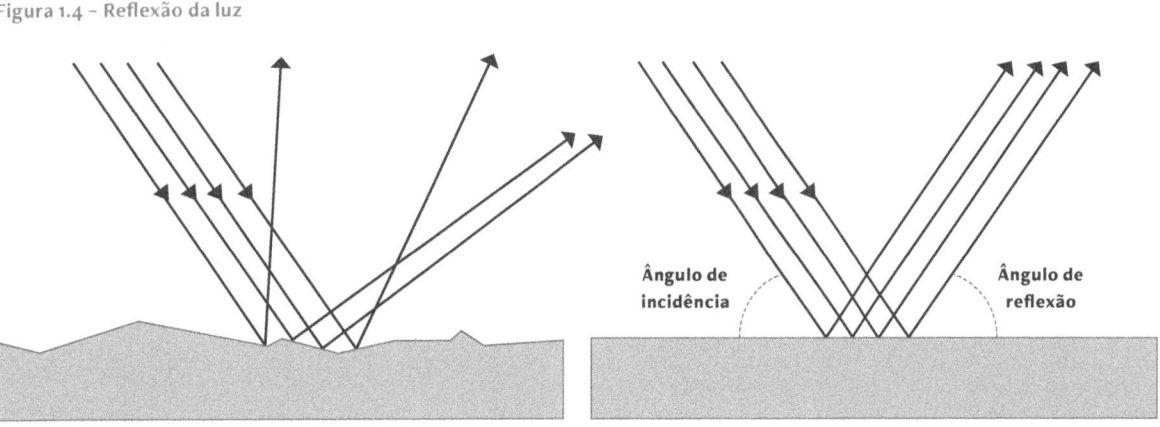

Também é possível ocorrer a **absorção** da luz pelos objetos. Imagine uma superfície branca iluminada por uma luz branca (ou seja, composta por todas as cores do sistema RGB). A superfície refletirá a maior parte dos raios luminosos, e veremos um objeto branco. Agora, se a superfície tiver uma cor (ou for de tons escuros), ela absorverá grande parte da luz. No exemplo da imagem à direita da Figura 1.5, a superfície vermelha, ao receber uma luz branca, absorverá os comprimentos de onda das faixas azul e verde, refletindo os comprimentos de onda que formam o vermelho. Assim, veremos um objeto vermelho.

Figura 1.5 – Absorção da luz

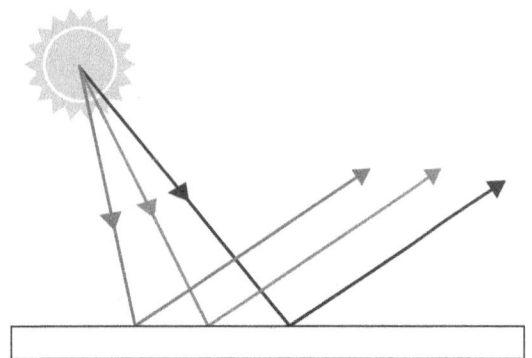 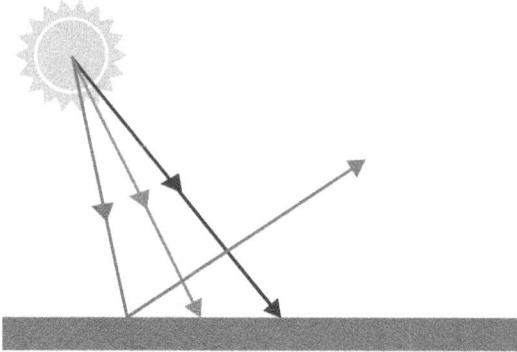

A **refração** ocorre quando os raios luminosos trocam de meio, atravessando uma substância translúcida com índice de refração diferente, mudando de trajetória (Figura 1.6). Isso acontece, por exemplo, quando a luz que viaja pelo ar atinge a água, um prisma ou uma lente em sua câmera. No caso do prisma (Figura 1.3), a luz é decomposta porque cada cor tem comprimento de onda diferente um do outro e desvia (isto é, é refratada) em ângulos diferentes ao mudar de meio. Assim, as cores se "separam" ao mudar de meio.

A **transmissão** ocorre quando a luz atravessa uma substância translúcida. Se essa substância for colorida, ela absorverá parte do espectro da luz visível. Isso é o que acontece com os filtros coloridos.

Em uma fonte de luz branca, por exemplo, ao se colocar um filtro verde sobre ela, esse apetrecho absorverá as ondas azuis e vermelhas e transmitirá apenas as ondas que formam o verde.

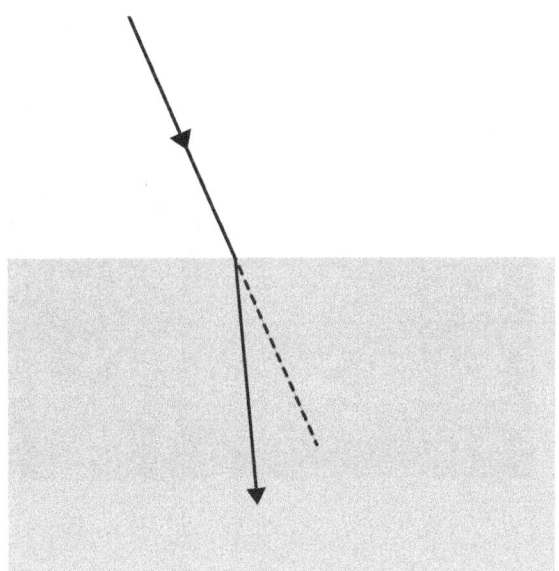

Figura 1.6 – Refração da luz

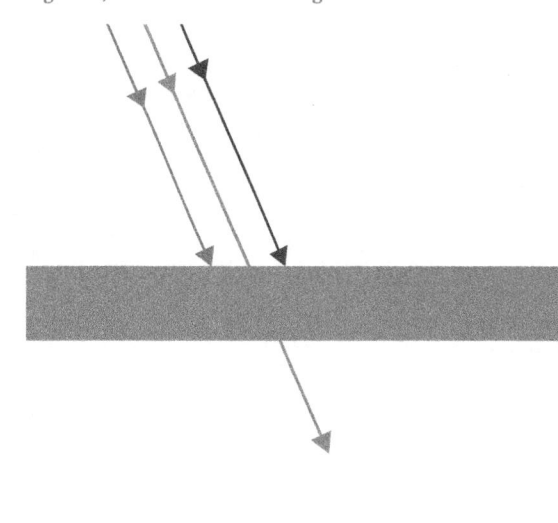

Figura 1.7 – Transmissão e filtragem da luz

1.3.2.1 Sistemas de cores

Para entender melhor o funcionamento das cores, há vários modos de organizá-las. Aqui, apresentaremos dois sistemas complementares muito úteis à fotografia: o de síntese aditiva e o de síntese subtrativa.

Sistema de síntese aditiva (RGB)

O sistema aditivo é o sistema *cor-luz*. Como mencionamos, o espectro de luz visível pode ser separado em três faixas de cores primárias: vermelho, verde e azul (RGB, em inglês). Misturando-as (adicionando luz), criam-se outras cores.

    Imagine um ambiente escuro e uma superfície branca. Se não há luz, não é possível ver essa superfície, correto? Mas se iluminarmos essa superfície branca com luz vermelha, veremos a cor vermelha, porque só a luz vermelha reflete na superfície branca (Figura 1.8). O mesmo ocorrerá se adicionarmos verde ou azul separadamente.

Figura 1.8 – Cores-luz primárias

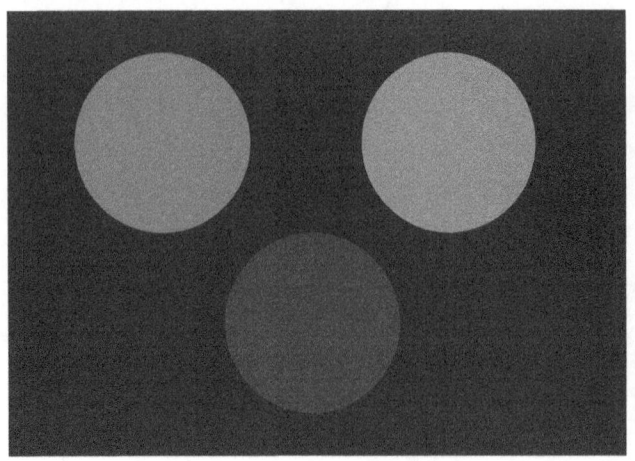

Figura 1.9 – Cores-luz secundárias

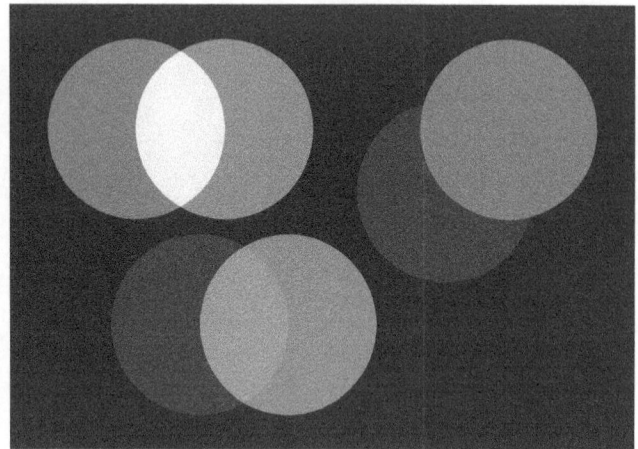

Figura 1.10 – Sistema aditivo (RGB)

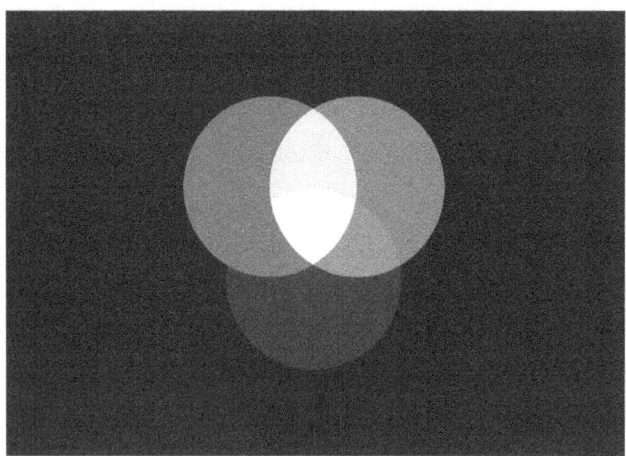

No entanto, se adicionamos as cores primárias simultaneamente, ocorre uma síntese, e as cores secundárias passam a ser vistas (Figura 1.9).

Assim, vermelho + verde = amarelo; vermelho + azul = magenta; e verde + azul = ciano. E as três cores juntas formam o branco (Figura 1.10).

É por isso que o sistema é chamado de *aditivo*, ou seja, adicionamos luz para gerar cores. Ressaltamos que as cores primárias são menos luminosas do que as secundárias. Para gerar outras cores, é preciso misturar as luzes em proporções diferentes.

Sistema de síntese subtrativa (CMYK)

O sistema subtrativo funciona de maneira contrária ao sistema aditivo. Para começar, imagine um ambiente totalmente iluminado por uma luz branca e uma superfície também branca – veremos uma superfície branca. Nesse sistema, não adicionamos luz, mas a subtraímos ao aplicar pigmentos à superfície.

As cores primárias também são diferentes: ciano, magenta e amarelo (*cyan, magenta, yellow* – CMY, em inglês).

Se adicionarmos um pouco de tinta magenta, passaremos a ver a cor magenta, pois a luz branca é parcialmente absorvida pelo pigmento: absorve a luz verde e reflete as luzes vermelha e azul, que, misturadas, formam o magenta (Figura 1.11). O mesmo ocorrerá se adicionarmos os pigmentos amarelo ou magenta separadamente.

Podemos misturar os pigmentos das cores primárias às cores secundárias (Figura 1.12): magenta + ciano = azul; magenta + amarelo = vermelho; azul + amarelo = verde.

As três cores juntas formam o preto[1] (Figura 1.13). Assim, esse sistema é chamado de *subtrativo*, uma vez que subtrai a luz cada vez que são adicionados pigmentos. Nesse sistema de cores-pigmento, as cores primárias são mais luminosas do que as secundárias. Para gerar outras cores, é preciso misturar os pigmentos em diferentes proporções (quanto mais pigmento, mais escuro).

Na Figura 1.14, é possível constatar como os dois sistemas são complementares: as cores primárias em um deles são as secundárias no outro.

Ambos os sistemas são utilizados na fotografia. Os sensores digitais usam o sistema RGB, pois captam luz de forma separada (vermelho, verde e azul) para formar a imagem digital. Os monitores dos computadores também formam as imagens por meio do sistema RGB. Porém, na hora de imprimir uma foto, convertemos a informação de cor-luz para cor-pigmento e utilizamos o sistema CMYK.

---

1 Teoricamente, a soma dos pigmentos formaria um tom preto, porém os pigmentos à nossa disposição não geram um preto absoluto, mas um marrom bem escuro. Na indústria gráfica, para gerar tons mais precisos, foi adicionado um quarto pigmento: o preto (cor *key* – K, em inglês).

Figura 1.11 – Cores-pigmento primárias

Figura 1.12 – Cores-pigmento secundárias

Figura 1.13 – Sistema subtrativo (CMYK)

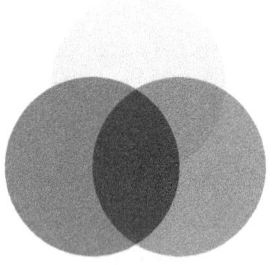

Figura 1.14 – RGB e CMYK: sistemas complementares

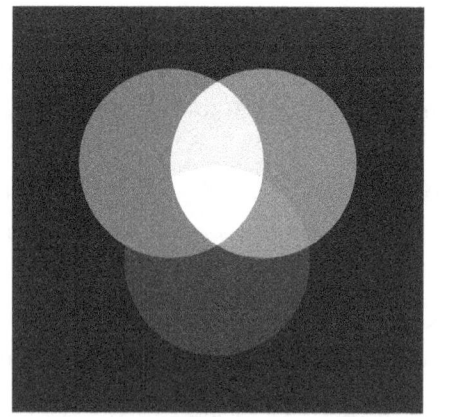
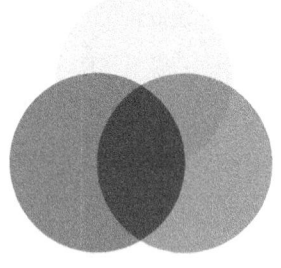

1.3.3 Harmonização de cores

A cor é muito importante para a fotografia, pois ela pode criar um "clima", ou seja, uma atmosfera na imagem. Por exemplo, uma paisagem com uma iluminação mais amarelada em um ambiente interno pode transmitir uma sensação de aconchego, ao passo que uma iluminação mais fria pode gerar o efeito contrário.

Na fotografia, podemos ou não interferir nas condições de luz das cenas. Práticas como a fotografia documental, de rua e de paisagens não costumam alterar a iluminação ambiente adicionando luzes artificiais, como *flashes*, mas isso não é uma regra. Em outras práticas, como na fotografia de produtos (*still*) e editoriais de moda, a manipulação da iluminação na captação das fotos é muito mais comum e, na maior parte das vezes, imprescindível.

Assim, para gerar tons de cores que nos interessem, devemos estar atentos para a qualidade de cor das fontes de luz existentes, de modo que harmonizem as cenas.

Além da iluminação, a harmonização das cores depende dos objetos. Uma imagem que tem cenários ou objetos com cores que combinem entre si tende a ser percebida de forma mais harmoniosa.

Figura 1.15 – Círculo cromático

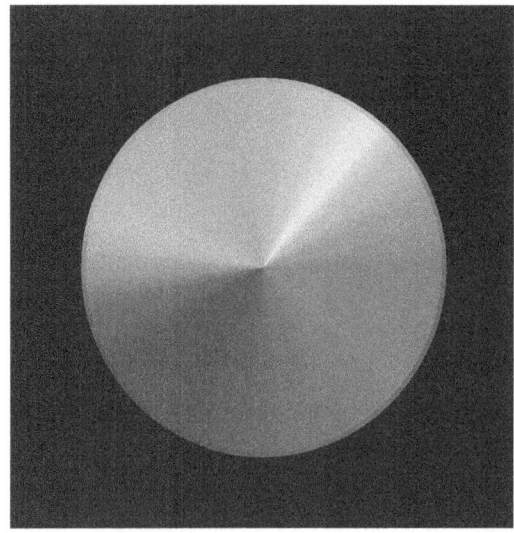

ClickHere/Shutterstock

Uma ferramenta que pode nos ajudar a pensar as cores é o círculo cromático (Figura 1.15). Nele, podemos ver as cores primárias, secundárias e terciárias e toda a gama de cores entre elas.

Há muitas maneiras de harmonizar as paletas de cores, como alguns esquemas de combinação. Vejamos, por exemplo, a **combinação acromática**, que é formada pelo uso de tons entre o preto e o branco (gama de cinzas). Historicamente, o preto e branco têm uma tradição muito forte para a fotografia.

Nas primeiras décadas da fotografia, só havia filmes em preto e branco; apenas na segunda metade do século XX, os filmes coloridos se popularizaram. Além disso, a produção de muitos fotógrafos, como Sebastião Salgado (1944-) ou Henri Cartier-Bresson (1908-2004), é majoritária ou totalmente em preto e branco.

Figura 1.16 – Combinação acromática

No exemplo da Figura 1.16, a fotografia em preto e branco torna todas as cores em apenas tons de cinza. A modelo retratada está em frente a flores, portanto e provavelmente, coloridas no cenário real. Assim, os tons de cinza são as diferenças de luminâncias entre cada superfície fotografada.

Uma foto também pode ser **monocromática** quando, apesar de haver cor, a imagem é composta por uma variação de tons da mesma cor. Na Figura 1.17, o cachorro tem cores parecidas às da plantação de trigo. Esse tipo de combinação não gera um "estresse psicológico", pois é uma combinação "tranquila", fácil de assimilar.

Figura 1.17 – Combinação monocromática

É possível combinar as cores de outras maneiras. Um exemplo é a composição com **cores complementares** (opostas no círculo cromático). A Figura 1.18 mostra uma flor lilás em um fundo verde, criando um contraste de cores. Como ambas não são muito saturadas, a imagem continua com uma aparência suave, apesar do contraste.

Há também o uso de **cores análogas**, como na Figura 1.19, ou seja, aquelas que estão próximas umas das outras no círculo cromático, como vermelho e alaranjado. Esse tipo de combinação também tende a ser equilibrado.

Outra possibilidade é criar imagens usando uma tríade de cores que estejam relativamente a uma distância semelhante uma da outra, como o azul, o vermelho e o verde (Figura 1.20).

Dessa forma, são muitos os esquemas de cores possíveis e há várias ferramentas que auxiliam na escolha de combinações de cores. As "Indicações culturais" ao final deste capítulo trazem mais informações sobre o tema.

Figura 1.18 – Combinação de cores complementares

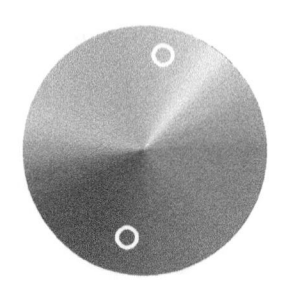

Figura 1.19 – Combinação de cores análogas

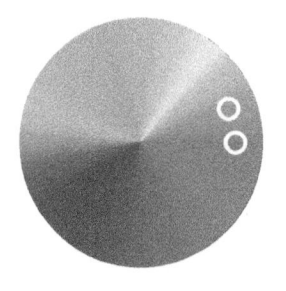

Figura 1.20 – Combinação de cores triádicas

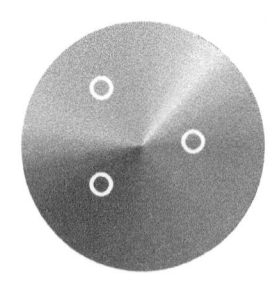

1.4 Composição fotográfica

A composição é uma das características fundamentais da fotografia e de boa parte das artes visuais. **Compor** é organizar todos os elementos dentro de uma imagem – o rosto de uma pessoa, o cenário, os objetos, a escolha de cores, as formas e as texturas. É criando composições interessantes que um fotógrafo se diferencia dos demais e desperta a atenção do espectador.

O primeiro e mais relevante ato da composição é o **enquadramento**. Assim, ao enquadrar, selecionam-se os elementos que integrarão ou não a imagem final durante o momento da captura. *Enquadrar* é, literalmente, **colocar a imagem em um quadro**, e o formato desse quadro dependerá do material sensível e do modelo da câmera. Normalmente, o formato do sensor é um retângulo (com algumas proporções padrão, como 2:3, 16:9, 4:3), mas, na pós-produção, é possível reenquadrar em outras proporções ou formas.

Na fotografia, lidamos, em grande parte, com objetos, pessoas ou cenários reais e, por meio do enquadramento que cada câmera e lente permitem, devemos decidir o que mostrar ou não na nossa foto. Esse é um ato de grande importância, pois ao escolher um único ponto de vista, em dado momento no tempo, estamos "enaltecendo" esse ponto de vista e esses objetos, excluindo, assim, uma série de outras possibilidades de imagens.

Enquadrar pode mudar o sentido de uma cena com uma foto. Tomemos o exemplo fictício de um fotojornalista que cobrirá uma manifestação na rua: ele pode escolher fotografar o ápice da manifestação, quando uma multidão de pessoas segue pelas ruas empunhando seus cartazes; ou pode fazer a foto no início da manifestação, quando as pessoas chegavam e a manifestação ainda estava vazia. Cada uma das fotos conta uma história diferente. Se houver espaço para mais de uma foto na publicação do jornal, os vários pontos de vista podem ser mostrados, mas se houver lugar para apenas uma imagem, qual foto conta melhor a história da manifestação?

1.4.1 Regra dos terços × simetria

Além do conteúdo em si de cada foto, é importante como esse conteúdo é mostrado, ou seja, a forma como o fotógrafo organiza todos os elementos de uma cena na imagem. Saber planejar uma imagem faz toda a diferença entre uma imagem boa ou ruim, uma imagem memorável ou comum.

Podemos compor as imagens a partir de uma abordagem simétrica ou assimétrica.

A **simetria** ocorre quando os elementos das imagens são organizados de maneira igual ou muito semelhante uns dos outros, como se um lado fosse o reflexo do outro. Por exemplo, um lado do rosto é relativamente simétrico ao outro (raras são as pessoas totalmente simétricas): temos duas orelhas, dois olhos – um de cada lado – um nariz no centro etc. O mesmo pode acontecer com uma composição. Veja a Figura 1.21.

O personagem está posicionado exatamente no centro da composição.

Figura 1.21 – Composição central e simétrica

mavo/Shutterstock

Seu corpo e seus gestos são simétricos. O cenário ao seu redor, apesar de ter elementos diferentes, têm "pesos" semelhantes – balanceados pelo enquadramento das bancadas – e, assim, são muito parecidos entre si.

Em geral, a maioria dos livros e manuais de fotografia não recomenda o uso de composições simétricas ou centralizadas porque esse tipo de imagem tende a ser mais "estática", ou seja, nosso olho "lê" rapidamente a imagem e se "assenta" no assunto principal; talvez haja um desinteresse por parte do espectador. É o que acontece nesse exemplo. Por isso, a tendência dos manuais é de recomendar composições assimétricas, em que cada elemento ocupa posições e áreas diferentes na imagem, sem uma padronização.

Uma possibilidade é posicionar seu assunto em um dos **terços** da imagem. Imagine a área de captação de sua câmera (aquilo que é possível ver através do visor ou da tela do LCD). Geralmente, as câmeras captam a imagem no formato de retângulo. Divida verticalmente e horizontalmente esse retângulo em três partes iguais (algumas câmeras têm linhas no visor ou na tela que fazem essa divisão), como na Figura 1.22.

Ao posicionar o assunto principal (uma pessoa, por exemplo) na divisão de uma dessas partes (horizontal ou vertical), o resultado será uma composição **assimétrica**, porque um lado da imagem terá uma área maior do que a outra. Isso pode gerar uma cena mais "dinâmica". Voltemos ao nosso exemplo, mas agora com o personagem posicionado em um dos terços da imagem (Figura 1.23).

Figura 1.22 – Regra dos terços

Figura 1.23 – Composição assimétrica

Repare como as áreas têm "pesos" diferentes, a composição já não está toda organizada simetricamente: há áreas mais escuras, outras mais claras; os elementos da esquerda são diferentes dos da direita; além de o personagem estar com uma postura mais despojada, natural e assimétrica. Essa imagem transmite uma sensação de dinamismo, apesar de não se mover verdadeiramente, porque nosso olhar "passeia" mais livremente pelos elementos da cena e acaba sendo direcionado para a pessoa.

Esse é um exemplo de uso da famosa **regra dos terços**, que, na verdade, é uma simplificação da chamada *regra de ouro* ou *proporção áurea* (ver item 1.4.2).

Contudo, antes de discutirmos a proporção áurea, é importante notar que composições simétricas ou asssimétricas são modos diferentes de abordar

Figura 1.24 – Boa composição simétrica

Matej Kastelic/Shutterstock

seu tema. Um modo não é necessariamente melhor do que outro e sempre vai depender da foto. A simetria, por exemplo, pode tornar a foto mais forte e expressiva, como no exemplo da Figura 1.24, em que o interessante é justamente o "espelhamento": a metade esquerda ser quase igual à direita, assim como o topo ser muito semelhante à parte inferior da imagem.

Outra dica é variar a **orientação do enquadramento**. Se a câmera gera uma imagem retangular, esse retângulo pode ser horizontal, no formato paisagem – ou vice-versa, no formato retrato. E até mesmo na diagonal, se a composição funcionar. Sempre vale a pena testar e ver qual tipo de enquadramento funciona melhor para cada cena.

1.4.2 Fibonacci e proporção áurea

Na matemática, existe uma sequência de números que foi descrita em 1202 d.C. pelo matemático Leonardo de Pisa (1170?-1240?) e é conhecida como *Fibonacci*. Ela se caracteriza por ser uma sequência de números inteiros, começando por 0 e 1, na qual cada termo subsequente corresponde à soma dos dois anteriores (Sequência..., 2018).

O primeiro elemento é **0**, e o segundo é **1**. Ao somar 1 com o número anterior, 0, temos novamente **1**; ao somar 1 com 1, temos **2**, e assim por diante:

0; **1**; 1 + 0 = **1**; 1 + 1 = **2**; 2 + 1 = **3**; 3 + 2 = **5**; ...

Desse modo, há uma sequência infinita:

0, 1, 1, 2, 3, 5, 8, 13, 21, 34, 55, 89, 144, 233, 377, 610, ...

É uma sequência numérica que, pensada em termos de proporções, está muito presente na natureza. Leonardo de Pisa utilizou essa sequência para descrever a proporção em que os coelhos se reproduzem. A disposição dos galhos de uma árvore, o crescimento de uma concha (Figura 1.25) e a disposição das sementes de um girassol também seguem esse padrão. Por isso, ela é considerada como uma sequência natural e, portanto, geraria um tipo de beleza (Sahd, 2011).

Agora, vejamos como isso se aplica à fotografia. Dessa proporção deriva o retângulo áureo (Figura 1.26), composto por quadrados que vão aumentando de tamanho na proporção da sequência de Fibonacci.

Figura 1.25 – Sequência de Fibonacci na natureza

andersphoto/Shutterstock

Figura 1.26 – Retângulo áureo

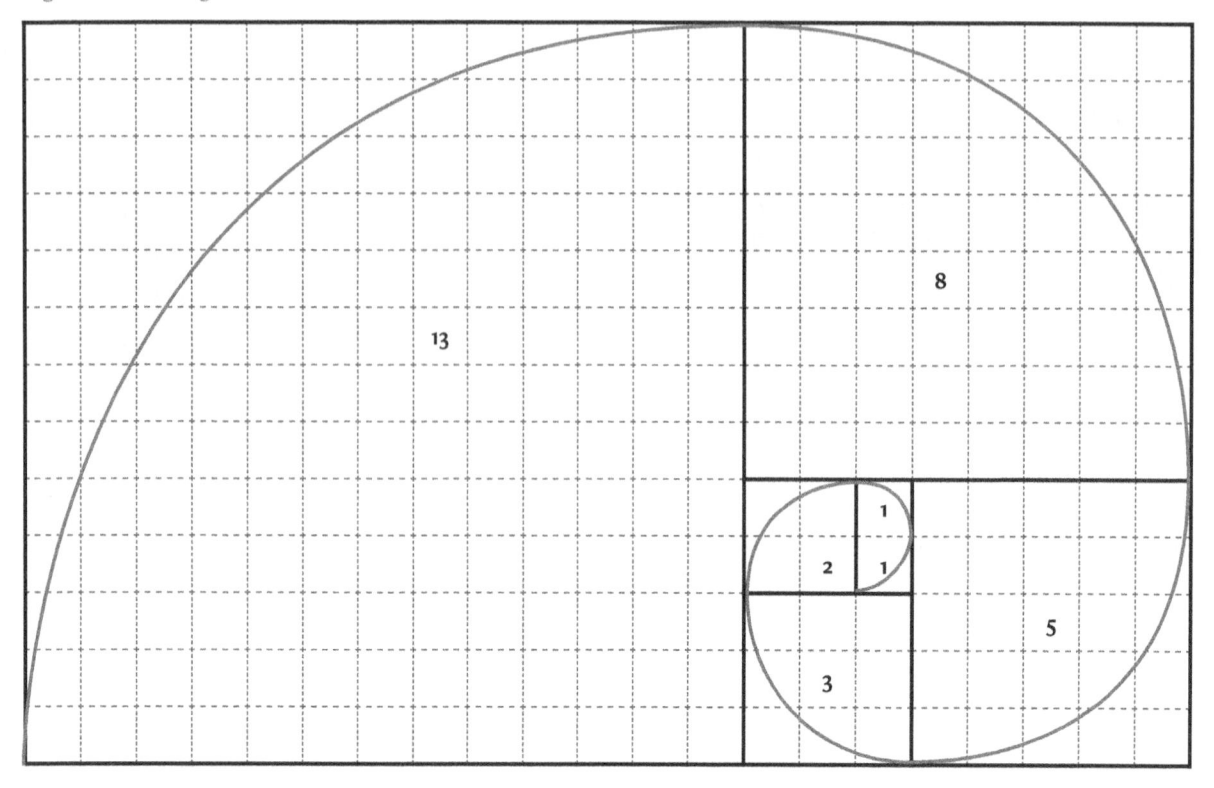

Perceba que existe uma região de grande interesse, de onde "surge" o retângulo. Nessa região se localiza o "ponto áureo", que fica muito próximo ao terço do retângulo. Por isso, a regra dos terços é uma simplificação da lei áurea.

Esse tipo de conhecimento pode ajudar em nossas composições, mas é preciso tomar cuidado e não se prender somente a isso, pois cada imagem é diferente da outra e há outros elementos que podem transformar a composição e deixá-la mais interessante. O importante é tentar trabalhar esses elementos a cada foto de uma imagem.

1.4.3 Elementos da composição

Uma boa fotografia se faz de um bom conteúdo, um assunto relevante (um retrato, um flagrante, um objeto, uma paisagem) e também de uma composição que valorize esse conteúdo. Não adianta ter um assunto interessante se a imagem não é atraente para esse tema ou não mantém a atenção do espectador.

Nesse sentido, é preciso que o fotógrafo pense em todos os elementos que estão em quadro e os organize para que a imagem fique equilibrada e dinâmica ao mesmo tempo, além de destacar ou direcionar o olhar do espectador para o que é mais importante. Para fazer isso, é possível servir-se de vários elementos durante a captação da foto. Veja alguns deles a seguir.

1.4.3.1 Linhas de composição

Já tratamos da regra dos terços, da regra de ouro e de formas de posicionar seu personagem ou objeto principal em alguma área específica da imagem para deixá-la mais dinâmica. Volte à Figura 1.23 e perceba como todas as linhas do cenário direcionam o olhar ao personagem (os contornos das bancadas, do quadro negro e de outros objetos). Esse tipo de recurso é sutil, mas muito eficiente.

1.4.3.2 Perspectiva

A foto é um objeto bidimensional, uma superfície na qual se representam objetos, espaços ou pessoas com três dimensões. Para criar a sensação de três dimensões na fotografia, temos a **perspectiva**, que é um recurso visual para simular a tridimensionalidade.

Na história das artes visuais, existem vários tipos de perspectivas, diferentes maneiras de codificar a imagem para gerar um espaço tridimensional. A fotografia trabalha com a *perspectiva artificialis*, que foi desenvolvida no Renascimento. Essa é a perspectiva utilizada pela fotografia porque a câmara obscura (princípio da câmera fotográfica) é uma máquina de gerar perspectiva monocular (com um ponto de vista). Inclusive, grande parte das pinturas criadas no período do Renascimento utilizava a câmara obscura como ferramenta de auxílio do pintor (ver Item 2.1.1).

O que a perspectiva faz é simular a profundidade ao representar as linhas dos objetos sendo projetadas para um ponto no infinito – o **ponto de fuga**. Para exemplificar, imagine um cubo: se ele for visto exatamente de frente (Figura 1.27, à esquerda), torna-se um quadrado. Mas se estivermos em posição deslocada de seu centro (para cima e para esquerda), poderemos ver parte de suas duas outras faces (Figura 1.27, à direita).

Repare que as arestas do cubo da direita formam linhas na diagonal. Se prolongarmos essas linhas, elas vão convergir para um ponto no horizonte. No cubo da esquerda, não vemos as outras faces porque o ponto de fuga está exatamente atrás do cubo e o ponto de vista de onde foi feita a imagem é exatamente central à face frontal do cubo.

Em ambos os casos, a face frontal do cubo aparece como um quadrado porque nosso olho (ou mesmo a câmera) está paralelo à face do cubo e, portanto, só temos um ponto de fuga. Se mudarmos o ponto de vista, olhando o cubo de cima para baixo, na diagonal, teremos até três pontos de vista, como na Figura 1.28. Se prolongarmos cada uma das arestas, as linhas vão se encontrar em um ponto (já fora da composição), pois nenhuma das arestas aparece para nós como paralelas.

Figura 1.27 – Perspectiva

Figura 1.28 – Perspectiva com três pontos de fuga

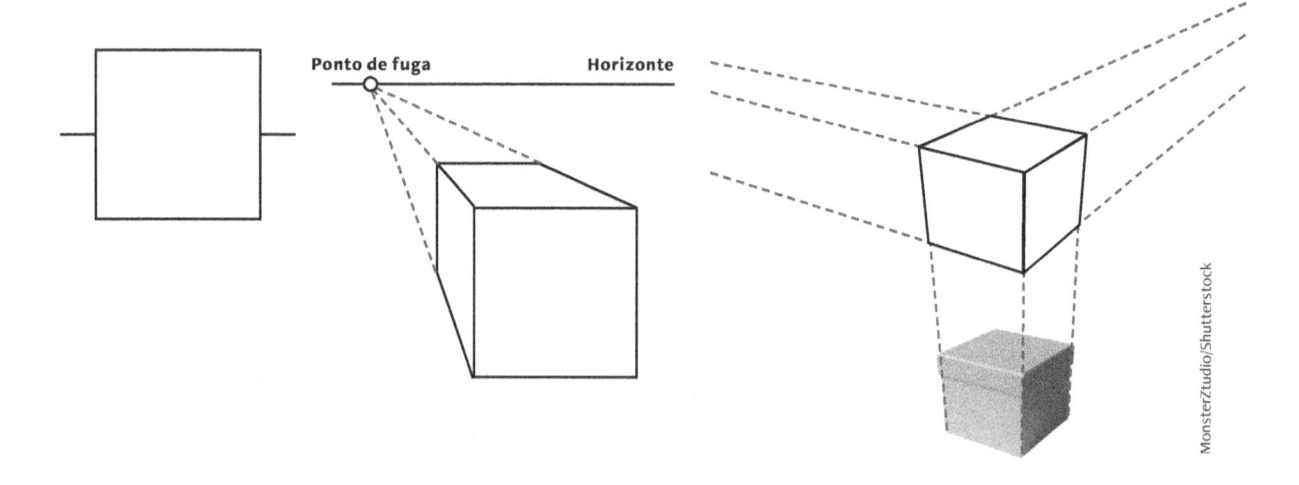

A perspectiva também faz com que objetos mais próximos apareçam maiores na imagem. Desse modo, se o fotógrafo deseja que a imagem ganhe profundidade, pode se posicionar em relação aos objetos de modo a criar perspectivas. Na Figura 1.29, a modelo está no centro de seu escritório e, apesar dos poucos elementos na sala, podemos perceber, por meio da perspectiva das cadeiras, a profundidade de espaço. O fotógrafo ficou na diagonal em relação ao cenário, e isso favoreceu a criação de linhas através das cadeiras, mesas, computadores e paredes. Observe também como a cadeira mais distante é relativamente menor, na imagem, do que a primeira. Com o auxílio da perspectiva, ainda é possível perceber que a modelo está nitidamente no meio da sala: sem

Figura 1.29 – Perspectiva e profundidade

Monkey Business Images/Shutterstock

esses elementos laterais em perspectiva, talvez não conseguíssemos perceber a distância entre ela e a parede do fundo.

Os espaços urbanos são os que mais geram linhas de perspectiva, pois boa parte das formas nas cidades têm linhas retas, o que favorece a percepção da perspectiva.

Lembre-se que as linhas geradas pela perspectiva podem ser um ótimo recurso na composição, uma vez que ajudam a direcionar o olhar do espectador para uma área de interesse. No exemplo da Figura 1.29, as linhas geradas pelas mesas direcionam o olhar para o rosto da modelo.

1.4.3.3 Escala

A fotografia pode resultar em uma imagem diferente daquela vista com nossos olhos: de acordo com o objetivo do fotógrafo, a composição da imagem pode variar; uma pessoa ou um objeto pode ser representado ao lado de uma multidão/aglomerado ou de forma isolada – ou mesmo muito distante ou muito próximo, de modo que a relação de distância dos planos é alterada. Com isso, é fácil perder a noção de tamanho das coisas. Assim, se você quer dar uma dimensão de algo, posicione em sua composição algum elemento que todo mundo saiba o tamanho médio, como uma pessoa na vastidão de uma paisagem.

Sua intenção também pode ser, justamente, brincar com as escalas, como na Figura 1.30, em que o artista coloca bonecos em miniatura abrindo uma semente de pistache, que se torna "gigante".

Figura 1.30 – Escala

kirill_makarov/Shutterstock

1.4.3.4 Contraste

Contraste é a diferença entre dois elementos em uma mesma imagem. Pode ocorrer em relação à forma, como um círculo ao lado de um quadrado; à cor, quando há um elemento vermelho ao lado de algo azul; à iluminação, quando há áreas muito escuras e áreas muito claras na mesma foto; de conteúdo, quando há elementos lado a lado que apresentam sentidos opostos, por exemplo, um sem teto dormindo ao lado de uma publicidade de empreendimento imobiliário de luxo; entre outros.

O contraste pode funcionar muito bem para criar impacto em suas imagens e despertar interesse a respeito do tema de suas fotos.

Na Figura 1.31, há dois tipos de contraste: de cor, no qual a fruta tem uma cor forte, muito saturada, que se opõe ao preto da mesa, que é neutro – a mesa é a área mais escura da foto, já os gomos da fruta estão muito iluminados, até mesmo com algumas áreas estouradas (brancas de tanta luz); e de organização – há vários gomos separados e alguns agrupados, formando uma fruta inteira. Essa é uma foto bem binária, trabalha apenas com elementos opostos e contrastados.

Por sua vez, a Figura 1.32 mostra um caso inverso, em que a maior parte da foto assume tons de cores neutras, quase monocromáticos, e há pouco contraste de iluminação: a diferença reside no preto da câmera e no cinza da mureta, contrapostos à área clara (fonte de luz, camiseta e mochila); porém, como são áreas pequenas, não faz muita diferença. No geral, é uma foto bem suave.

O alto contraste normalmente cria imagens mais "dramáticas", com mais tensão, já as imagens de baixo contraste são mais suaves e mais "calmas". Portanto, tudo isso dependerá de sua intenção e do clima que se quer transmitir com a foto.

Figura 1.31 – Contraste de cor e luz

Figura 1.32 – Pouco contraste de cor e luz

1.4.3.5 Sombra

Fotografia só se faz com luz, mas, onde há luz, há sombra. A sombra é um dos elementos essenciais na imagem fotográfica, pois cria volume e textura nos objetos. Ela passa a existir quando há diferenças de iluminação nas várias áreas dos objetos, assim, se houver luz incidindo igualmente em todas as superfícies dos objetos, não haverá sombra e volume e todos os lados aparecerão iguais.

Figura 1.33 – Luz, sombra e volume

No exemplo da Figura 1.33, o cubo da esquerda é iluminado por duas lâmpadas, em lados opostos, com mesmas intensidade e distância das faces laterais. Assim, as duas faces recebem igual quantidade de luz e aparecem com o mesmo tom de cinza para a câmera. Já o topo, que recebe luz das duas lâmpadas ao mesmo tempo, fica em um tom mais claro. São projetadas duas sombras na mesa, uma para cada fonte de luz, em seu lado oposto. A sombra é clara porque acaba sendo amenizada pela outra fonte de luz.

No caso do cubo que está à direita, apenas uma fonte de luz (lateral) faz a iluminação, e a face mais próxima e o topo são iluminados por ela, já a face oposta à fonte não recebe luz e permanece muito escura. A fonte de luz também projeta uma sombra na mesa, agora bem escura porque ela não é amenizada por outra fonte.

Como exemplo, a Figura 1.34 mostra o retrato de uma mulher chorando. A foto é iluminada por apenas uma fonte de luz, posicionada lateralmente à modelo. Desse modo, apenas um lado de seu rosto e as mãos são iluminados, deixando o outro lado em completo breu. Perceba como a luz modela o volume dos dedos, do rosto e das expressões faciais da modelo. É possível notar as rugas na testa, o volume da bochecha etc. Ao posicionar a fonte de luz assim e criar sombras bem marcadas, o fotógrafo aumentou o contraste (de luz) e amplificou o caráter expressivo e dramático da cena (a moça está chorando, triste). Reveja a Figura 1.32: as sombras são muito menos marcadas naquela foto – o inverso da Figura 1.34.

Figura 1.34 – Sombra marcada

Dima Aslanian/Shutterstock

1.4.3.6 Texturas

Como visto, a iluminação cria pequenas diferenças de luz nas superfícies dos objetos, dependendo de suas características, o que evidencia a textura das superfícies. Na Figura 1.35, note a rugosidade da casca da laranja: pequenos pontos da casca têm sombra (as depressões), outras partes estão iluminadas normalmente e algumas partes refletem mais a luz, criando brilhos na superfície. Isso é essencial para a sinestesia, ou seja, para o observador, a possibilidade de, por meio da visão, ter a sensação tátil de pegar uma laranja.

Para evidenciar as texturas, procure iluminar os objetos lateralmente, como no exemplo da Figura 1.34, em que é possível ver todas as rugas expressivas. Isso ocorre porque quanto mais lateral a iluminação, mais sombras são projetadas e, quanto mais frontal for a luz, menos sombra e volume serão gerados.

1.4.3.7 Padrões

Os padrões se verificam quando os elementos se repetem, formando desenhos, com linhas e formas. Por exemplo, o desenho que as pedras de uma calçada fazem, criando um fundo para um retrato, como na Figura 1.36.

Também podem ser constatados padrões no grafismo formado por elementos semelhantes ao serem colocados lado a lado. Veja o exemplo da Figura 1.37, em que a padronização dos elementos da foto é o assunto principal.

Figura 1.35 – Textura e sombra

Maks Narodenko/Shutterstock

Os vários temperos, colocados em potinhos iguais e alinhados ordenadamente, criam um padrão que parece se repetir infinitamente, quase como se fosse a estampa de um tecido.

Figura 1.36 – Padronização no cenário

Tomsickova Tatyana/Shutterstock

Figura 1.37 – Padronização como assunto principal

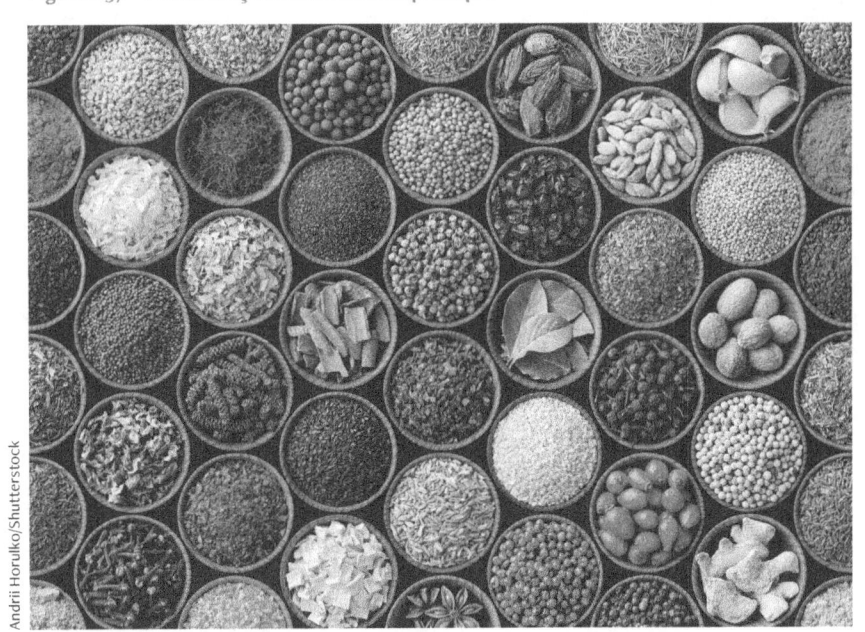

Andrii Horulko/Shutterstock

Figura 1.38 – Reflexos de luz

bluRAZ/Shutterstock

Figura 1.39 – Reflexos e janelas

William Perugini/Shutterstock

1.4.3.8 Reflexos

Os reflexos ocorrem em superfícies lisas, nas quais a luz não é absorvida e, portanto, é refletida quase na totalidade. O reflexo pode deixar as imagens muito interessantes, criando áreas de altas luzes, aumentando o contraste e dando brilhos poderosos à foto.

No exemplo da Figura 1.38, a calçada está molhada e a água a torna espelho. Assim, as luzes das vitrines e dos faróis de carros criam novas formas e textura no chão da cidade. Nessa imagem, a cidade fica com um "ar" moderno e de metrópole.

Na foto da Figura 1.39, o reflexo cria uma imagem muito poderosa, gerando uma sobreposição de duas cenas. A garota está dentro de um café e olha para fora. A luz que vem de fora atravessa a vidraça, iluminando a modelo, mas também é refletida para a câmera, mostrando o outro lado da cena: os prédios e o sol.

> Preste atenção!
> Toda vez que estiver fotografando, tenha em mente que **a câmera é um objeto móvel**: você pode se movimentar com ela, mudar de posição, aproximar-se ou afastar-se de seu assunto, mudar o ponto de vista, o ângulo de visão (olhar o objeto de cima, de baixo, pelos lados). Portanto, faça testes com suas composições, varie a cada clique e faça com que a relação entre todos os elementos da foto se modifiquem e produzam imagens mais impactantes. Compare as imagens entre e si e busque perceber quais funcionam melhor em cada situação. Não há fórmula secreta ou regra absoluta, e só a prática tornará o exercício de composição da imagem mais fácil. O importante é tentar fugir do convencional.

1.5 Conhecendo a obra de grandes fotógrafos

Para fazer boas fotografias, é preciso construir um repertório de boas fotografias. Ao ter contato com a obra de outros fotógrafos, nosso "vocabulário" de possibilidades fotográficas aumenta e passamos a olhar para o mundo de outra forma: é o que chamamos de *olhar fotográfico*.

Para conhecer fotografias, é essencial consultar livros e ir a exposições, só que isso nem sempre é acessível. Felizmente, hoje, temos uma ferramenta incrível à nossa disposição: a internet. Atualmente, é possível encontrar exemplos de trabalhos dos mais importantes fotógrafos, bem como dos novos artistas e profissionais que atuam contemporaneamente em todo o mundo. Redes sociais como Flickr e Instagram são essenciais para quem busca ampliar seus repertórios.

A seguir, descreveremos a trajetória de carreira de alguns dos mais respeitados fotógrafos da atualidade.

1.5.1 Sebastião Salgado

Sebastião Salgado nasceu em Aimorés, no interior de Minas Gerais, em 1944. O fotógrafo, que cursou na França seu doutorado em Economia, começou a fotografar em Paris. Salgado produziu para grandes agências de fotografia, como Sigma, Gamma e Magnum (Muritibs, 2018).

Em 1981, Salgado estava encarregado de acompanhar os primeiros 100 dias no mandato do então presidente Ronald Reagan, quando fez uma foto que mudou sua carreira. Em 30 de março, Reagan sofreu um atentado e foi atingido por um tiro. Salgado estava próximo e foi um dos poucos fotógrafos que conseguiu a imagem do momento imediatamente posterior ao atentado, tendo sido vendida para centenas de veículos de comunicação em todo mundo. Segundo o próprio fotógrafo, com o dinheiro, comprou um carro e um apartamento em Paris (Número F, 2013).

A partir de então, ele ganhou notoriedade, passou a ser mais requisitado e conseguiu financiar seus projetos documentais.

O fotógrafo tem uma grande produção documental com temas sociais, sempre em projetos que levam muitos anos para ser

Figura 1.40 – Fotografia da série *Êxodos*

SALGADO, Sebastião. **Pesca em Galiza**. 1988. Fotografia: p&b. (Série Êxodos).

Figura 1.41 – Fotografia da série *Trabalhadores*

SALGADO, Sebastião. **Praia de Vung Tau**. 1995. Fotografia: p&b. (Série Trabalhadores).

realizados. Em 1986, Salgado publicou *Outras Américas*, que tinha como tema as populações pobres na América Latina. De 1993 a 1999, ele documentou o trabalho e os grandes fluxos migratórios, como *Êxodos* e *Retratos de crianças do êxodo*, que foram publicados em 2000, depois de seis anos de documentação (Enciclopédia Itaú Cultural, 2015).

Em 2013, Salgado lançou outro grande projeto: *Gênesis*. O fotógrafo viajou durante oito anos pelos lugares mais remotos da Terra. As imagens trazem cenas de natureza intocada e sociedades que sobrevivem sem o contato direto com a cultura de outros lugares (Amazonas Images, 2018).

Desde o início de sua carreira, publicou as seguintes obras: *Sahel: o homem em pânico* (1986); *Outras Américas* (1986 e 1999); *An Uncertain Grace* (1990); *Sebastião Salgado: as melhores fotos* (1992); *In Human Effort* (1993); *Trabalhadores* (1993); *A mão do homem* (1993); *Terra* (1997); *Serra Pelada* (1999); *Êxodos* (2000); *O fim da pólio* (2003); *O berço da desigualdade* (2005); *África* (2007); *Gênesis* (2013); *Perfume de sonho* (2015).

Graças à qualidade de sua obra, ganhou diversos prêmios: Eugene Smith (Estados Unidos, 1982); World Press (Holanda, 1985); Oskar Barnack (Alemanha, 1985 e 1992); Erna e Victor Hasselblad (Suécia, 1989); International Center of Photography (Estados Unidos, 1990); entre outros.

Salgado dedica muito tempo para executar cada um de seus projetos. São vários anos trabalhando e aprofundando-se em um tema, para, dessa forma, reunir o material em livros e exposições fortes e coerentes, expondo sua visão de mundo para o mundo.

A estética do trabalho de Sebastião Salgado é bem característica: fotografa sempre em preto e branco, produzindo imagens muito contrastadas e imponentes. Salgado tem um olhar direto para seus personagens, criando cenas muito impactantes. É impossível negar que a maneira como Salgado fotografa tem grande influência para muitos fotógrafos documentaristas.

1.5.2 Annie Leibovitz

A fotógrafa americana Annie Leibovitz (1949-) nasceu em Waterbury, nos Estados Unidos. Durante sua carreira, trabalhou como fotojornalista e em campanhas publicitárias. E foi por meio de um retrato que sua obra se tornou mais conhecida.

Nos anos 1970, Leibovitz foi contratada pela então iniciante revista *Rolling Stone*, especializada em música. Depois de dois anos, ela foi promovida ao cargo de chefe da equipe de fotógrafos, ocupando-o até a década seguinte (Vanity Fair, 2018).

No período em que estava na *Rolling Stone*, a fotógrafa desenvolveu sua marca registrada nos retratos: o uso de poses impressionantes. Muitas capas da revista são de sua autoria, como a famosa imagem da edição de 1981, em que John Lennon aparece na cama, nu e agarrado a Yoko Ono, que estava vestida. Essa foto foi realizada em dezembro de 1980, algumas horas antes da morte do ex-Beatle (Vicente, 2017).

Em 1983, Leibovitz deixou a *Rolling Stone* para trabalhar na *Vanity Fair*, revista de cultura, política e moda. Lá, ela contava com uma variedade maior de personagens para fotografar, e seus retratos ficaram famosos pelos custos altíssimos necessários para ser realizados. Algumas personalidades fotografadas por ela para as capas da revista foram: Demi Moore, grávida e nua; Whoopi Goldberg, dentro de uma banheira cheia de leite; Sylvester Stallone, nu na pose de *O pensador*, de Rodin; entre outros (Biography, 2018).

Leibovitz também trabalhou em grandes campanhas publicitárias nos anos 1980, como a realizada para a American Express, com retratos de famosos e premiada em 1987 com o Clio Award – um dos principais prêmios da publicidade mundial (Biography, 2018).

A fotógrafa é considerada uma das melhores retratistas do mundo e já publicou várias obras. Em 1991, foi lançado *Photographs: Annie Leibovitz – 1970-1990*, com uma antologia de seu trabalho. Em 1999, publicou *Women*, que é acompanhado de um ensaio de sua companheira, Susan Sontag (1933-2004)[2], e traz uma série de retratos de mulheres, desde juízas até trabalhadoras em minas de carvão. Já em 2003, Leibovitz lançou *American Music*, com retratos de artistas da música *blues*, *country*, *folk*, *hip-hop* e *jazz* (Encyclopædia Britannica, 2018).

Leibovitz continua muito atuante. Um de seus últimos projetos de grande repercussão foi a campanha do calendário da Pirelli de 2016. Leibovitz escolheu retratar apenas personalidades femininas. Esse projeto foi um contraste com as campanhas anteriores do calendário da marca de pneus, porque as modelos tinham várias profissões e idades. Além disso, ela retratou todas vestidas. Em todas as campanhas anteriores, as modelos do calendário eram sempre modelos jovens e fotografadas nuas (Whittle, 2015).

---

2   Susan Sontag é uma das principais intelectuais do século XX e publicou uma das obras mais importantes para o pensamento e a crítica fotográfica: *Sobre fotografia*, de 1983.

1.5.3 Steve McCurry

O fotógrafo americano Steve McCurry (1950-) é reconhecido como um dos principais produtores de imagens da atualidade. É dele a famosa imagem da menina afegã de olhos verdes, que ganhou o mundo quando foi publicada na capa da revista *National Geographic*, em 1984.

McCurry integra o melhor da tradição documental com suas imagens muito coloridas, que retratam a realidade dos mais variados lugares e culturas do mundo. São temas de suas imagens as áreas em conflitos internacionais e locais, como Camboja, Filipinas, Beirute e antiga Iugoslávia. O fotógrafo busca capturar a essência da luta e alegria humana. Sua obra fotográfica apresenta uma diversidade grande de gêneros, incluindo tanto retratos quanto paisagens e fotografias de rua.

Nascido na Filadélfia, nos Estados Unidos, em 1950, é graduado em Teatro, trabalhou como fotógrafo em jornais de seu país por alguns anos e resolveu se mudar para Índia para ser *freelancer* (McCurry, 2017). Foi lá que ele aprendeu a ter paciência – depois de um tempo as pessoas esquecem de sua câmera e suas essências aparecem. É assim que McCurry consegue imagens espontâneas, mesmo sendo uma figura forasteira nesses lugares.

Figura 1.42 – Menina fotografada por Steve McCurry no Paquistão

MCCURRY, Steve. [A menina afegã]. 1984. Fotografia: color.

A sua carreira mudou quando, disfarçado de nativo, ele cruzou a fronteira do Paquistão nos anos 1980, entrando em território controlado por rebeldes no Afeganistão, pouco tempo antes da invasão Soviética. As imagens que ele fez foram as primeiras que mostravam o conflito. Esse trabalho lhe rendeu a medalha de ouro na categoria de Melhor Reportagem no Prêmio Robert Capa. Além desse, McCurry ganhou muitos outros prêmios, como Fotógrafo do Ano da National Press Photographers Association, quatro prêmios do concurso World Press Photo e duas vezes o Prêmio Olivier Rebbot Award (Magnum Photos, 2018).

Figura 1.43 – Mosteiro de Shaolin, por Steve McCurry

MCCURRY, Steve. [Província de Hunan, China]. 2004. Fotografia: color.

As fotos de McCurry circularam em todas as grandes revistas mundiais. Ele também publicou alguns livros, como *The Imperial Way* (1985), *Monsoon* (1988), *Portraits* (1999), *South Southeast* (2000), *Sanctuary* (2002), *The Path to Buddha: a Tibetan Pilgrimage* (2003), *Steve McCurry* (2005) e *Looking East* (2006).

Síntese

Neste capítulo, abordamos os aspectos essenciais da linguagem fotográfica. Analisamos o surgimento e o desenvolvimento da fotografia não sem considerar a íntima ligação ao contexto em que a sociedade se encontra, ou seja, à necessidade da sociedade em criar um meio de produção de imagens equivalente a seu estágio de desenvolvimento.

Com relação à fotografia digital, constatamos que ela é mais que um desdobramento da evolução da tecnologia e da linguagem: é herdeira de toda a produção fotográfica e imagética anteriores. Ademais, a tecnologia digital está mudando a maneira como as pessoas se relacionam com a fotografia – cada vez mais pessoas têm acesso aos processos de produção e circulação de fotos, contribuindo, então, para o progresso contínuo dessa linguagem.

Também discutimos o caráter documental da fotografia, que não se deve às suas características técnicas de reprodução do mundo visível, mas sim aos usos sociais a que a fotografia serve e à postura dos fotógrafos em relação aos seus temas.

Em seguida, tratamos dos princípios que auxiliam na produção de fotografias, como o entendimento do sistema visual, a natureza da luz e a teoria das cores, pois consideramos que, com o domínio de alguns princípios de harmonização de cores, é possível criar imagens mais harmônicas e cativantes.

Ainda em relação aos princípios da produção fotográfica, verificamos que a composição é uma das características fundamentais para a realização de boas imagens; por esse motivo, contemplamos algumas técnicas que auxiliam na realização de boas composições. É importante relembrar que não existem regras fixas na hora de executar boas imagens, mas alguns elementos devem ser pensados durante o ato fotográfico.

Por fim, apresentamos três grandes mestres da fotografia mundial, Sebastião Salgado, Annie Leibovitz e Steve McCurry. Para produzir boas imagens e ter um posicionamento crítico em relação à fotografia, o contato com a obra de grandes artistas é essencial, pois eles são os principais direcionadores dos limites da linguagem, criando novos modos de concretizar e entender essa arte. Vale ressaltar que, embora tenhamos selecionado apenas três artistas, existem muitos outros, e esse é um convite para que você busque conhecer mais fotógrafos.

Indicações culturais

ADOBE COLOR CC. Disco de cores. Disponível em: <https://color.adobe.com>. Acesso em: 21 mar. 2018.

Visite o *site* Adobe Color CC. Lá, você poderá definir vários esquemas de cor: ao selecionar uma cor, o *site* indica outras. Com o auxílio do círculo cromático, é possível, por exemplo, escolher as cores dos objetos que farão parte de um cenário para uma foto.

IMS – Instituto Moreira Salles. Disponível em: <https://ims.com.br/>. Acesso em: 21 mar. 2018.

O IMS é uma das principais instituições relacionadas à fotografia no Brasil. Desde 1995, o instituto tem sistematicamente adquirido e conservado acervos fotográficos – são cerca de 800 mil imagens reunidas, constituindo o mais importante conjunto de fotografias do século XIX no Brasil e a melhor compilação da fotografia nacional das sete primeiras décadas do século XX. São obras pertencentes às coleções de Gilberto Ferrez, do antropólogo Claude Lévi-Strauss (década de 1930) e de muitos fotógrafos brasileiros ou atuantes no país. Em geral, as coleções apresentam a obra completa dos fotógrafos (Burgi, 2018).

O *site* disponibiliza parte do acervo por meio dos inúmeros livros publicados por eles e das constantes exposições em suas sedes. Há unidades em Poços de Caldas – MG, Rio de Janeiro – RJ e São Paulo – SP. Normalmente, as exposições são gratuitas.

O GRANDE Hotel Budapeste. Direção: Wes Anderson. Reino Unido/Alemanha: Fox Film do Brasil, 2014. 99 min.

Como sugestão, assista aos filmes do diretor americano Wes Anderson. Aqui, indicamos *O grande Hotel Budapeste*, um de seus trabalhos. Todos os seus filmes têm direção de arte (escolha dos elementos cênicos, como cenário, objetos e figurino) e fotografia que favorecem composições bem centralizadas e equilibradas, sendo a "marca registrada" desse diretor. Nos filmes de Wes Anderson, esses recursos são essenciais para narrar suas histórias.

O SAL da Terra. Direção: Juliano Ribeiro Salgado e Wim Wenders. Brasil/França: Imovision, 2014. 110 min.

Neste capítulo, apresentamos uma pequena parte da trajetória do fotógrafo brasileiro Sebastião Salgado. Para saber mais sobre ele, assista ao documentário *O sal da Terra*, dirigido pelo seu filho, Juliano Ribeiro Salgado, e pelo renomado cineasta alemão Wim Wenders.

STEVE MCCURRY. Disponível em: <http://stevemccurry.com/>. Acesso em: 21 mar. 2018.

Steve McCurry ainda é muito atuante e faz projetos pelo mundo todo. Você pode acompanhar o trabalho do fotógrafo pelo seu *site* oficial e pela página do artista na rede Instagram (https://www.instagram.com/stevemccurryofficial), na qual ele faz publicações regularmente.

Atividades de autoavaliação

1. Sobre o tema *fotografia documental*, analise as afirmações a seguir.
    I) A fotografia é um espelho da realidade.
    II) A fotografia não é um documento, mas a ela pode ser atribuído um valor documental, dependendo da situação.
    III) Uma boa foto documental não é aquela que se parece com a realidade, mas a que faz o espectador se sentir como se estivesse diante da realidade.

    Agora, assinale a alternativa que apresenta as afirmações verdadeiras:

    a) I e II.
    b) II e III.
    c) I e III.
    d) I, II e III.

2. No sistema aditivo, as cores primárias são:
   a) magenta, vermelho e verde.
   b) azul, amarelo e vermelho.
   c) azul, verde e vermelho.
   d) ciano, amarelo e magenta.

3. Em relação à composição fotográfica, é possível afirmar que:
   a) a regra dos terços é absoluta e sempre deve ser utilizada.
   b) a composição simétrica pode gerar composições "estáticas".
   c) uma foto simétrica ocorre quando os elementos de um lado da imagem diferem dos elementos do outro lado.
   d) um fotógrafo nunca deve reenquadrar sua foto na pós-produção.

4. Qual dos seguintes efeitos **não** é causado pelo uso da perspectiva?
   a) A percepção da profundidade.
   b) A percepção de diferenças de tamanho de objetos.
   c) A criação de linhas que direcionam o olhar.
   d) A criação de textura.

5. Sobre os fotógrafos analisados neste capítulo, marque as afirmativas a seguir como verdadeiras (V) ou falsas (F).
   ( ) Sebastião Salgado fotografa desde criança.
   ( ) Annie Leibowitz é fotógrafa de natureza.
   ( ) Para realizar cada projeto, Sebastião Salgado se dedica muitos anos produzindo imagens.
   ( ) Steve McCurry ficou famoso quando fez as primeiras imagens do conflito no Afeganistão, na década de 1980.

Agora, assinale a alternativa que corresponde à sequência correta:

a) V, F, V, F.
b) F, F, V, V.
c) V, V, V, F.
d) F, F, F, F.

Atividades de aprendizagem

Questões para reflexão

1. O Brasil tem uma história longa com a fotografia. Dom Pedro II foi um grande entusiasta dessa expressão artística e patrocinou muitos fotógrafos durante o século XIX. Desde então, temos grandes profissionais atuando no país.

    Pesquise e escreva um texto de uma página sobre a obra de um fotógrafo nascido ou radicado no Brasil. Busque exemplos de seu trabalho e pesquise sobre seu campo de atuação, sua biografia e como isso influenciou sua produção.

    Veja algumas sugestões de grandes fotógrafos brasileiros (lembre-se de que você não precisa se ater apenas a estes nomes): Ana Lúcia Mariz, Araquém Alcântara, Cláudia Andujar, Cristiano Mascaro, Dulce Soares, Eustáquio Neves, Evandro Teixeira, German Lorca, Hans Gunter Flieg, Hildegard Rosenthal, Jean Manzon, João Roberto Ripper, José Medeiros, Luiz Carlos Felizardo, Marcel Gautherot, Maureen Bisilliat, Miguel Rio Branco, Militão de Azevedo, Nair Benedicto, Oiticica Filho, Orlando Azevedo, Pedro Martinelli, Rosângela Rennó, Thomaz Farkas, Zig Koch.

2. Escreva um texto analisando como a fotografia digital está envolvida em seu dia a dia. De alguma forma, a fotografia digital está presente em lugares ou relacionada a coisas com as quais você tem contato? Depois, discuta com seus colegas, para entender se todos têm a mesma percepção.

Atividade aplicada: prática

1. Para fotografar bem é preciso prestar atenção no mundo ao nosso redor. Geralmente, são nos detalhes que estão as coisas mais interessantes. Os bons fotógrafos são aqueles que conseguem perceber e mostrar o extraordinário no ordinário da vida cotidiana. Portanto, não é preciso viajar aos lugares mais longínquos e exóticos para fazer grandes imagens. O que é necessário é treinar o olhar.

    Neste exercício, utilize seu dia a dia para ver o mundo e criar imagens. Todos os dias, passamos pelas ruas de nossa cidade e, muitas vezes, a correria do cotidiano não nos deixa perceber a beleza nos espaços que nos rodeiam.

    Aproveite o caminho que você faz para chegar ao seu trabalho, local de estudo ou qualquer outro compromisso, ou saia pelas ruas apenas para fotografar. Pare alguns minutos e preste atenção no que há de interessante em uma cidade. E então, utilizando seu celular ou sua câmera fotográfica, registre as paisagens urbanas da cidade: os prédios, o comércio, as praças, as ruas, as paredes, as cores e as intervenções urbanas.

    Faça várias fotos, com enquadramentos diversos, e procure selecionar entre três e cinco fotos que melhor representem seu trajeto.

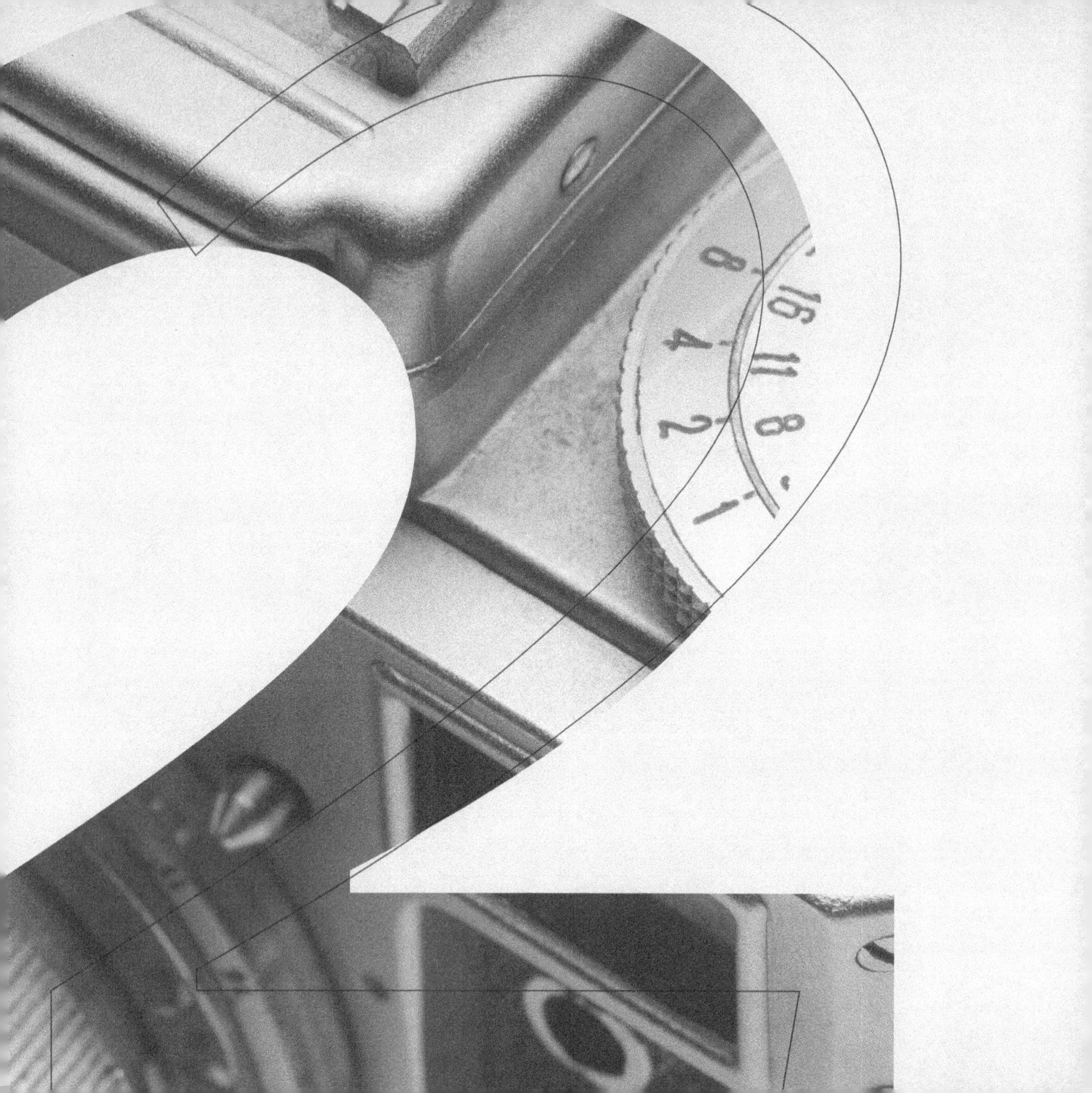
2

História e tecnologias da fotografia

Bruno Oliveira Alves

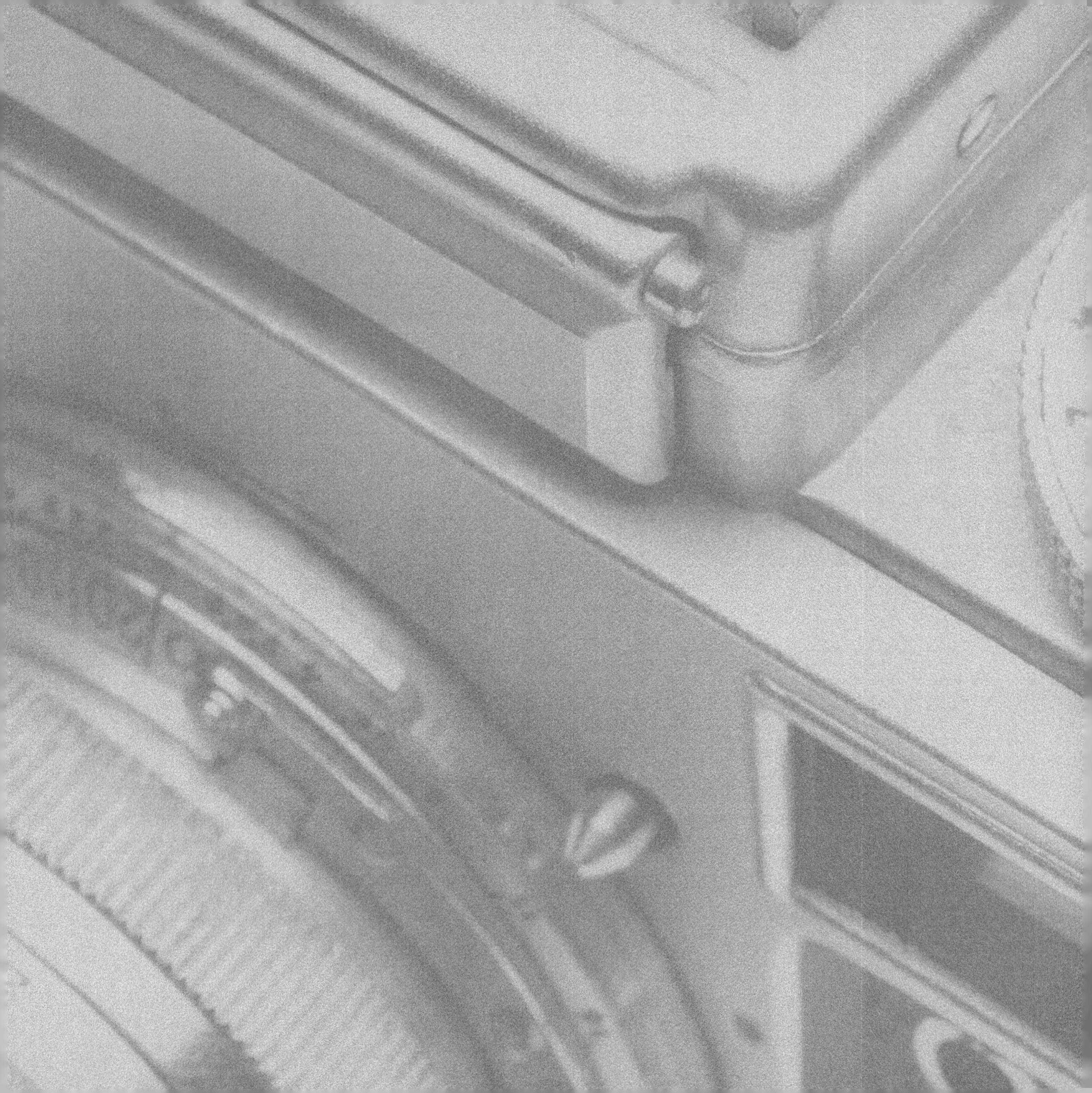

Neste capítulo, há dois momentos: um relativo ao entendimento da linguagem fotográfica, quando serão apresentadas as origens e a breve história da fotografia; outro, mais pragmático, quando discutiremos as lógicas tecnológicas de funcionamento do aparato fotográfico digital e os recursos técnicos disponíveis para o controle da imagem e expressão fotográfica.

Um dos melhores modos de entender uma linguagem fotográfica é buscar compreender sua história, a maneira como ela foi criada e evoluiu ao longo de seus usos sociais. Isso nos dá perspectiva e permite compreender como a produção e circulação de fotografias está relacionada com seu contexto, é produto da sociedade e, ao mesmo tempo, constitui a sociedade em que se insere.

Fotografar é, em essência, traduzir o mundo visível em imagens; nesse sentido, um bom fotógrafo é aquele que consegue transmitir sua visão de mundo. Portanto, se você deseja utilizar a fotografia, precisa ser capaz de cristalizar suas intenções por meio do aparato fotográfico, isto é, ser capaz de entender o funcionamento técnico da câmera e ter controle sobre os diversos ajustes para poder atingir seus objetivos estéticos e expressivos.

2.1 Breve história da fotografia

A invenção da fotografia não ocorreu por acaso, não foi algo como "eureca" e pronto, mas sim mediante o agrupamento de vários princípios científicos, como as propriedades fotoquímicas da prata, o desenvolvimento da óptica, o funcionamento da câmara obscura. Todos esses princípios já eram conhecidos há muito tempo e precisavam apenas ser reunidos e aprimorados para dar origem à fotografia – o que só aconteceu em razão do desejo de se criar um tipo de imagem mais adequado à sociedade da época, que passava por um momento de forte industrialização e crença na ciência.

2.1.1 Evolução das tecnologias da câmara obscura

A fotografia necessita de dois elementos básicos: a câmara obscura (ou câmera escura) e um material sensível à luz.

A **câmara obscura** tem um funcionamento muito simples: consiste de uma caixa com uma pequena abertura por onde entra a luz. A luz refletida pelos objetos entra na câmara e é projetada invertida no fundo (de ponta-cabeça e espelhada). Esse é o princípio das câmeras fotográficas estenopeicas, comumente conhecidas como *pinhole* (buraco de agulha).

Figura 2.1 – Funcionamento da câmera obscura

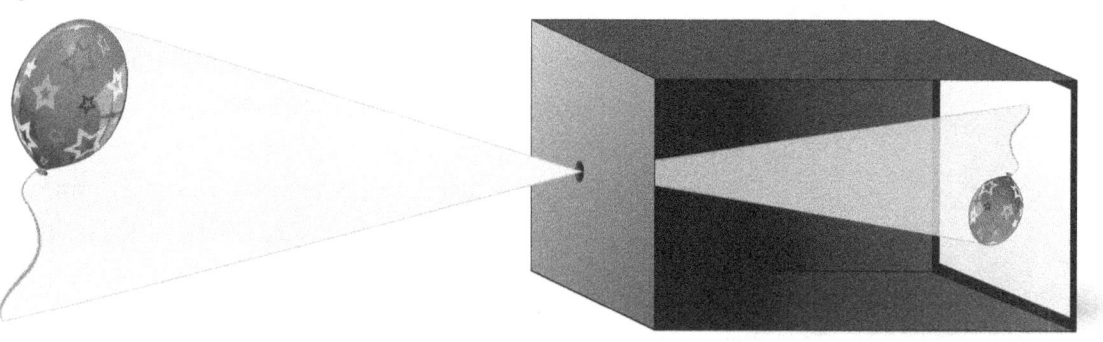

A partir do Renascimento, os artistas passaram a utilizar a câmara obscura como ferramenta no auxílio da pintura: a imagem que se desejava representar era projetada em uma tela, sobre a qual o artista desenhava as formas e depois pintava.

A câmara obscura foi uma ferramenta muito importante para representações realistas nas artes pictóricas por auxiliar o pintor a criar imagens com base em princípios físicos e matemáticos. Ela foi muito aceita porque gerava uma imagem de acordo com os códigos de representação vigentes, que utilizavam a *perspectiva artificialis*, a qual era considerada "objetiva" e científica – conceitos que se encaixavam no modo de pensar do Renascimento (Machado, 2008).

Os modelos de câmaras utilizados pelos artistas eram os mais variados, desde pequenas e portáteis até algumas nas quais o artista podia entrar dentro para criar quadros de grandes dimensões.

A partir do século XVI, houve uma grande melhoria técnica com as primeiras **lentes objetivas**, que permitiram mais luz entrando na câmara obscura, tornando a imagem mais clara, nítida e com menos deformações.

2.1.2 Origens da fotografia

Oficialmente, a data de nascimento da fotografia é 19 de agosto de 1839, mas, na verdade, sua história começou algumas décadas antes. Essa data marca o dia em que o **daguerreótipo**, invento do francês Louis Daguerre (1787-1851), foi apresentado na Academia Francesa de Ciências da França. Depois dessa apresentação, o governo francês comprou os direitos de Daguerre, que, como era comum na época, abriu mão deles, tornando o invento patrimônio público, o que permitiu que qualquer um pudesse desenvolvê-lo (Freund, 2001).

Além da câmara obscura e da existência de lentes, as propriedades fotossensíveis dos sais de prata e de outras substâncias eram conhecidas há bastante tempo. Diante dessa constatação, foi possível gravar uma imagem ao projetar luz sobre uma substância fotossensível, como a prata, que enegrece com o contato com a luz. O problema estava em fixar essa imagem, ou seja, fazer com que ela parasse de ser sensibilizada pela luz e continuasse com a mesma imagem gravada. Além disso, com a Revolução Industrial e as mudanças na sociedade moderna, buscavam-se novos modos de produção e circulação de imagens.

Figura 2.2 – Fotografia de Daguerre, tirada com o daguerreótipo

DAGUERRE, Louis. **Boulevard du Temple**. 1838. Daguerreotipia: p&b.

Embora Daguerre tenha ficado conhecido como "o pai da fotografia", ele não foi o único inventor dessa linguagem. Muitas pessoas investigaram e desenvolveram técnicas diferentes para a produção fotográfica, uma vez que a sociedade da época estava mudando e necessitava de novos modos de produção e circulação de imagens.

Assim, um grande número de cientistas e entusiastas estava buscando, ao mesmo tempo, formas de produzir imagens mais "automáticas", que estivessem alinhadas com os princípios da Revolução Industrial e a ciência. Alguns dos principais nomes foram Fox Talbot, na Inglaterra, Hippolyte Bayard, na França, Hercule Florence, no Brasil, entre tantos outros.

Daguerre, inclusive, deve sua invenção (ou parte dela) a outro pesquisador. Algumas décadas antes de ele apresentar sua invenção, houve outro francês que realizou pesquisas para tentar gravar uma imagem com a luz. Seu nome era **Joseph Nicéphore Niépce**. Ele fazia litografias e, a partir de 1816, buscava um modo de substituir as pedras litográficas (as quais tinha dificuldade de achar) por uma chapa de metal e os lápis pela luz. Em 1826, Niépce produziu a imagem que é considerada a **primeira fotografia da história** (Figura 2.3), utilizando a técnica de **heliografia** (Freund, 2001).

Figura 2.3 – A primeira fotografia

NIÉPCE, Joseph Nicéphore. **Vista da janela em Le Gras**. 1826. Heliografia: p&b.

Apesar de impressionante, a técnica inventada por Niépce ainda era muito rudimentar e a chapa de metal precisava de muitas horas (até mesmo dias) sob o sol forte para que a luz de fixasse. Nesse contexto, para realizar essa imagem, a câmera precisou ficar parada no mesmo lugar por muito tempo. Não por acaso, é uma fotografia de arquitetura, que mostra apenas algumas construções próximas à janela de Niépce, as quais não se moveram durante todo o tempo que a câmera esteve registrando a cena. Não há pessoas ou objetos móveis, pois, se eles estiveram diante da câmera, não foram registrados na foto.

Para conseguir recursos para sua pesquisa, Niépce se associou a Daguerre, que o ajudou no desenvolvimento de sua técnica, porém paralelamente criou outro processo, o daguerreótipo – tendo sido este apresentado ao governo francês. Quando a fotografia foi mostrada, Niépce já era falecido, mas o governo francês reconheceu sua contribuição e passou a pagar uma pensão a seu filho (Freund, 2001).

As décadas seguintes à apresentação do daguerreótipo marcaram um desenvolvimento exponencial nas técnicas e nos equipamentos fotográficos. Uma das razões é a fotografia ter se tornando de domínio público. Novas câmeras, lentes mais luminosas e mais nítidas, novas técnicas, e tipos

Figura 2.4 – Fotografia: item de luxo

[RETRATO da Família Adams]. 1846. Daguerreotipia: p&b. Livraria do Congresso, Estados Unidos.

de material sensível foram sendo criados. Outra razão para o rápido desenvolvimento foi a criação de um novo mercado, muito rentável. Inúmeros pintores, químicos e entusiastas passaram a fotografar e a desenvolver a tecnologia. Assim, as imagens que levavam horas para ser gravadas na superfície fotossensível passaram a ser instantâneas já na segunda metade do século XIX.

O daguerreótipo foi apresentado em 1839 e gerava uma cópia única, pois a imagem ficava gravada na chapa de metal e não permitia cópias. Apesar de mais barata que uma pintura, o daguerreótipo era um processo caro e normalmente se apresentava em estojos de luxo (Figura 2.4).

O **calótipo**, inventado em 1836 por Fox Talbot e registrado em 1841, foi a primeira técnica que gerava um negativo a partir do qual poderiam ser feitas quantas cópias em papel fossem necessárias.

O **colódio úmido** (Figura 2.5) surgiu em 1851. Com essa técnica, o fotógrafo necessitava preparar uma solução e emulsionar uma chapa de vidro (negativo) minutos antes de fazer a foto e revelá-la em seguida. Portanto, era preciso muito conhecimento de química para poder ser um fotógrafo. Ademais, era necessário carregar o estúdio consigo, pois a preparação da emulsão e a revelação eram feitas em total escuridão.

Observe a Figura 2.5: trata-se de uma imagem "estática", com poses "duras". Todos os personagens estão sentados e apoiando suas mãos. Não é possível ver na imagem, mas é provável que, atrás da cabeça de cada um, havia um suporte para segurá-la. Isso se deve ao fato de que, para realizar uma foto com essa técnica, eram

Figura 2.5 – Fotografia revelada com a técnica de colódio úmido

[RETRATO da Família Beecher]. [entre 1855 e 1865]. Fotografia, colódio úmido. Livraria do Congresso, Estados Unidos.

necessários vários minutos, portanto, todos os modelos precisavam ficar completamente parados, a fim de que não saíssem borrados na imagem. Por esse motivo, as poses ficavam sisudas e artificiais.

Na Figura 2.6, há uma reprodução de um estúdio típico do século XIX, com a câmera de grandes dimensões, o fundo pintado simulando elementos arquitetônicos e o suporte para cabeça. Esse tipo de imagem mudou apenas com a melhoria dos equipamentos, com negativos mais sensíveis e câmeras menores e portáteis – o que ocorreu nas décadas seguintes –, mas, mais do que isso, mudou à medida que mudaram os modos de pensar e compor a imagem fotográfica.

Outra técnica importante veio em 1871, quando surgiu o **colódio seco**, que permitia a preparação das chapas fotográficas com mais antecedência. O conhecimento científico ainda era obrigatório, porém a técnica já era mais prática: o fotógrafo poderia preparar várias chapas antes de sair para fotografar e revelar depois, em seu laboratório. O tempo de exposição da foto também diminuiu para segundos, tornando a imagem mais instantânea.

Figura 2.6 – Estúdio do século XIX

Foto tirada no Museu de Fotografia de Charleroy, Bélgica/ Bruno Oliveira Alves

Réplica de estúdio fotográfico no Museu de Fotografia de Charleroy, Bélgica.

O **negativo em celuloide flexível** surgiu em 1884 e permitiu a câmeras menores registrarem diversas fotos sem precisar carregar várias chapas de vidro. Na última década do século XIX, como já citado, a Kodak lançou sua primeira câmera, com o *slogan* "Você aperta o botão, nós fazemos o resto" (Sontag, 2007, p. 67). Não era mais preciso ter conhecimento químico algum. O consumidor comprava a câmera, fazia algumas fotos e levava a câmera à loja, que revelaria e faria cópias das fotos, marcando o início da fotografia amadora. Na foto da Figura 2.7, é possível constatar como o assunto e a maneira que foi retratado já estava mais informal e espontâneo.

Nesse curto período de tempo, entre a invenção e o final do século XIX, as câmeras diminuíram de tamanho, tornando-se portáteis, as objetivas melhoraram, ficando mais rápidas ao transmitir mais luz e com menos deformações na imagem, os papéis fotográficos e as emulsões dos negativos estavam mais sensíveis à luz.

Essas e outras invenções facilitaram a comercialização dos materiais fotográficos, pois, no início, o fotógrafo tinha de saber manipular todos os processos e, a partir de então, passaram a ser comercializados materiais previamente preparados para a fotografia.

Figura 2.7 – Imagem feita com uma das primeiras Kodak

[CRIANÇAS na praia]. 1890. Fotografia: p&b.

> O desenvolvimento da tecnologia contribuiu para a melhorar a qualidade da imagem, reduzir o tempo de exposição e o custo de todo o processo. Foi possível produzir imagens em série, mais nítidas, instantâneas e baratas, ampliando o acesso à produção e ao consumo da imagem.

Nesse contexto, é possível perceber que, além da possibilidade de imagens mais rápidas e nítidas, a evolução técnica também contribuiu para a mudança no perfil dos produtores e consumidores de fotografias. A técnica ficou mais simples e acessível a um público mais geral: no final do século XIX, qualquer um poderia ser fotógrafo! Os preços ficaram menores, permitindo que mais pessoas pudessem fotografar ou ter as próprias fotografias. Isso tudo ainda nas primeiras décadas de existência da fotografia.

No século XX, com o grande desenvolvimento tecnológico em todas as áreas e mudanças na sociedade em todo o mundo, esse processo acelerou-se ainda mais. As câmeras ficaram pequenas, possibilitando que fossem levadas a qualquer lugar;

as películas se tornaram supersensíveis, permitindo fotos em ambientes com pouca luz; o documentarismo e fotojornalismo (ver Item 3.1.1) se desenvolveram, assim como a fotografia ganhou espaço no mundo da arte (ver Item 3.3). Ao longo do século XX, foram criados e consolidados muitos usos para a fotografia, formando a linguagem como a entendemos atualmente.

Neste momento, início do século XXI, passamos por um período semelhante àquelas primeiras décadas da fotografia, pois a fotografia digital está em franco desenvolvimento: a cada dia novas câmeras mais sensíveis e com mais resolução são lançadas; novas redes sociais para a veiculação de fotos são criadas; cada vez mais pessoas têm acesso aos meios de produção. É claro que a fotografia digital não é algo completamente diferente da fotografia analógica – ela mantém vários usos e funções –, mas, certamente, vivemos um momento de transformações.

2.2 A câmera fotográfica

Interessa-nos, agora, analisar as partes e o funcionamento da câmera fotográfica, desde a analógica até a digital.

2.2.1 Como funciona a câmera fotográfica: do analógico ao digital

Os princípios de uma câmera digital são os mesmos de um equipamento analógico, que utiliza filme. Basicamente, uma câmera fotográfica é uma câmara obscura: uma caixa preta dotada de um orifício por onde entra a luz, com um material fotossensível no qual a luz será projetada. O material sensível pode ser uma película ou um sensor. A Figura 2.8 mostra um esquema dos componentes básicos de uma câmera.

Se nossa câmera tiver apenas um furo como abertura, ou seja, se ela for uma *pinhole*, a quantidade de luz que chegará ao filme ou sensor será muito pequena, e o tempo de exposição precisará ser muito longo (ver Item 2.3.3). Para aumentar a quantidade de luz, podemos colocar uma **lente objetiva** na câmera. A objetiva é formada por um conjunto de lentes côncavas e convexas que recebem uma quantidade muito maior de luz em sua superfície e a converge para um único ponto dentro da câmera – assim, a foto pode ser feita com muito menos tempo de exposição.

O **material fotossensível** pode ser um **filme**, seja ele negativo em cor ou preto e branco, seja um diapositivo (colorido)[1]; ou pode ser um **sensor digital**, seja ele um CCD (*charge-coupled device*), seja um CMOS (*complementary metal-oxide-semiconductor*). O negativo tem substâncias químicas (como sais de prata) que se modificam com a luz. O sensor digital, por sua vez, tem um circuito que converte a luz em corrente elétrica, a qual é convertida por processador em informação digital (cores que formam a imagem).

Figura 2.8 – Componentes básicos de uma câmera

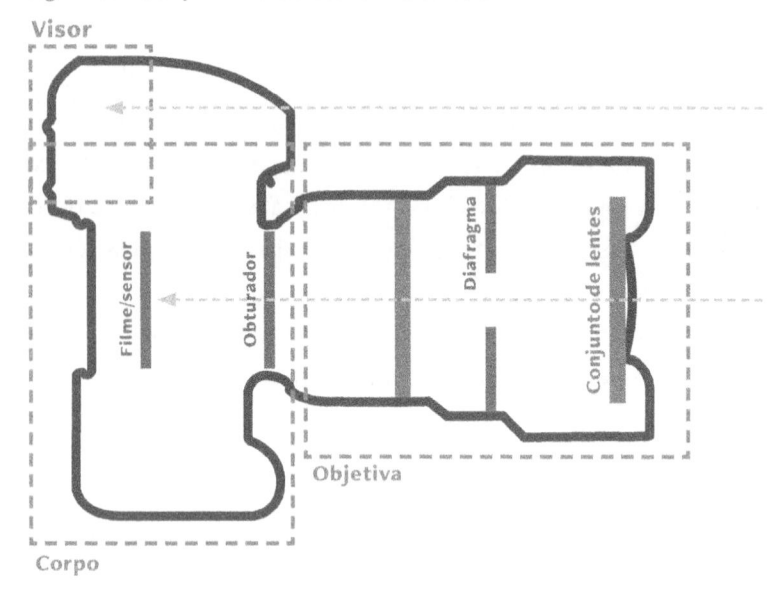

No princípio, não era possível fazer ampliações das fotos, portanto as cópias tinham tamanho igual ao do negativo. Assim, se você quisesse uma foto de 40 × 50 cm, sua câmera deveria ser grande o suficiente para caber uma chapa de vidro desse tamanho. Com a possibilidade de ampliação das cópias e a evolução da tecnologia fotográfica, as câmeras diminuíram de tamanho, mas ainda existem vários tamanhos diferentes.

As câmeras são divididas em três categorias, dependendo do tamanho da área de captação da imagem (filme ou sensor). A Figura 2.9 mostra os diversos tamanhos dos sensores ou filmes analógicos: pequeno, médio ou grande formato.

---

1 O negativo, depois de exposto e revelado, apresenta uma imagem com cores e tons ao contrário (o objeto que era preto, aparece branco, por exemplo), já o diapositivo (ou *slide*), depois de exposto e revelado, apresenta uma imagem positiva, ou seja, com cores e tons semelhantes aos originais do objeto.

Figura 2.9 – Formatos de câmeras e filmes

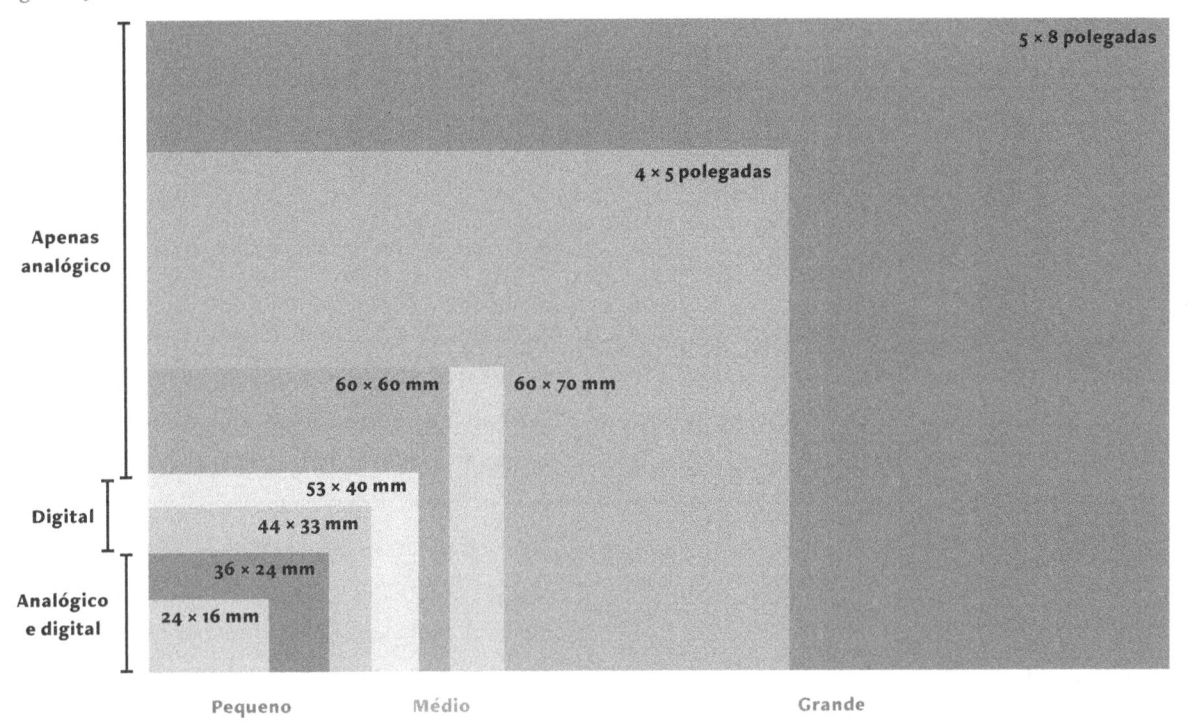

5 × 8 polegadas
4 × 5 polegadas

Apenas analógico

60 × 60 mm 60 × 70 mm

53 × 40 mm
44 × 33 mm

Digital

36 × 24 mm
24 × 16 mm

Analógico e digital

Pequeno   Médio   Grande

As câmeras que usam filmes com dimensão acima de 60 mm são consideradas de **grande formato** (Figura 2.10). São equipamentos grandes e pesados, que necessitam de uso de tripé. Por isso, o ato fotográfico com esse tipo de câmera tende a ser mais contemplativo, feito com mais vagar e paciência. Como o filme – não há digitais nesse formato – tem uma área muito grande, as imagens têm muita definição e nitidez, tendo sido muito utilizado em publicidade (até a popularização e melhoria da tecnologia digital) e no registro de paisagens.

As câmeras de grande formato permitem uma série de ajustes menos comuns em câmeras de médio e pequeno formatos, como correção de perspectiva e ângulo de foco. Portanto, são ideais para fotografar arquitetura. Nos dias atuais, são mais utilizadas com finalidades artísticas.

Figura 2.10 – Câmera de grande formato

Figura 2.11 – Câmeras de médio formato

Com a diminuição dos equipamentos, surgiram as câmeras de **médio formato** (Figura 2.11), compreendendo aquelas que usam áreas de captação entre 35 mm e 60 mm de largura. O filme mais popular desse formato é o número 120, de largura de 60 mm. São câmeras mais leves e portáteis, permitindo maior dinamicidade na hora de fotografar. Câmeras *reflex* de duas lentes, como a Rolleiflex (imagem à esquerda), muito populares no jornalismo até meados do século XX, foram substituídas pelas câmeras 35 mm. As *reflex* de uma lente, como a Hasselblad analógicas (imagem à direita) foram muito usadas em publicidade em virtude de sua alta definição. Nesse formato já é possível encontrar câmeras digitais, porém, com a área do sensor um pouco menor do que os negativos, como pode ser verificado na Figura 2.9. Na verdade, atualmente, as versões digitais desse formato também encontram na publicidade seu principal mercado.

As câmeras que usam filme 35 mm, ou menores, são consideradas de **pequeno formato** (Figuras 2.12 e 2.13), tanto analógicas quanto digitais. O filme de largura de 35 mm foi projetado para cinema, mas na década de 1920 foi posta no mercado uma câmera pequena que utilizava esse tipo de película: a Leica.

A Leica, câmera de pequeno formato, foi um marco na história da fotografia, pois ela era ainda mais leve que as câmeras de médio formato, mais prática de usar, tinha lentes de alta qualidade e foi adotada pela maior parte dos grandes fotógrafos após a década de 1930, como Henri Cartier-Bresson e Robert Capa. As Leicas são câmeras com visor direto, ou seja, você não consegue ver através da lente.

A partir dos anos 1950, um novo tipo de câmera utilizando os filmes 35 mm passou a ganhar popularidade, em especial entre os fotojornalistas: as câmeras monorreflex ou SLR (*Single Lens Reflex*, em inglês). As SLRs permitem que o fotógrafo veja uma imagem no visor que é o mesmo enquadramento que será fotografado. Isso ocorre porque a imagem é refletida em um espelho interno e depois passa por um prisma no topo da câmera. Ao apertar o botão disparador, o espelho sobe, o obturador se abre e a luz chega ao filme. Assim, quando se está clicando a foto, não é possível ver através do visor (Figura 2.14).

Figura 2.12 – Filmes e sensores de pequeno formato

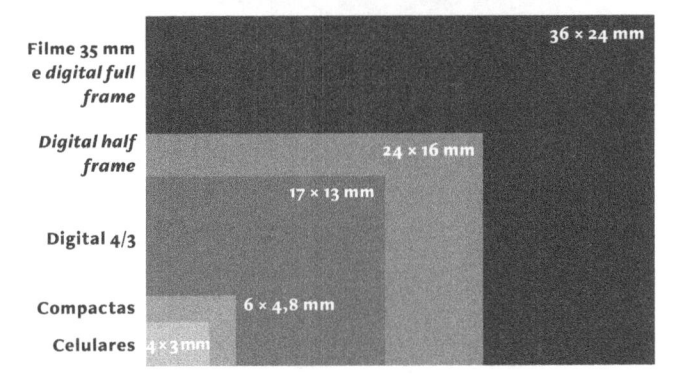

Gachez/Shutterstock

Figura 2.13 – Câmera de pequeno formato

Svitlana Kataieva/Shutterstock

Figura 2.14 – Câmera monoreflex (SLR) e sistema de funcionamento

Com o advento comercial da tecnologia digital, o *design* das câmeras não mudou muito, elas continuam semelhantes às câmeras analógicas, inclusive utilizando as mesmas lentes das câmeras anteriores. O que muda é o interior, que ganhou muito mais componentes para processar a luz em imagem digital. Normalmente, as câmeras digitais têm mais controles, além, é claro, de uma tela de LCD que possibilita ver a imagem. É impossível negar que uma das grandes diferenças entre as tecnologias é que o digital tende a ser muito mais instantâneo do que o analógico.

O que mudou, e continua a mudar constantemente, é a **qualidade da imagem**. Estamos no auge do desenvolvimento da tecnologia digital, portanto, a cada dia, novas câmeras são lançadas no mercado, com sensores mais sensíveis e consequentemente mais resolução. As primeiras câmeras digitais datam da década de 1960, mas o desenvolvimento e a comercialização de massa só ocorreram a partir dos anos 1990.

O formato de câmera mais utilizado pelos profissionais é a DSLR (*Digital Single Lens Reflex*[2], em inglês). As DSLRs *full frame* (quadro inteiro) têm o sensor próximo ao tamanho de um negativo de 35 mm, já as *half frame* (meio quadro) têm o sensor um pouco menor, em torno de 24 × 16 mm (as dimensões variam, dependendo da marca).

---

2   Monorreflex digital.

Recentemente, surgiram novos modelos de câmeras digitais: as *mirrorless* (do inglês, "sem espelho"), que são menores porque não precisam do espelho e do prisma e têm sensores que variam desde *full frame* (36 × 24 mm) ao formato 4/3 (17 × 13 mm); elas podem ou não trocar lentes, dependendo do modelo. Muitos profissionais estão migrando para esses modelos de câmeras em razão de sua praticidade.

As câmeras ditas *profissionais* são as que permitem o controle mais preciso de vários elementos na hora de fotografar, como foco, abertura (diafragma), velocidade do obturador, sensibilidade (ISO) e troca de lentes (ver Item 2.3.3).

Figura 2.15 – *Mirrorless* e DSLR

Maxx-Studio/Shutterstock

A maior parte das câmeras "profissionais" tem alguns modos de exposição padrão:
- **Automático**: modo no qual o ISO, o balanço de branco e a exposição ficam completamente por conta do programa da câmera.
- **Programa**: modo semiautomático, é possível alterar a sensibilidade (ISO), mas a abertura e velocidade são automáticas.
- **Prioridade de abertura**: modo em que se escolhem o ISO e o diafragma, e a câmera seleciona a velocidade correspondente para a exposição correta.
- **Prioridade de velocidade**: modo em que se escolhem o ISO e a velocidade do obturador, e a câmera seleciona a abertura correspondente para a exposição correta.
- **Manual**: modo em que se escolhem todos os parâmetros que desejar, e ainda é possível deixar no modo automático o foco e o balanço de branco.

O **modo manual** é o mais recomendado para um fotógrafo que queira se expressar melhor, uma vez que, ao deixar a câmera no automático, ele está abrindo mão de escolhas importantes. As fotografias nos modos automáticos tendem a ficar padronizadas, independentemente do fotógrafo, pelo menos no quesito exposição à luz.

Em relação às câmeras digitais, não é apenas o tamanho do sensor que conta, mas também a **resolução da imagem** que esse sensor consegue gerar. As imagens são formadas por *pixels*, pequenos pontos de luz coloridos que, como um mosaico, formam a fotografia. A resolução refere-se à quantidade de *pixels* existentes em uma foto. Para saber a resolução, multiplica-se a quantidade de linhas (altura) pela quantidade de colunas (largura). Assim, uma imagem de 1.000 px × 1.000 px tem 1.000.000 *pixels*, ou 1 megapixel (10^6).

É possível encontrar câmeras com tamanhos de sensores iguais e resoluções diferentes, ou câmeras com sensores menores, mas resoluções maiores, como é o caso de celulares. O Iphone 7 (de 2017), por exemplo, tem 12 mp, o mesmo que uma câmera Nikon D80 (de 2006). Isso dependerá da capacidade do sensor e do processador de gerarem os *pixels* que formam a imagem. De fato, quanto mais resolução, melhor a quantidade de informação da imagem. Porém, normalmente, sensores maiores tendem a gerar imagens com maior qualidade, porque geram menos ruído e distorções cromáticas: as fotos serão mais nítidas e definidas.

2.2.1.1 Câmeras compactas

As câmeras compactas (Figura 2.16), como o próprio nome indica, são menores e mais leves, pois têm sensores com uma dimensão reduzida e, por isso, suas lentes também são menores. Assim, elas são mais baratas, mas a qualidade da imagem também é menor (menos resolução e mais ruído na imagem). Além disso, são indicadas a um público "aficionado" ou "amador", ou seja, que não tenha tanto domínio das técnicas e dos controles fotográficos.

De modo geral, essas câmeras têm menos possibilidades de controles da exposição da imagem, como a manipulação da abertura e velocidade (ver Item 2.3.3). Elas tendem a realizar as imagens de modo automático, seja na exposição, seja no balanço de branco, seja na sensibilidade (ISO).

Por outro lado, elas têm funções que não existem nas câmeras "profissionais", como modo retrato, paisagem e movimento, justamente por que não trazem tantos controles e o público tem menor conhecimento técnico.

Esses modos existem para permitir que a câmera priorize alguns parâmetros técnicos para determinados assuntos, possibilitando que a foto seja feita com mais qualidade. Por exemplo, o modo "movimento" ou "esportes" priorizará a velocidade da câmera (tempo de exposição seja curto), para que o objeto ou a pessoa em movimento não saia borrado(a).

Uma das vantagens das câmeras compactas é que, por conta do tamanho reduzido do sensor, as lentes precisam de menos matéria-prima para ser produzidas. Assim, é possível ter aberturas (diafragma) grandes nas lentes, uma vez que elas podem ter um diâmetro maior sem a utilização de muito material. Além disso, muitas apresentam uma variação grande de distância focal (ver Item 2.4.1), permitindo uma versatilidade nos enquadramentos.

Figura 2.16 – Câmera compacta

Esse tipo de câmera também conta com o modo "macro", que, quando acionado[3], viabiliza executar fotos a pequenas distâncias dos objetos, como a poucos centímetros. Para realizar isso com as câmeras "profissionais", é preciso ter lentes especializadas (e caras).

2.2.1.2 Câmeras de celulares

As câmeras de celulares tendem a ter menos controles do que as compactas, dependendo do modelo. A qualidade da imagem e a resolução do sensor variam muito de modelo para modelo, como varia também o preço. Um celular com uma câmera realmente boa custa o mesmo ou algo próximo a uma ótima câmera compacta ou semiprofissional.

---

3   O ícone do botão que liga essa função normalmente é uma flor.

A grande vantagem dos celulares é a versatilidade e a portabilidade. Como estamos sempre com nossos telefones, carregamos também uma câmera, que pode servir para registrar um fato do cotidiano, fazer uma anotação, registrar um acontecimento inesperado e ser testemunha de algo que ninguém mais viu (muitos jornais têm seções de imagens enviadas por seus leitores).

Talvez o aspecto mais relevante das câmeras acopladas a telefones seja a possibilidade de compartilhamento instantâneo nas redes sociais. Isso permite uma circulação muito mais rápida da fotografia, ou seja, não é preciso mais fotografar, revelar, ampliar.

Cada sistema operacional de celular tem características próprias, com centenas de aplicativos que controlam a câmera e permitem manipulações na imagem capturada e compartilhamento. De modo geral, esses aplicativos possibilitam escolher o ISO, o foco, o uso ou bloqueio do *flash*, o balanço de branco, a escolha de modos de foto (como as câmeras compactas), a panorâmica etc., além de controles de pós-produção, como reenquadramento, aplicação de filtros de cor etc.

Figura 2.17 – Câmera de celular

Viktoriya Popova/Shutterstock

O equipamento tende a ser um grande motivo de discussão entre os fotógrafos. Cada um tem suas preferências e há, realmente, diferenças de qualidade entre os equipamentos. Quanto mais recursos sua câmera oferecer, melhor, mais controle você poderá ter sobre a imagem. Porém, mais do que qualidade técnica, o mais importante é o uso feito com o equipamento, o treinamento do olhar para criar imagens com olhar fotográfico.

2.3 Aspectos técnicos da imagem fotográfica

Cada fotógrafo precisa ter sua visão de mundo e, para isso, é preciso traduzir, tecnicamente, aquilo que se vê ou imagina em imagens, ou seja, ele deve realizar escolhas durante a tomada da imagem. Portanto, passaremos a discutir os controles técnicos na hora de criar fotografias.

2.3.1 Temperatura de cor e balanço de branco

Como mencionamos no capítulo anterior, a **luz visível** é a soma de uma faixa do espectro de radiação eletromagnética, cada qual com cores diferentes, que, somadas, geram uma luz branca. Contudo, nem sempre os objetos, as pessoas e as cenas são iluminados com luz branca, mas sim com fontes de luz que emitem mais algumas partes do espectro de luz visível do que outras. Desse modo, a luz pode se tornar mais amarelada, avermelhada ou pode ser esverdeada, azulada, dependendo da fonte de luz. Cada luz tem o que chamamos de **temperatura de cor**, que é medida em kelvin (K)[4].

A luz branca tem uma temperatura de 5.200 K, assim como a luz do sol ao meio dia. Se diminuirmos esse valor, a luz vai ficando amarelada e avermelhada. Uma lâmpada comum, incandescente, tem temperatura em torno de 2.800 K, com uma qualidade de cor amarelada, já uma lâmpada fluorescente caseira varia de 3.200 K (amarelada) até 6.400 K (levemente azulada). Na Figura 2.18, estão descritas as temperaturas de cor das principais fontes de luz.

Qual a influência disso na fotografia? A cor da luz cria um "clima" para a fotografia e é preciso fazer ajustes na câmera para que a imagem seja mais ou menos realista, de acordo com a intenção do fotógrafo.

Dependendo da temperatura de cor da fonte de luz, as cores dos objetos serão alteradas. Se você quer uma foto com tons neutros, mais próximos da realidade, precisa informar sua câmera qual é a temperatura de cor da fonte de luz. Se estiver fotografando sob a luz do sol, coloque no ícone do sol (luz do dia). Se for com luz incandescente, no ícone da lâmpada, assim por diante. Dessa forma, as áreas neutras, como paredes brancas ou cinzas, parecerão brancas ou cinzas e as demais cores também serão reproduzidas realisticamente. Se você estiver em um ambiente de luz fluorescente, por exemplo, e ajustar sua câmera para luz incandescente, sua foto aparecerá bem azulada.

---

4   Kelvin é uma unidade de medição de temperatura muito utilizada nas ciências exatas. 0 °C equivale a 273 K.

Figura 2.18 – Escala de temperatura de cor

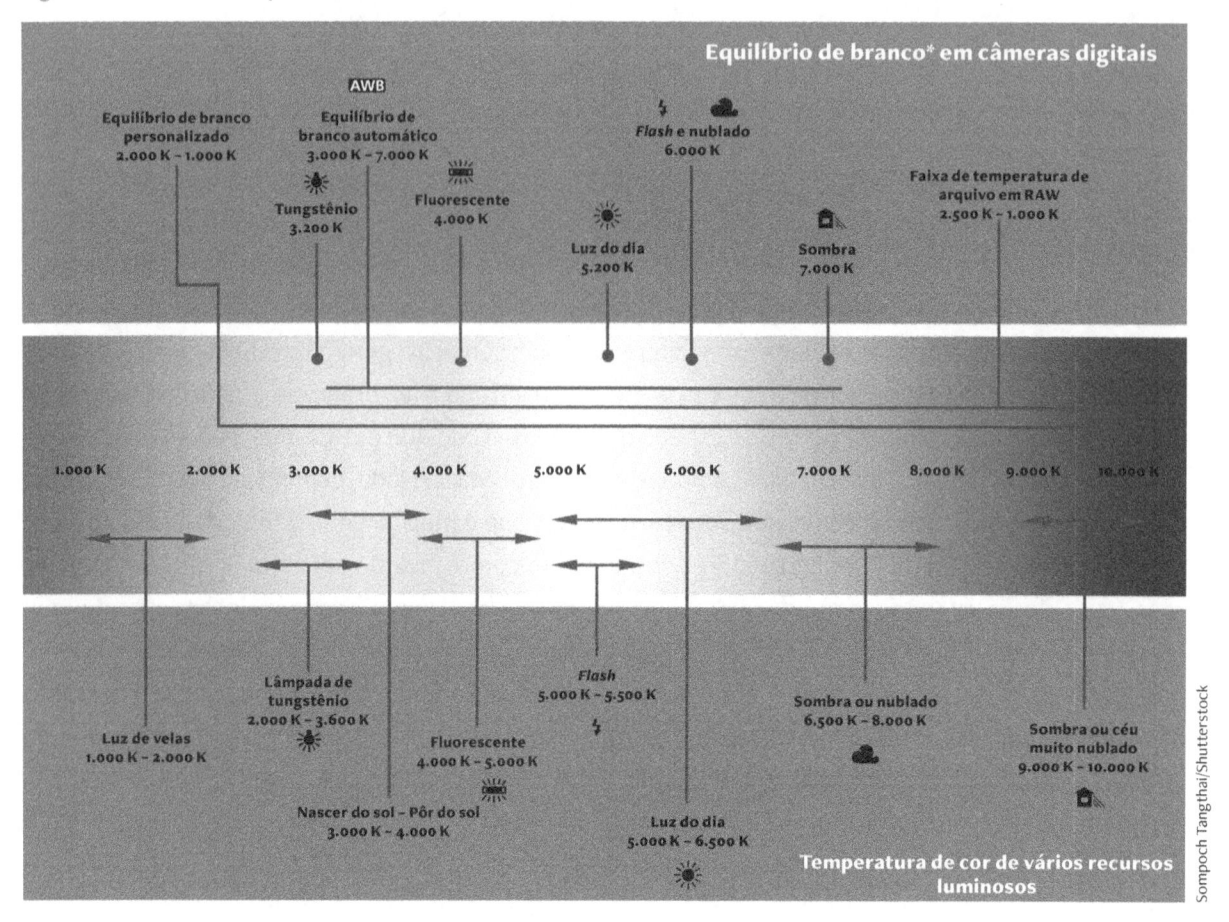

* Amplamente conhecido como *balanço de branco*.

Isso se chama ***balanço de branco***, ou seja, ajustar a câmera para que o branco (e outros tons neutros) seja neutro, e não tonalizado de outras cores. As câmeras vêm com várias opções de ajustes predefinidos para: luz do dia (ícone do sol), incandescente (ícone de lâmpada comum), fluorescente (ícone de lâmpada fluorescente), nublado (ícone de uma nuvem), sombra (ícone de uma casa com sombra ao lado). Normalmente, existe ainda o modo automático (auto), e algumas câmeras têm o modo manual (K), no qual se ajusta a temperatura de cor exata, por exemplo, 5.300 K.

Figura 2.19 – Balanço de branco

No exemplo da Figura 2.19, a cena foi realizada durante uma chuva, com uma de cor da luz em torno dos 5.500 K, próximo à luz do dia. Se a câmera for ajustada para luz do dia, a foto ficará com os tons neutros, como na imagem do meio. Se ajustarmos para luz de tungstênio, a foto ficará azulada, como a imagem à esquerda. E, se ajustada para luz de sombra, a foto ficará amarelada, como a foto à direita.

> **Importante!**
> Está errado ajustar a câmera de modo diferente?
>
> Não! Na verdade, depende da intenção com a foto. Imagine um pôr do sol com tons azulados. Não parece um pôr do sol, não é mesmo? Na verdade, para marcar ainda mais um clima de crepúsculo, se você ajustar sua câmera para a temperatura exata da luz do sol em um pôr do sol, é possível que os tons da imagem fiquem muito neutros. Assim, para reforçar o clima, você pode ajustar a câmera de modo "errado", colocando em luz branca (sol ao meio dia). Assim, a foto ficará mais avermelhada.

2.3.2 Foco

Uma das tarefas mais imprescindíveis na hora de fotografar – e que muitas pessoas empolgadas com o que está diante delas esquecem de fazer com precisão – é focalizar a cena. O foco é mais um dos controles de seleção na fotografia. As lentes focalizam a luz, que será projetada no sensor ou filme, deixando objetos nítidos (em foco) ou sem definição (desfocados), ou seja, ao focar um objeto, você dá importância para ele na sua imagem. Se está fazendo um retrato, a pessoa fotografada deve estar em foco (normalmente), a não ser que você queira dar destaque a outro objeto da cena.

O que acontece muito, com a inexperiência, é focalizar mal, ou seja, deixar o assunto principal levemente desfocado.

As câmeras têm um anel na lente com o qual é possível escolher o plano que será focado, o plano de foco, no modo manual. Câmeras eletrônicas ou celulares têm a opção do foco automático, no qual o fotógrafo pressiona o botão levemente e a câmera focaliza algum dos planos. Cada câmera varia nesse sentido, algumas têm a opção de marcar um ponto fixo no enquadramento (o centro, por exemplo) e focar sempre naquela região; outras focalizam o objeto mais próximo. É sempre bom ler o manual da câmera para ver quais as opções que ela propicia.

O **plano de foco** é um plano paralelo ao sensor da câmera, tudo o que estiver a determinada distância da câmera estará em foco. Além disso, alguns planos anteriores ao plano de foco e alguns posteriores, ou seja, antes e depois, também estarão em foco. A essa faixa de planos em foco chamamos de ***profundidade de campo*** (ver Item 2.3.4).

2.3.3 Exposição, diafragma e obturador

Para realizar uma fotografia, é preciso expor um material sensível à luz, seja um filme analógico, seja um sensor digital. No entanto, não é apenas expor, apertar o botão disparador e a foto está feita, é preciso expor com uma quantidade exata de luz, dependendo da intenção com aquela imagem. Se você expuser pouco sua foto à luz, ela ficará *subexposta* (escura demais); do contrário, se houver muita luz na imagem, ela estará *superexposta* (clara demais). Veja um exemplo com as três exposições na Figura 2.20.

Figura 2.20 – Subexposição, exposição normal e superexposição

Bruno Oliveira Alves

A primeira foto tem pouca luz (subexposta), perdendo informações (detalhes, texturas) nas áreas de sombra. A segunda está com a fotometria correta, equilibrada, apresentando detalhes em todas as áreas da foto. A terceira tem muita luz (superexposta), está "estourada", perdendo detalhes nas áreas de altas luzes.

É preciso notar que uma fotografia não estará necessariamente incorreta se estiver sub ou superexposta, uma vez que a fotometria (medição da luz em uma cena) criará um "clima" para sua imagem. Por exemplo, se você quer uma imagem mais sombria, deixar todos os tons mais escuros (subexpostos) pode ser a resposta correta.

Para controlar a fotometria de uma foto, existem vários recursos que permitem fixar a imagem de um objeto ou assunto qualquer com mais ou menos luz. A utilização de cada um é uma escolha, que trará consigo efeitos colaterais na imagem.

2.3.3.1 Sensibilidade: escala ISO

A escala International Organization for Standardization (ISO) é um padrão internacional que determina a sensibilidade de um filme ou sensor à luz. Quanto mais o filme ou sensor for sensível à luz, menos exposição será necessário.

Na câmera digital ou ao comprar um rolo de filme, você poderá escolher uma série de valores da escala ISO[5], tais como:

50   64   80   **100**   125   160   **200**   250   320   **400**   500

O ISO de menor valor é menos sensível do que o com um número maior. Por exemplo, o ISO 400 tem o dobro de sensibilidade que o ISO 200, que, por sua vez, é também duas vezes mais sensível do que o ISO 100. Assim, se uma cena precisa de uma quantidade X de luz para estar bem exposta, no ISO 100, ela precisará de metade da luz se mudarmos o valor do ISO para 200. Veja, na Figura 2.21, que a foto à esquerda está com ISO 200, a foto à direita com ISO 400, com mesma quantidade de luz.

---

[5] Os valores mínimos e máximos do ISO variam em cada modelo de câmera.

A diferença entre o dobro ou a metade de luz necessária para se realizar uma foto é chamada de *1 ponto de luz* (ou *1 stop*, em inglês). Assim, entre o ISO 400 e o 200 há um ponto de luz de diferença, como no exemplo anterior.

A escala que exemplificamos apresenta valores intermediários entre um ponto e outro: entre os ISO 100 e 125 há um terço de ponto de luz. A maior parte das câmeras digitais atuais mostra a escala ISO assim, o que é bom, uma vez que há uma precisão maior no ajuste.

> **De modo prático**: você utilizará valores do ISO mais baixos em locais com muita luz – durante o dia com sol forte, por exemplo. E selecionará valores mais altos em cenas com pouca luminância, como à noite.

Porém, a escolha do ISO gera alguns efeitos colaterais na imagem. Na

Figura 2.21 – Sensibilidade do sensor: ISO

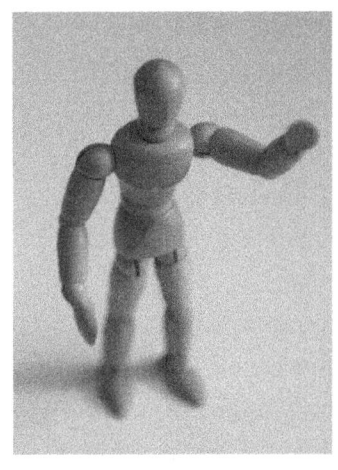

Bruno Oliveira Alves

fotografia analógica, um filme é composto por milhares de pequenos pontos, grãos de sais de prata. O filme de baixa sensibilidade apresenta um grão menor, por isso ele gerará uma imagem mais suave, com mais definição[6], mais nítida e com menos contraste. Já em um filme com alta sensibilidade à luz, os grãos são maiores e a imagem fica com mais ruído, com menos definição, mais contrastada e saturada. A escolha do filme é, assim, uma escolha tanto técnica quanto estética: há muitos fotógrafos que gostam de trabalhar com fotos muito granuladas.

Na fotografia digital não existe "grão", mas *pixels*, que são pequenos pontos de luz que formam a imagem.

---

6   Como os grãos são menores, eles são menos perceptíveis e, por isso, a imagem fica mais uniforme.

Porém, efeitos semelhantes também ocorrem: um ISO maior gera imagens mais contrastadas, saturadas. E no lugar da granulação, há maior ruído digital e mais "erros" de cor, portanto, menor nitidez da imagem. Faça um teste: tire duas fotos, uma com ISO alto (800 ou mais) e outra com ISO baixo (100). No computador, dê um *zoom* na foto e poderá ver que os pixels são menos definidos na foto de ISO alto. No exemplo da Figura 2.22, a primeira imagem foi feita com ISO 100, e a segunda, com ISO 1.600.

De modo geral, em fotografia digital, recomenda-se a utilização da menor sensibilidade possível em cada cena: se conseguir fotografar com ISO 100, ótimo, se faltar luz, tente usar o ISO 200, e assim por diante. Desse modo, você terá uma imagem mais nítida possível, com a menor quantidade de "erros". Porém, se te interessa uma imagem final mais "ruidosa", poderá efetuar tratamentos de imagem na pós-produção e adicionar ruído ou efeitos que simulem grãos de películas fotográficas.

A boa notícia é que estamos em um momento de grande desenvolvimento da tecnologia digital e, a cada dia, novos modelos de câmera são lançados, com sensores mais sensíveis e menos ruído. Há câmeras com ISO de 25.600 ou mais, que permitem fazer fotos noturnas com pouquíssima luz e boa nitidez.

Figura 2.22 – Detalhe: *zoom* e ruído, respectivamente

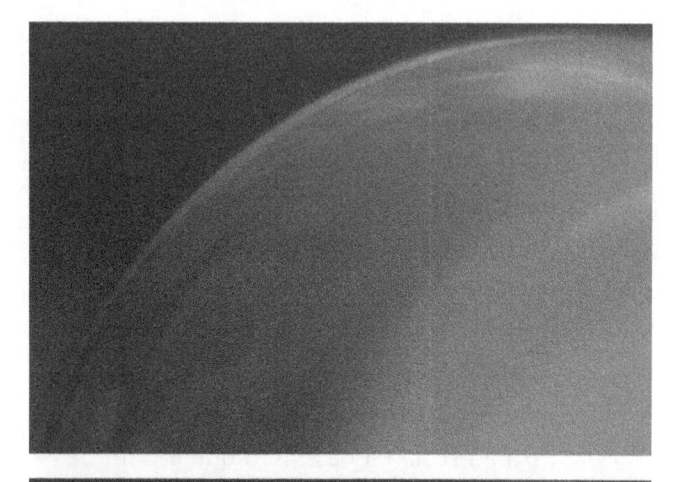

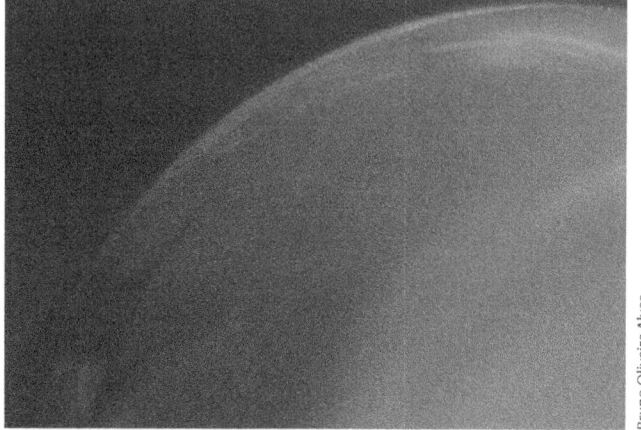

Bruno Oliveira Alves

2.3.3.2 Obturador (velocidade)

Um dos controles mais importantes de uma câmera fotográfica é a velocidade do obturador. A velocidade refere-se ao tempo que a câmera fica aberta, permitindo a passagem da luz através da lente e exposição do sensor ou filme à luz.

O obturador é uma janela que abre e fecha a intervalos de tempo padronizados. Esses intervalos são medidos em frações de segundos, por exemplo:

$$1/1 \quad 1/2 \quad 1/4 \quad 1/8 \quad 1/15 \quad 1/30 \quad 1/60 \quad 1/125$$

Contudo, a notação nas câmeras normalmente suprime o segundo da fração, mostrando apenas o denominador, assim, a velocidade 1/15 é marcada nas câmeras como 15. A escala citada como exemplo no parágrafo anterior aparece desse modo:

$$\ldots 1'' \quad 2 \quad 4 \quad 8 \quad 15 \quad 30 \quad 60 \quad 125 \ldots$$

Assim, podemos perceber que, se você selecionar a fração de 1/15" (velocidade 15), ela ficará o dobro do tempo exposta do que na fração 1/30 (velocidade 30), portanto recebendo o dobro de luz, ou seja, *um ponto de luz* de diferença.

Muitas câmeras possibilitam posições intermediárias, em terços de pontos de luz:

1" 1.3 1.6 **2** 2.5 3 **4** 5 6 **8** 10 13 **15** 20 25 **30** 40 50 **60** 80 100 **125**

Velocidades iguais ou acima de 1 segundo são marcadas com a notação de segundo (") ao lado:

$$30'' \quad 15'' \quad 8'' \quad 4'' \quad 2'' \quad 1''$$

Algumas câmeras também contam com a posição B, ou *bulb*, que é uma velocidade sem predefinição, sendo o fotógrafo quem define o tempo: enquanto o botão disparador estiver pressionado, o filme/sensor da câmera estará exposto; ao soltar, o obturador se fecha.

Novamente, a escolha da velocidade do obturador terá consequências estéticas na imagem: pode "congelar" ou "borrar" um objeto em movimento. Vejamos alguns exemplos:

Na Figura 2.23, vemos um grupo de amigos pulando na piscina, alguns já estão entrando na água, enquanto outros ainda estão em pleno ar. A fotografia permite que o movimento deles, que é contínuo na realidade, seja fixado e "congelado" durante uma fração de segundos. Nessa imagem, o fotógrafo utilizou uma velocidade alta do obturador, que fica aberto por pouco tempo. Provavelmente

Figura 2.23 – "Congelar" (velocidade alta)

Figura 2.24 – "Borrar" (velocidade baixa)

algo em torno de 500 (1/500″) ou mais. O tempo de exposição é tão curto (cerca de 0,002 segundo) que os corpos dos modelos não mudam de posição, assim como as gotas de água que espirram com o impacto na piscina.

No exemplo da Figura 2.24, acontece o contrário. Há uma câmera presa a um carro em movimento. Relativamente, a câmera e o carro estão parados e o mundo se move em suas direções. Como a velocidade do carro é alta, a velocidade do obturador é baixa (fica aberto por bastante tempo), o cenário e os objetos não conseguem ser fixados na imagem com definição, aparecendo borrados. Perceba como os detalhes do carro estão com contornos definidos, isso ocorre porque o espelho retrovisor, por exemplo, esteve sempre na mesma posição em relação à câmera. Essa é uma fotografia muito expressiva, uma vez que o fotógrafo cria a sensação de que o carro está em movimento, em alta velocidade, podendo causar até mesmo vertigem no espectador.

Figura 2.25 – Resumo: velocidade do obturador

| Bulb | 30" | 15" | 8" | 4" | 2" | 1" | 2 | 4 | 8 | 15 | 30 | 60 | 125 | 250 | 500 | 1.000 |

◀ MAIOR ——————————— Tempo de exposição ——————————— MENOR ▶

CLARO Borrado　　　　　　　　　　　　　　　　Congelado **ESCURO**

É importante ter em mente que, com a utilização de velocidades muito baixas, você poderá tremer durante a exposição e suas fotos podem sair borradas sem querer. Por isso, se quiser evitar esse efeito, procure utilizar velocidade acima de 30 ou um tripé.

2.3.3.3 Abertura (diafragma)

O diafragma é um conjunto de lâminas que abre e fecha, permitindo que utilizemos todo o diâmetro da lente ou apenas uma fração, de modo a deixar que mais ou menos luz atinja o material sensível.

A abertura de um diafragma é representada por uma numeração padrão indicada pela letra **f** e se refere a uma relação entre a distância focal da lente (ver Item 2.4.1) e seu diâmetro. Por exemplo, uma lente 50 mm com diâmetro de abertura de 25 mm (50/25) tem um diafragma f2. Desse modo, qualquer lente que tiver um diafragma f2 deverá transmitir a mesma quantidade de luz, independentemente da distância focal ou do modelo.

Figura 2.26 – Aberturas de um diafragma

Pjorg/Shutterstock

O número do diafragma pode estar indicado na lente ou no visor da câmera:

1.4   2   2.8   4   5.6   8   11   16   22

Essas são as aberturas "inteiras", ou seja, são os números de diafragmas mais tradicionais. Entre uma abertura e outra existe uma diferença de 1 ponto de luz, ou seja, um diafragma f4 transmite o dobro do que o diafragma f5,6.

Assim como velocidade e ISO, muitas câmeras também têm posições intermediárias, indicadas por terços de diafragma:

1.4   1.6   1.8   **2**   2.2   2.5   **2.8**   3.2   3.5   **4**   4.5   5   **5.6**   6.3   7.1   **8**   9   10   **11**

> Importante!
> Como o número indica uma fração, novamente, quanto maior o número do diafragma (f), menor será a abertura e menor é a quantidade de luz que chega ao sensor.

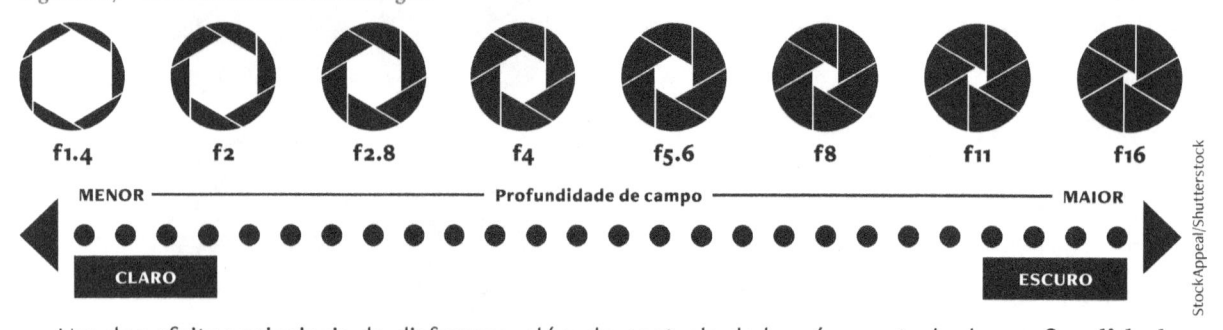

Figura 2.27 – Resumo: abertura do diafragma

f1.4   f2   f2.8   f4   f5.6   f8   f11   f16

MENOR ──────────── Profundidade de campo ──────────── MAIOR

CLARO   ESCURO

StockAppeal/Shutterstock

Um dos efeitos principais do diafragma, além do controle de luz, é o controle da **profundidade de campo**, que é a quantidade de planos em foco (ver Item 2.3.4).

2.3.3.4 Filtro densidade neutra (ND)

Outro recurso do qual você pode lançar mão durante a produção de uma fotografia é o uso de filtros de densidade neutra (ND, em inglês). Esses filtros são colocados na frente das lentes e bloqueiam parcialmente a quantidade luz transmitida para a câmera, sem alteração da cor da luz. Há diversos modelos de filtros, desde os que bloqueiam meio ponto de luz aos que bloqueiam até 10 pontos de luz (equivalente a mil vezes menos luz).

Eles podem ser bem úteis em momentos que deseja fazer longas exposições, porém a quantidade de luz no ambiente é muito alta e, apenas fechando o diafragma e ajustando para o ISO mais baixo, você não consegue chegar à fotometria desejada.

Nos exemplos da Figura 2.28, a primeira foto foi realizada com uma velocidade alta, e a água da cachoeira aparece "congelada". Se o fotógrafo quiser realizar o efeito "véu de noiva" (água borrada e se assemelhando a um

Figura 2.28 – Velocidade alta e uso de filtro de densidade neutra

Alex Yuzhakov/Shutterstock

SUWIT NGAOKAEW/Shutterstock

tecido), precisará deixar a exposição por um longo tempo. Porém, talvez haja muita luz no ambiente. Nesse caso, poderá colocar o filtro ND e deixar a câmera exposta por vários segundos, alcançando o efeito desejado, como o da segunda foto da cachoeira.

É bom lembrar que colocar mais um elemento na frente da lente pode prejudicar a nitidez da imagem, favorecendo, inclusive, a incidência de *flare*. Portanto, utilize filtros apenas quando for necessário.

> Preste atenção!
> *Flare* é o efeito que ocorre quando a luz incide diretamente em algum dos elementos ópticos da lente, criando um halo, uma mancha na imagem. Os *flares* podem ser usados para efeitos visuais interessantes, porém eles também diminuem a nitidez da imagem (menos definição do objeto fotografado).

2.3.3.5 Relação fotométrica

Todos os controles descritos até aqui (ISO, velocidade e diafragma) não operam sozinhos. O fotógrafo deve utilizá-los sempre em conjunto para atingir seu objetivo, priorizando determinados efeitos.

Assim, o fotógrafo escolhe qual a sensibilidade (ISO), qual o diafragma e a velocidade. E, se necessário, utiliza um filtro ND. Vamos a um estudo de caso fictício.

> Estudo de caso
> Imagine que você está fotografando uma cena e ajusta o ISO da câmera para 100. O fotômetro (ver Item 2.3.3.6) indica que a relação fotométrica correta é **V250** e **f2.8**.
>
> Com um diafragma **f2.8**, a profundidade de campo será muito pequena, mas você quer que vários planos estejam em foco. Para atingir esse objetivo, seria preciso que usar o diafragma f11, por exemplo. De **f2.8** para **f11**, são 4 pontos de luz:
>
> f 1.4   2   **2.8**   4   5.6   8   **11**   16   22
>
> Colocando em **f11**, você terá uma foto subexposta em 4 pontos de luz, portanto precisa fazer uma compensação, baixando a velocidade a V15:
>
> V 1"   2   4   8   **15**   30   60   125   **250**   500

Desse modo, a fotometria seria a mesma, a foto sairia com a mesma luminância, mas com mais profundidade de campo, mais planos em foco.

Digamos, porém, que, nesse exemplo, o assunto que está sendo fotografado está em movimento (uma criança correndo) e você gostaria que ela ficasse "congelada" na foto. A **V15** é baixa demais para isso, então, é possível que seu assunto saia borrado.

Você precisará se valer de outro recurso para resolver esse problema, porque é necessária a mesma quantidade de luz, mas em um tempo menor. Como originalmente o ISO era 100, poderá colocar em ISO 400, por exemplo.

100 200 **400**

Isso propiciará 2 pontos de luz, ou seja, é preciso 4 vezes menos luz para fazer a mesma foto e poderá mudar a velocidade, deixando-a mais rápida: de **V15** para **V60**.

Assim, você mantém a mesma fotometria original, expondo corretamente sua foto, e resolve seus objetivos estéticos.

É importante notar que cada situação, cada condição de luz demandará uma medição e ajustes específicos. É essencial que você esteja ciente de seus objetivos para fazer suas escolhas e que saiba sacrificar alguns efeitos estéticos em razão das condições técnicas: a fotografia é um "cobertor curto", cada escolha interfere do outro lado, é preciso fazer compensações e escolher prioridades.

2.3.3.6 Fotômetro

O fotômetro é uma ferramenta essencial para fotógrafo. Se para medir distâncias, temos o metro, a trena ou a régua, para medir a quantidade de luz, há o fotômetro. Com ele, conseguimos saber exatamente qual relação fotométrica (velocidade e abertura) precisamos usar para expor bem a foto em cada situação de luz.

Existem os fotômetros de mão, que medem a luz incidente nos objetos, e os fotômetros incorporados às câmeras, que medem a luz refletida pelos objetos (Figura 2.29). Os fotômetros só medem a quantidade de luz, não a qualidade da luz, por isso não interessa se a cor da luz ou do objeto é vermelha, amarela ou branca.

Aqui, só nos interessam os fotômetros das câmeras. Eles são chamados de *fotômetros TTL* (*Through the Len*s, em inglês, que quer dizer: "através da lente"), ou seja, o fotômetro mede a luz da cena enquadrada e que está entrando na câmera.

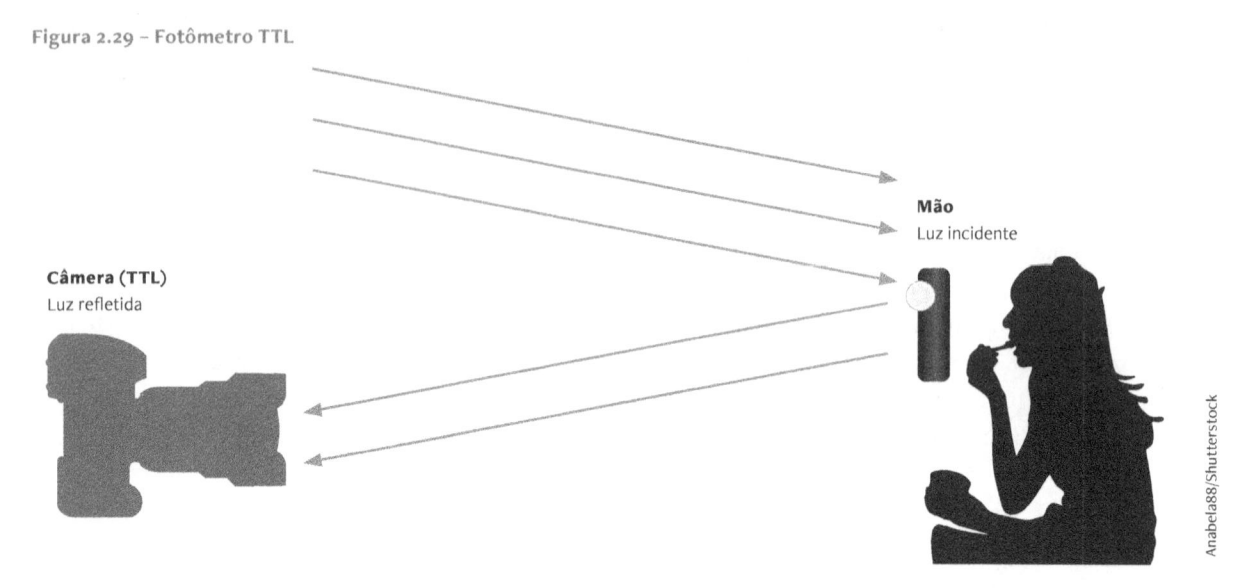

Figura 2.29 – Fotômetro TTL

Câmera (TTL)
Luz refletida

Mão
Luz incidente

Anabela88/Shutterstock

Hoje em dia, todas as câmeras digitais têm fotômetros. As indicações da leitura deles estão dispostas ou dentro do visor da câmera ou na tela LCD. Cada câmera tem modelos de fotômetros um pouco diferentes uns dos outros. Normalmente, a leitura é indicada de forma parecida com uma régua, que tem uma posição 0 (zero), que indica a fotometria "correta" e outras posições que marcam os pontos e os terços de luz super ou subexpostos. No exemplo da Figura 2.30, há dois modelos, das marcas Nikon e Canon (os das demais marcas são semelhantes), indicando três fotometrias diferentes: padrão (no 0); superexposta 2 pontos; e subexposta 2 pontos.

Figura 2.30 – Indicadores dos fotômetros

Modelo Nikon		Modelo Canon
+I...I..0..I...I-	Fotômetro no "o"	-2..1..◊..1..+2
+I..I..0..I..I- (superexposto)	Superexposto	-2..1..◊..1..+2
+I..I..0..I..I- (subexposto)	Subexposto	-2..1..◊..1..+2

Com a informação do fotômetro, é possível fazer ajustes da relação fotométrica. Nesse exemplo do meio, o fotógrafo poderia fechar o diafragma 2 pontos e o fotômetro passaria a marcar 0 (zero).

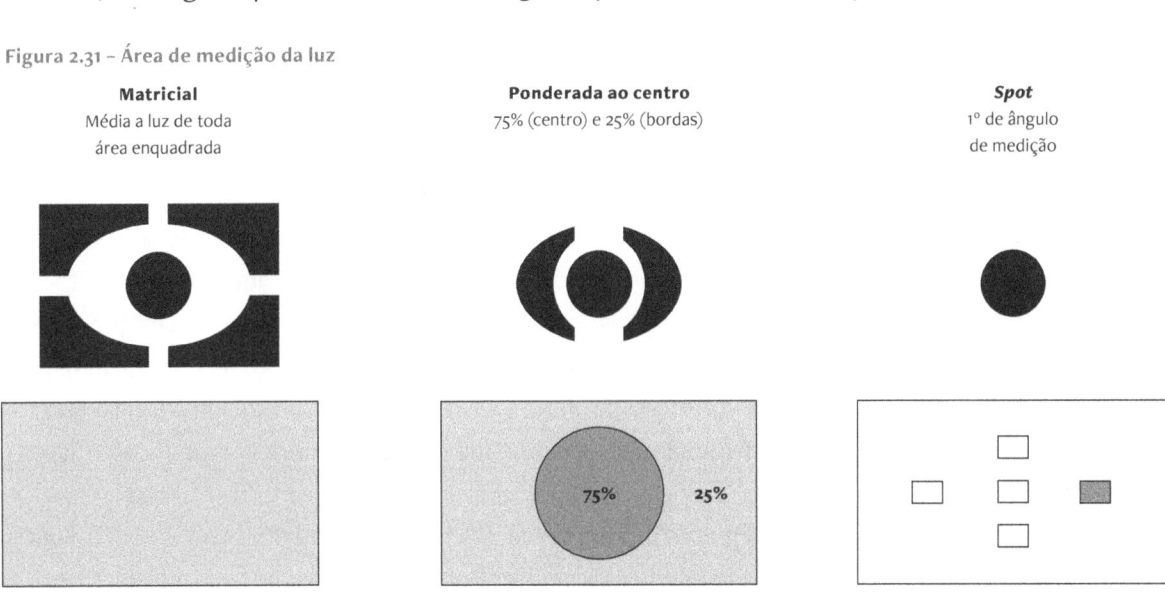

Figura 2.31 – Área de medição da luz

Matricial
Média a luz de toda
área enquadrada

Ponderada ao centro
75% (centro) e 25% (bordas)

Spot
1º de ângulo
de medição

Outro aspecto importante é saber o que o fotômetro está medindo, o que pode ser uma média de todas as luzes da cena enquadrada ou algumas partes. A maioria das câmeras tem três modos de medição pelo fotômetro:

1. **Matricial**: faz a média de todas as áreas enquadradas. Por exemplo, uma parede branca no fundo, o rosto da modelo, a blusa vermelha etc.
2. **Ponderado ao centro**: também faz uma média das luzes, porém, dando prioridade ao centro do enquadramento (75%), em detrimento das bordas (25%).
3. *Spot* **ou pontual**: mede apenas uma pequena parte da cena, geralmente, uma área que corresponde a um ângulo de 1° a partir da câmera. Esse é o modo mais preciso de medição, pois você pode, por exemplo, medir a luz na face esquerda do modelo, na face direita, no fundo, na roupa etc., e depois fazer um cálculo para saber quais áreas vai privilegiar na foto. Para escolher qual área o fotômetro deve medir, é possível escolher um dos quadrados que aparecem no visor ou na tela[7].

Os fotômetros não distinguem o que está sendo medido nem se apresenta tonalidade clara ou escura. Por isso, eles são calibrados para uma substância padrão, o cinza 18%, ou cinza médio – um tom de cinza que reflete 18% de toda a luz que incide sobre ele.

Na verdade, todos os fotômetros "acham" que o mundo é cinza e fazem o cálculo de exposição com base nessa informação, ou seja, eles informam uma relação fotométrica que torne o objeto que está medindo em cinza médio. Na maior parte dos casos, isso não é um problema, uma vez que grande parte das superfícies tem um índice de reflexão próximo ao cinza médio. A foto sairá bem iluminada se você seguir o fotômetro e ajustar a relação para o 0 (zero), como na foto da Figura 2.33, que foi executada seguindo a indicação do fotômetro ao medir a luz de forma matricial (média de todas as luzes enquadradas).

Porém, em casos mais extremos, seguir o fotômetro "cegamente" poderá gerar problemas. Na Figura 2.34, temos três exemplos de superfícies iluminadas pela mesma luz. Vamos supor que, se você medir a

---

[7] Novamente, isso depende do modelo de câmera. É preciso ler o manual para saber como selecionar a área de leitura.

luz em uma superfície com índice de reflexão semelhante ao cinza médio (18%), a relação fotométrica correta (leitura no 0) seria f8 e V60. Seguindo o fotômetro, seu objeto sairá com o tom correto.

Mas, se se a superfície for preta (ou de cor escura), na mesma condição de luz, o fotômetro marcaria 2 pontos de luz subexposto, porque os tons escuros absorvem quase toda a luz que incidem neles. Ao ajustar para o 0 (zero), a relação fotométrica fica **f4** e **V60**. O que acontece é que o preto vai parecer como um cinza médio na foto, porque o fotômetro não identifica que ele é preto. No extremo oposto, se você medir a luz em uma superfície branca, o fotômetro também vai errar. O branco reflete mais luz do que o cinza, e o fotômetro indicaria que a exposição correta seria **f8** e **V250**. Sua folha branca também sairá cinza médio. É o que ocorre com as duas imagens da Figura 2.35: a da esquerda é uma superfície preta, e a da direita, branca.

Nesses casos extremos, é preciso fazer compensações na relação fotométricas. No caso do preto, é preciso subexpor a foto, propositalmente, 2 pontos de luz. No exemplo da Figura 2.36, a relação fotométrica correta

Figura 2.32 – Cinza médio

Figura 2.33 – Cena com tons de reflexão média

Bruno Oliveira Alves

Figura 2.34 – Compensações

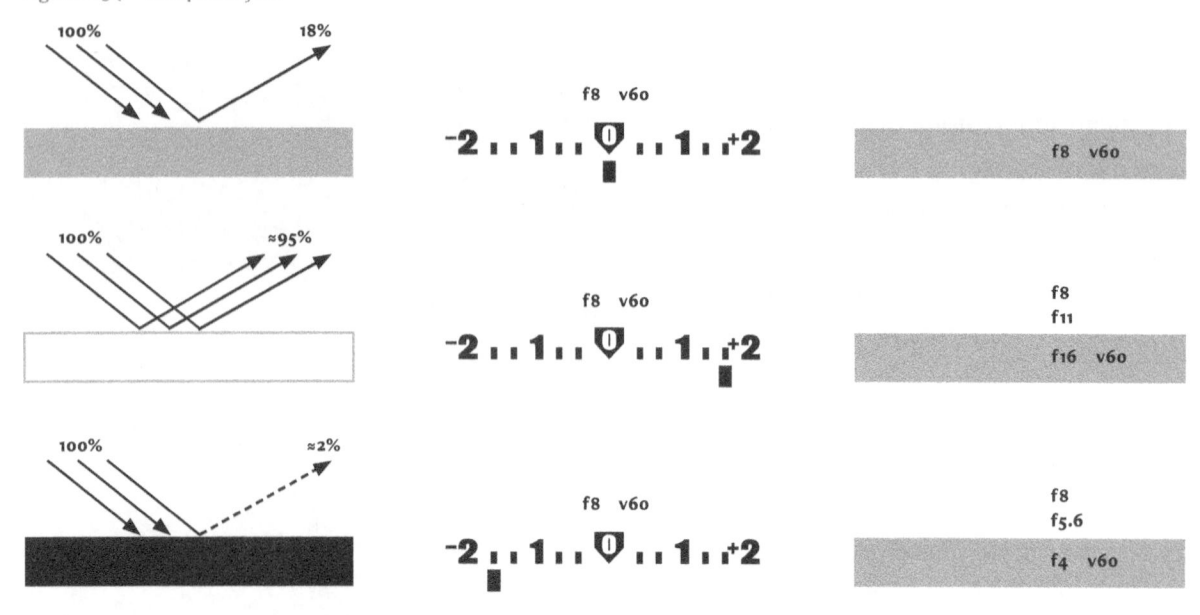

Figura 2.35 – Tons escuros e claros sem compensações

Bruno Oliveira Alves

seria **f8** e **V60**[8]. Desse modo, o preto apareceria realmente preto.

Em caso inverso, ao fotografar algo branco, devemos superexpor o branco em 2 pontos de luz. Assim, ele também aparecerá branco na foto (Figura 2.37).

É importante lembrar que as compensações não se restringem apenas ao preto e ao branco, mas a qualquer cor que tenha tons mais claros ou mais escuros do que o cinza médio. Com tempo e experiência, o fotógrafo vai se aperfeiçoando e consegue identificar com mais precisão os casos que necessitam compensação.

A fotometria "correta" nem sempre é a mais indicada em todos os casos. Seguir o fotômetro e fazer compensações em determinados casos vai gerar imagens com tons mais realistas. Porém, você é livre para interpretar a realidade como quiser: se quer expressar um clima mais sombrio por meio da foto, deve deixar a fotometria subexposta, por exemplo.

8 No caso, poderíamos mexer no diafragma também, ou em ambos ao mesmo tempo.

Figura 2.36 – Preto com compensação

Bruno Oliveira Alves

Figura 2.37 – Branco com compensação

Bruno Oliveira Alves

2.3.4 Profundidade de campo

Além da quantidade de luz, o grande efeito gerado pelo uso do diafragma é a mudança de **profundidade de campo** da foto, que pode ser entendida como todos os planos que parecem estar em foco em uma fotografia. Estritamente, uma lente pode focalizar apenas um único plano. Contudo, dependendo da abertura, vários outros planos parecem estar focalizados, tanto à frente ou atrás do assunto focalizado.

Figura 2.38 – Profundidade de campo e diafragma

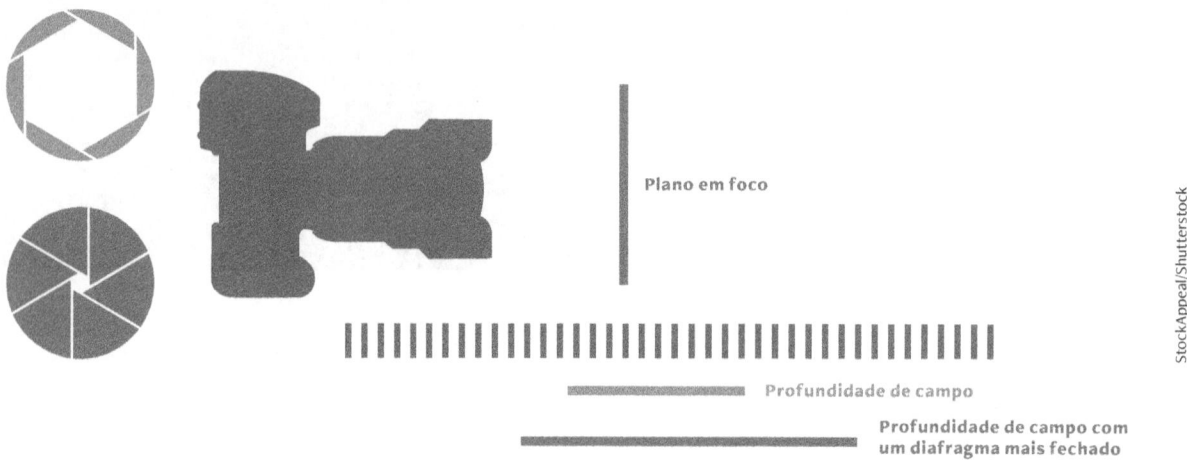

A Figura 2.38 mostra uma representação de profundidade de campo com dois diafragmas. Se desejarmos uma fotografia com pouca profundidade de campo, focalizando apenas um assunto e tendo os outros planos desfocados, devemos escolher um diafragma mais aberto possível (f2.8, por exemplo, representado na cor verde).

Por outro lado, se escolhermos um diafragma mais fechado (f22, por exemplo, representado na cor azul), ele vai transmitir menos luz e gerar uma imagem com uma maior profundidade de campo – mais planos estarão em foco. Confira, nos exemplos da Figura 2.39, que na foto da esquerda (f2.8) apenas o número 10 da régua está em foco, já na foto da direita (f22), temos foco do número 8 ao 11.

Figura 2.39 – Exemplos de baixa e alta profundidades de campo

Bruno Oliveira Alves

Note que, quando usamos câmeras DSLR, a lente sempre estará com a abertura máxima para visualização, uma vez que, se ela estivesse com os diafragmas mais fechados, a imagem projetada no visor seria muito escura e não conseguiríamos enquadrar e focar a cena. Quando disparamos o obturador, o diafragma se fecha para a posição escolhida. Assim, a imagem que você estará vendo através de um visor tem a profundidade de campo do maior diafragma, e não necessariamente a profundidade de campo real, dada pelo diafragma escolhido.

Para resolver isso, muitas câmeras contam com um botão de *preview* ao lado da lente. Ao pressioná-lo, o diafragma se fecha e é possível pré-visualizar a profundidade de campo. Ressaltamos que essa profundidade ainda é afetada por mais dois fatores além do diafragma: distância em relação ao objeto focalizado e distância focal da lente.

Quanto mais próximo você estiver do objeto focalizado, menos profundidade terá, como na primeira foto da Figura 2.40, em que o fotógrafo focaliza um ramo de trigo bem próximo a ele. Na segunda foto, o plano focal está mais distante do fotógrafo e há muito mais planos em foco.

É preciso notar que cada lente tem uma distância de foco mínima, que varia de modelo para modelo, se você estiver abaixo dessa distância, sua imagem ficará necessariamente fora de foco.

O terceiro fator que influencia na profundidade de campo é a **distância focal da lente**. Vamos discutir melhor as características das lentes no Item 2.4.1. Resumidamente, quanto maior a distância focal (lentes que permitem "aproximar" objetos que estão longe), menor será a profundidade de campo. As lentes teleobjetivas mostram poucos planos em foco, como na foto da Figura 2.41, dos garotos jogando futebol. Já as grande-angulares mostram muitos planos em foco, como na foto do homem surfando.

Como são três os fatores que influenciam na profundidade de campo, sempre será preciso combinar os três, dependendo da intenção (mais ou menos profundidade), além de, é claro, lidar com os outros efeitos que cada um desses elementos gera na imagem (enquadramento, mais ou menos luz, deformações na imagem etc.).

Por fim, a profundidade de campo pode ser um grande recurso formal e de conteúdo para as fotos. Por exemplo, uma pequena profundidade de campo permite isolar o assunto principal do resto do contexto, destacando-o. Veja a foto dos garotos jogando bola: apenas eles são reconhecíveis e estão "separados" do fundo. Em outras situações, como em uma imagem de fotojornalismo, o objetivo pode ser que todos os elementos da foto estejam em foco porque são importantes para contar a história.

2.3.5 Enquadramentos e ponto de vista

Faz parte da essência da fotografia escolher aquilo que será mostrado ou não para o espectador da imagem. Quando selecionamos o que mostrar, optamos também pelo que não mostrar, aquilo que ficará fora da imagem.

Enquadrar uma imagem é organizar o conteúdo da foto dentro do espaço da foto. Essa organização pode acontecer tanto ao se construir uma imagem, por exemplo, em um estúdio, quando o fotógrafo escolhe todos os objetos (cenário, modelo etc.) e o local onde vai posicioná-los; ou no mundo real, quando o profissional utiliza elementos de dada realidade (rua, pedestres, carros) e rearranja-os de forma a construir uma imagem forte e interessante.

Figura 2.40 – Profundidade de campo × distância: baixa e próxima (à esquerda), alta e distante (à direita)

Figura 2.41 – Profundidade de campo e distância focal da lente

Figura 2.42 – A bidimensionalidade da fotografia

Muitas vezes, quando enquadramos, podemos relacionar objetos e pessoas que, *a priori*, não tinham ligação ou excluir elementos que se relacionavam diretamente.

A câmera é um aparelho que planifica a imagem, ou seja, ela transforma uma situação que está em três dimensões (largura, altura e profundidade) em uma imagem de duas dimensões (largura e altura). Desse modo, ao eliminar a profundidade, muitos objetos ficam "colados" um no outro. Portanto, é preciso estar atento para a possibilidade de os objetos perderem a impressão de profundidade, como na Figura 2.42.

No exemplo, o ponto de vista frontal (à janela e às pessoas), aliado à contraluz que torna as pessoas silhuetas, cria a impressão de que todos os elementos são uma colagem um sobre o outro. Os únicos indícios de profundidade são dados pela diferença de iluminação no chão e pela pouca diferença de escala entre as pessoas. Isso não é um problema, na verdade o fotógrafo utiliza essa propriedade da fotografia para deixar essa imagem interessante.

A câmera também é um aparelho criador de perspectiva, portanto, é possível usar essa configuração para criar profundidade nos espaços fotografados, ao contrário do exemplo da Figura 2.42. É importante notar que a perspectiva ocorre quando apontamos a câmera para objetos que não estão paralelos a ela. É isso que ocorre quando fotografamos um prédio a partir da rua: o topo do prédio parece mais estreito do que sua base. Assim, para evidenciar a perspectiva, aponte a câmera criando ângulos em relação às faces dos objetos.

A maior parte das pessoas tende a não variar muito nos pontos de vista na hora de enquadrar, escolhendo a altura dos próprios olhos (de uma pessoa em pé). Porém, mudar o ponto de vista e o ângulo de visão pode gerar imagens muito mais atraentes. Experimente agachar-se para fazer uma imagem de pessoas ou enquadrar a pessoa de cima para baixo. São pontos de vista que não estamos acostumados a ver com nossos olhos. Veja como, nos dois exemplos de uma cena muito semelhante, a segunda imagem tem uma composição menos usual (Figura 2.43).

Ao fotografar, movimente-se! Circule o objeto, posicione-se em vários lugares, mude a relação entre você e todos os objetos. Perceba: a fotografia muda completamente. Varie a orientação da câmera, faça fotos horizontais e verticais. Criar uma boa composição é achar o melhor lugar para fotografar, e isso só se faz testando.

Figura 2.43 – Diferentes pontos de vista

Predrag Popovski/Shutterstock

2.4 Objetivas e acessórios fotográficos

O equipamento fotográfico é composto por vários elementos. Além do corpo da câmera, temos as objetivas intercambiáveis (que são tão ou mais importantes do que a câmera) e uma série de acessórios para auxiliar na captação fotográfica. A seguir, analisaremos alguns desses elementos.

2.4.1 Objetivas

Como apontamos anteriormente, as objetivas permitem que uma quantidade maior de luz entre no interior da câmera do que quando existe apenas um orifício. Na Figura 2.44, temos uma ilustração (simplificada) de uma objetiva que explica esse processo: quando a luz incide sobre um ponto no objeto, ela é refletida; parte dessa luz atinge toda a superfície frontal da objetiva; através de um conjunto interno de lentes, a objetiva converge a luz, focalizando-a em único ponto no plano do sensor.

Figura 2.44 – Luz através da objetiva

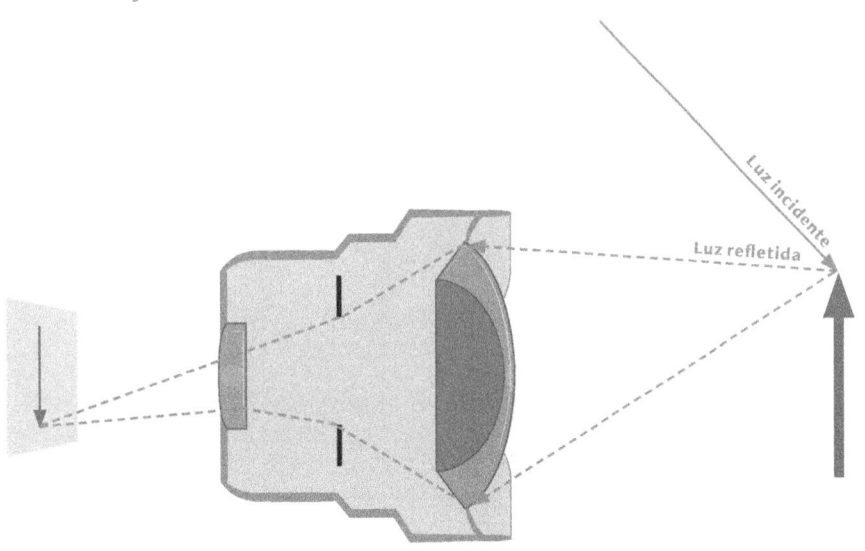

Cada lente tem uma distância focal e, tecnicamente, ela se refere à distância (em milímetros) necessária para que uma lente focalize raios de luz paralelos refletidos por um único ponto localizado no infinito (Adams, 2006), como você pode ver na primeira imagem da Figura 2.45. Parece um pouco complexo, não é? Quando se trata de uma objetiva, que é formada por um conjunto de vários elementos ópticos, a história fica mais complicada ainda. Assim, para simplificar, vamos considerar a distância focal de uma lente como a distância entre o plano do filme (ou sensor) e o plano onde a imagem se inverte dentro da lente. Esse plano é onde fica o que chamamos de **ponto nodal** e costuma coincidir com o plano no qual está posicionado o diafragma da objetiva. Desse modo, em uma lente de 50 mm, por exemplo, o ponto nodal fica a 50 mm do sensor.

Figura 2.45 – Distância focal

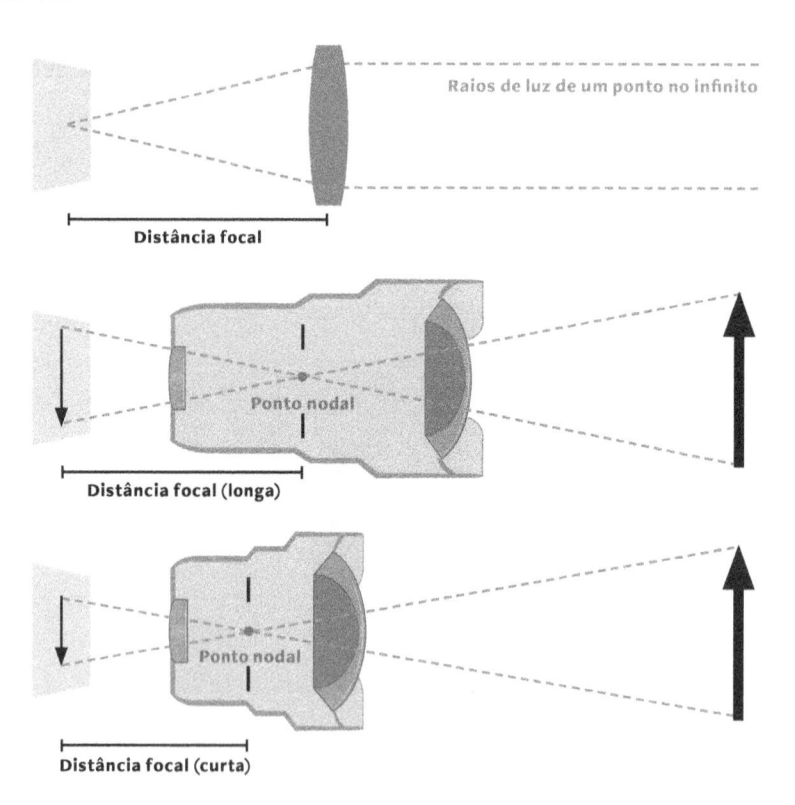

Como vimos no Item 2.2, o tamanho da área do negativo ou sensor varia entre os tipos de câmeras. O material sensível normalmente é um retângulo ou quadrado sobre o qual a objetiva projeta uma imagem circular. Assim, se usarmos uma lente à mesma distância focal com formatos de sensor ou filme diferentes, teremos imagens diferentes. No exemplo da Figura 2.46, uma lente 50 mm é usada em uma câmera digital *full frame* (sensor alaranjado) e em uma digital *half frame* (sensor verde).

Figura 2.46 – Formato da câmera e objetivas

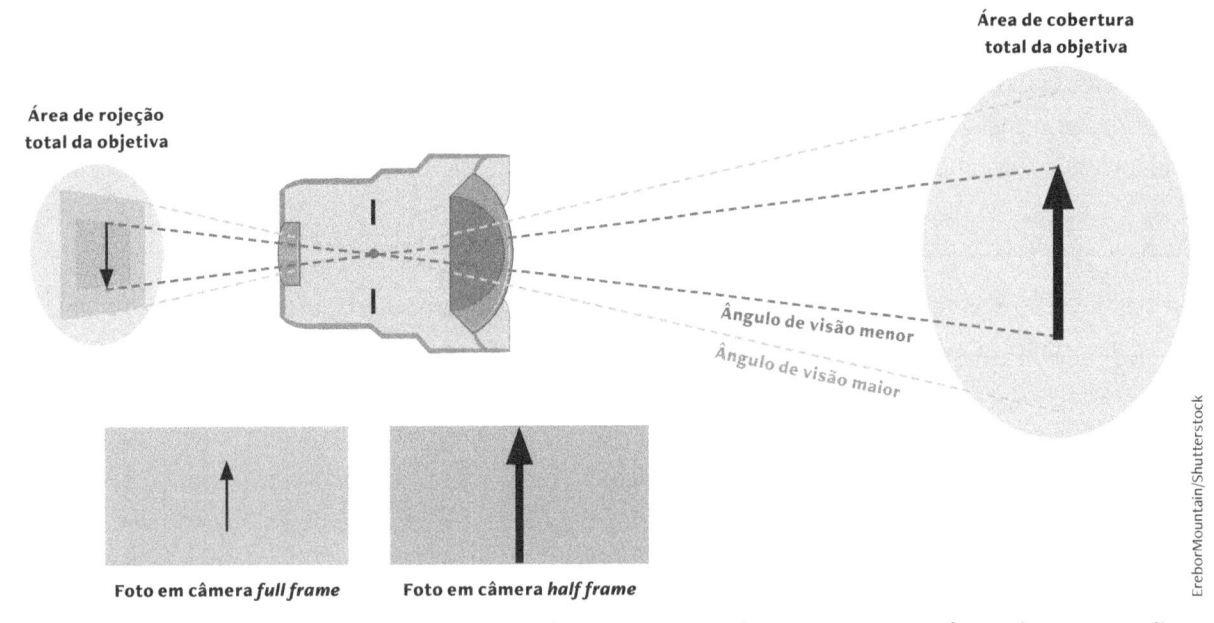

A lente projeta nos sensores uma imagem de mesmo tamanho, mas, como as áreas de captura são diferentes, o objeto fotografado vai aparecer com tamanhos distintos da imagem final. Em uma câmera com um sensor maior, a mesma lente vai gerar imagens com mais elementos em quadro, com uma área maior de captura, porque ela tem um ângulo de visão da lente maior. Já na câmera com sensor menor, o ângulo de visão também é menor, mostrando menos elementos no quadro (Adams, 2006).

Em uma câmera *half frame*, ela criará uma foto semelhante a que seria feita com uma lente 75 mm em uma câmera *full frame*, porque a 75 mm, teríamos um ângulo de visão menor e enquadraríamos menos elementos. É por isso que, ao pesquisar sobre as características das objetivas e câmeras, você sempre encontrará o valor da distância focal real da lente e a equivalência dela em formato 35 mm – que é o mais popular da fotografia. Por exemplo, em uma câmera *half frame* da Nikon, uma lente 28 mm se equivale a uma lente 42 mm em formato de negativo 35 mm (ou nas *full frame*). A partir dessa descrição de equivalências, você pode saber que tipo de imagem a lente vai gerar naquela câmera específica.

Portanto, para cada formato de câmera (tamanho do sensor ou filme), existem vários tipos de objetivas, que têm ângulos de visão e características diferentes. As objetivas são divididas em três categorias principais: as normais (distância focal média), as grande-angulares (distancia focal curta) e as teleobjetivas (distância focal longa).

2.4.1.1 Objetiva normal

A classificação e as características das objetivas dependem do tamanho da área do sensor (ou filme) e da distância focal. Uma objetiva normal é aquela cuja distância focal seja parecida com a distância da diagonal da área de captura (Adams, 2006).

Um filme de 35 mm tem as dimensões de 36 × 24 mm e a diagonal de 43,3 mm (Figura 2.47), assim, uma objetiva normal para esse formato seria algo em torno de 43 mm, mas convencionou-se chamar de normal as lentes de 50 mm. Já, em uma digital *half frame*, a diagonal é de 28 mm aproximadamente, portanto a normal seria de 28 mm. Em uma câmera de médio formato (6 × 6 cm), por outro lado, a normal é de 80 mm.

Conforme mencionamos, uma das características mais importantes das objetivas é o ângulo de visão que elas proporcionam para cada sensor ou filme. As objetivas normais (para cada área de captura) vão ter ângulos de visão de aproximadamente 50° a 55°, o que afeta no enquadramento. Geralmente, as normais são lentes "rápidas" (claras), ou seja, têm maior abertura possível (é comum encontrar lentes 50 mm com diafragmas 1.8 ou menos).

Figura 2.47 – Relação da lente normal e área de captura

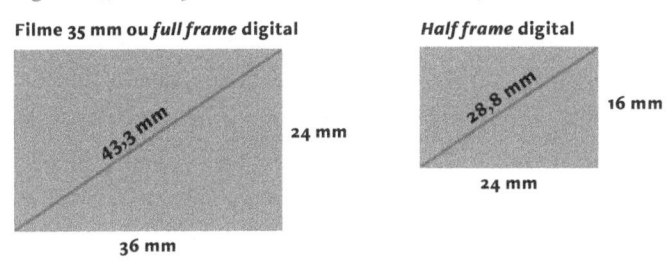

Filme 35 mm ou *full frame* digital

43,3 mm
24 mm
36 mm

***Half frame* digital**

28,8 mm
16 mm
24 mm

Essas lentes são bem versáteis, servem para fotografar vários temas, desde retratos a cenas urbanas, com vários objetos e pessoas em cena. Elas geram pouca distorção nas formas e nos contornos dos objetos. A perspectiva criada pelo seu uso e a relação entre os planos é semelhante à gerada pelo olho humano. Isso quer dizer que, se um objeto está a cerca de 1 m de você e outro a 2 m, na foto eles permanecerão nessa proporção[9]. Essa é a razão pela qual muitos fotógrafos preferem as lentes normais, pois elas geram imagens consideradas mais realistas, próximas à visão humana.

Desse modo, as lentes normais são o parâmetro da classificação. Todas as lentes com distâncias focais menores do que as normais serão consideradas grande-angular. Em caso inverso, as lentes com distância focal maiores serão chamadas *teleobjetivas*.

2.4.1.2 Objetiva de distância focal curta (grande-angular)

As objetivas de distância focal curta, mais comumente chamadas de *grande-angulares*, têm como característica principal seu ângulo de visão, que é maior do que as normais, com 65° ou mais (Adams, 2006). Como o ângulo é maior, isso a torna uma lente muito eficiente para situações em que é preciso mostrar o contexto, com várias coisas acontecendo ao mesmo tempo, como em fotojornalismo e em fotografia de eventos sociais. É um tipo de lente também recomendado para paisagens, pois permite que grandes áreas sejam representadas em uma única foto.

---

9   Nos outros tipos de lentes (grande-angular e teleobjetiva), existem mudanças nesse aspecto, objetos parecem mais próximos ou afastados uns dos outros dependendo da lente.

As grande-angulares apresentam outras características que as diferenciam das normais. Como apontamos na Seção 2.3.4, a profundidade de campo é maior, ou seja, aparecerão mais planos em foco na cena. A perspectiva e a relação entre os planos modificam-se: a perspectiva é reforçada (parece mais exagerada) e os objetos parecem mais longe da câmera do que eles realmente estão, assim, os planos parecem estar mais afastados. Em uma foto de um quarto pequeno, por exemplo, o quarto parece maior. Também há uma deformação dos contornos e formas das imagens, um abaulamento.

Quando as objetivas grande-angulares têm ângulo de visão muito grande (até 180°), são denominadas *olho de peixe* (ou *fisheye*, em inglês). Elas "exageram" todas essas características que apontamos aqui.

No exemplo da Figura 2.49, note como as linhas das vigas do teto estão completamente abauladas e que as deformações ocorrem mais próximas às bordas do enquadramento; os noivos parecem longe, tanto do fotógrafo quanto da porta de entrada do prédio.

Figura 2.48 – Características da grande-angular

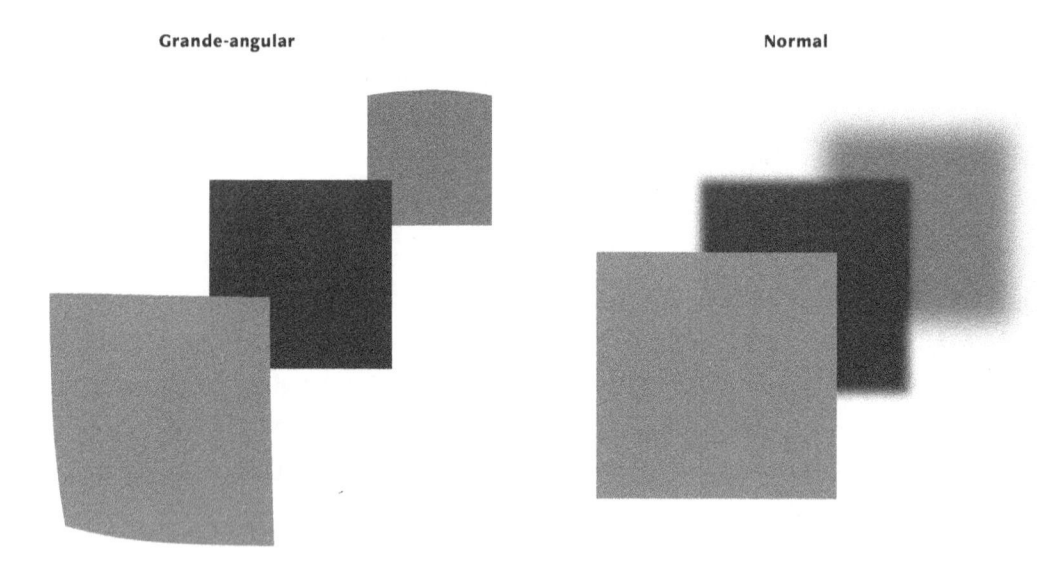

Figura 2.49 – Lente grande-angular olho de peixe

2.4.1.3 Distância focal longa (teleobjetiva)

As teleobjetivas funcionam exatamente ao contrário das objetivas grande-angulares: geram imagens com menos profundidade de campo (poucos planos ficam em foco); "achatam" os planos (aproximam os objetos que estão longe dos mais próximos); normalmente são mais escuras (aberturas menores); não geram deformações nas formas e nos contornos; e têm um pequeno ângulo de visão, com 35° ou menos (Adams, 2006).

Como elas têm ângulos de visão pequenos, temos a impressão que "aproximam" objetos que estão longe, assim, eles ocupam uma área maior do quadro, isolando-os mais do contexto.

São lentes muito utilizadas em retratos, por gerar pouca deformação e por ter pouca profundidade de campo (assim, isola-se o rosto do fundo, que fica desfocado), bem como em fotojornalismo, especialmente para a cobertura esportiva, quando o fotógrafo não pode chegar perto da ação.

Figura 2.50 – Características de uma teleobjetiva

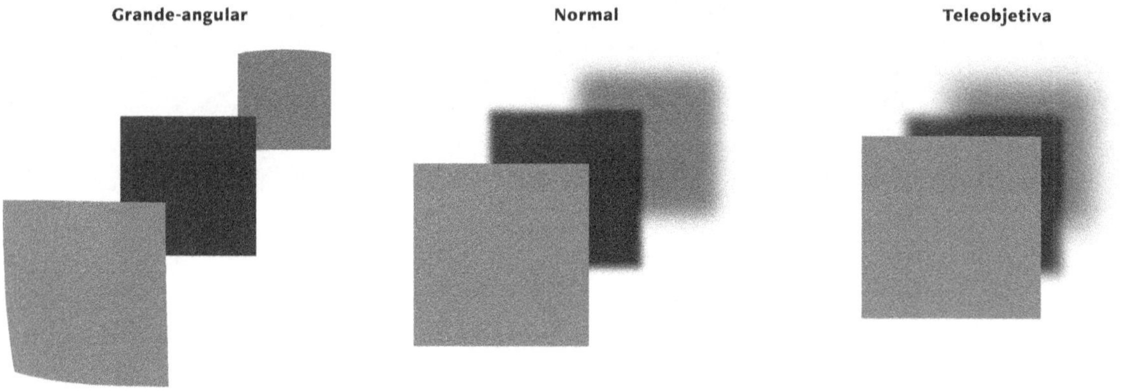

Figura 2.51 – Foto tirada com uma lente normal

Figura 2.52 – Foto tirada com uma lente grande-angular

Figura 2.53 – Foto tirada com uma lente teleobjetiva

2.4.1.4 Objetivas fixas e *zoom*

Existem objetivas com distância focal fixa ou variável. As fixas não mudam, se você quiser que um objeto apareça maior no enquadramento, precisa se mover em direção ao objeto ou trocar a objetiva da câmera (de 50 mm para 75 mm, por exemplo).

Já nas objetivas variáveis, chamadas de *lentes zoom*, é possível modificar a distância focal através do anel de *zoom*. Assim, sem sair do lugar, você pode aumentar ou diminuir o tamanho do objeto no enquadramento. Nas lentes, são indicadas as distâncias focais que apresentam, como 24-70 mm e 80-300 mm.

É importante notar que dar *zoom* (mudar a distância focal de grande angular para teleobjetiva) não é a mesma coisa do que se aproximar dos objetos. Ao mudar a distância focal, altera-se o ângulo de visão, porém não a relação entre você e os planos. Veja, no exemplo da Figura 2.54, que a foto da esquerda foi feita com uma lente 70 mm

Figura 2.54 – Diferença entre *zoom* e aproximar

a 1 m de distância da planta vermelha. Na foto da direita, a mesma planta foi fotografada ocupando a mesma área no quadro, porém usando uma lente 35 mm, e o fotógrafo se aproximando até 0,5 m da planta. Perceba como a relação com o entorno da planta muda: ao usar uma grande-angular e se aproximar, o fundo e as outras plantas aparecem no quadro.

As lentes *zoom* têm vantagens e desvantagens. A grande vantagem é a versatilidade de permitir vários enquadramentos sem trocar a lente ou precisar se movimentar: é mais prático. No entanto, essas lentes têm menos definição na imagem, pois há muitos elementos ópticos em seu interior. Elas tendem a ser mais escuras, com aberturas menores. E a abertura pode ser variável, ou seja, na posição de grande-angular, o diafragma é 3.5, por exemplo. Ao "fechar" o *zoom* (colocar na posição de tele), ela se torna uma 5.6. Isso faz com que seja necessário fazer ajustes na relação fotométrica para expor corretamente. Por outro lado, as lentes fixas normalmente são mais nítidas e mais claras.

2.4.2 Iluminação

A matéria-prima essencial da fotografia é a luz, que se apresenta de vários modos no mundo. É preciso entender sua natureza para poder aproveitá-la melhor.

Primeiro, deve-se conhecer a diferença entre luz natural e artificial, que é o controle. A **luz natural** é oriunda de qualquer fonte de luz da natureza, ou seja, que não controlamos, tais como a do sol, a da lua (que é a luz do sol refletida), a de organismos que emitem luz (animais, plânctons etc.) e a do fogo (quando incontrolável). A **luz artificial**, por sua vez, advém de fontes criadas e controladas pelo ser humano, como as lâmpadas (incandescentes, fluorescentes, alógenas, de LED) e os *flashs* (de estúdio ou portáteis).

Outra separação é a **luz ambiente** e a **luz construída**. Em uma sala de casa, pode haver a luz natural, que entra pela janela, e a artificial, dada pelas lâmpadas. Ao fotografar nesse ambiente, podemos utilizar apenas essa iluminação ou acrescentar outras fontes de luz completamente diferentes (*flash*, por exemplo). Nesses últimos casos, a luz será construída para alcançar a iluminação desejada. Em um estúdio fotográfico, a iluminação é totalmente construída e controlada pelo profissional.

Também há a luz **contínua** e a **de disparo**. A contínua mantém sua intensidade luminosa por longos períodos, já a de disparo emite sua luz por um período muito curto de tempo, como o *flash*, que tem uma descarga de uma fração de segundo, quase instantânea.

Além disso, a luz pode ser **dura** ou **suave**. A luz dura tem uma fonte de luz pontual, relativamente pequena e que gera sombras bem marcadas (Figura 2.55).

Figura 2.55 – Luz dura e suave

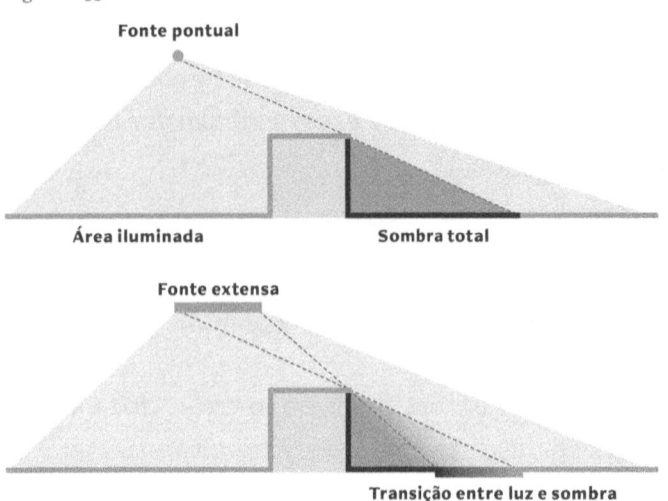

Fonte pontual

Área iluminada — Sombra total

Fonte extensa

Transição entre luz e sombra

Figura 2.56 – Exemplos com uso de luz dura e suave

kuzmafoto/Shutterstock

mysticlight/Shutterstock

Um dia de sol sem nuvens, tem uma luz dura, pois o sol está a uma grande distância de nós e por isso é relativamente pequeno, criando sombras muito definidas. Se o céu estiver nublado, a luz do sol estará sendo filtrada e espalhada pelas nuvens. As nuvens, em razão de sua distância em relação à Terra, têm grandes dimensões, portanto se tornam fontes extensas e geram luzes difusas, suaves.

A Figura 2.56 mostra dois exemplos de retratos. No primeiro, foi utilizada uma luz dura, que cria sombras duras e marcadas, realçando a textura da pele e as linhas de expressão do modelo. Na segunda foto, foi utilizada um uma luz extensa, criando sombras mais suaves.

Para tornar uma luz dura em luz suave, você pode colocar um filtro para difundi-la, como um papel vegetal, ou rebater a luz apontando para uma superfície branca, como uma parede ou teto.

2.4.2.1 Iluminadores

Em um estúdio fotográfico, há a possibilidade de se criar a iluminação da fotografia. Para tanto, podemos utilizar vários tipos de iluminadores com luz contínua, como os refletores que imitem uma luz dura (Figura 2.57). É possível apontar a luz diretamente para o assunto e criar uma luz dura (refletor à direita) ou usar acessórios como uma sombrinha (refletor à esquerda), que tem o fundo branco, refletindo a luz de modo mais suave.

Para suavizar as fontes de luz, existem vários acessórios. Além da sombrinha, é possível usar difusores translúcidos, como o *haze*, o *softbox* ou papel vegetal. É possível também rebater a luz em superfícies claras (parede branca, rebatedor ou isopor).

Para mudar a cor das fontes de luz, uma opção é utilizar as gelatinas, que são filtros translúcidos coloridos. As gelatinas bloqueiam parte do espectro de luz e transmitem apenas as radiações luminosas da cor que ela é feita.

Figura 2.57 – Refletores

Figura 2.58 – Esquema de Luz

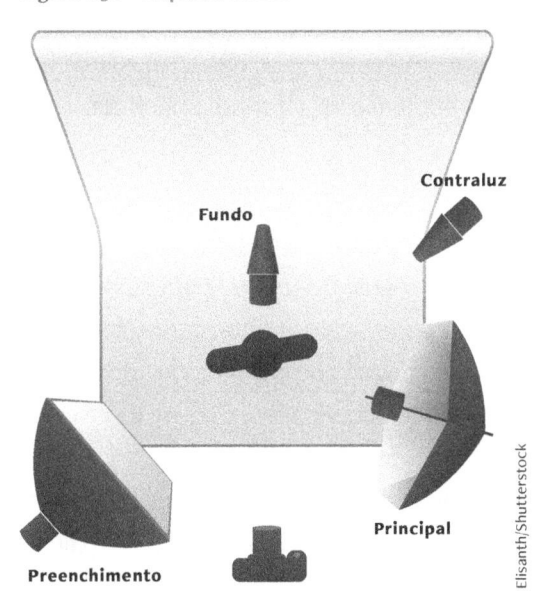

Em um estúdio, podemos montar a luz como quisermos, para criar os efeitos de iluminação que desejarmos. A imaginação é o limite. Mas, aqui, vamos apresentar o esquema mais clássico de iluminação, que utiliza quatro fontes de luz (Figura 2.58).

- **Luz principal**: é a fonte de luz que modela a cena. É a mais intensa e, normalmente, a mais dura, para criar as sombras principais da cena e gerar volume aos objetos.
- **Luz de preenchimento**: essa fonte de luz é colocada do lado oposto à da principal para "preencher" a cena. É uma fonte de luz suave e menos intensa, adotada para amenizar as sombras que a luz principal criou.
- **Contraluz (ou luz de cabelo)**: ilumina o personagem ou objeto por trás e pouco pela lateral. É uma fonte de pouca intensidade e sua função é criar um contorno de luz no assunto, "descolando-o" do fundo, para criar profundidade.
- **Luz de fundo**: é a fonte que ilumina o cenário da cena.

Na hora de montar um esquema de luz, não é necessário utilizar todos esses tipos de luz. É possível que uma fonte desempenhe duas funções ao mesmo tempo, como quando a luz principal também ilumina o fundo. Também é possível utilizar apenas uma fonte ou, ainda, lançar mão de acessórios como rebatedores, que refletem a luz da fonte principal criando um preenchimento nas sombras.

2.4.2.2 Flash

O *flash* é um acessório de grande auxílio para o fotógrafo, servindo para criar uma iluminação controlada quando não há luz suficiente ou para complementar a iluminação em uma situação em que já existem fontes de luz.

A característica do *flash* é que ele é uma luz de disparo, ou seja, não é contínua e é emitida por uma fração muito curta de tempo. Por isso, o ajuste da velocidade não influencia na fotometria da cena quando o usamos *flash*. Como ele é praticamente instantâneo, sempre vai "congelar" os objetos em movimento.

Assim, o controle da quantidade de luz que impressiona o sensor é dado pelo diafragma. Digamos, por exemplo, que, na potência máxima do *flash*, ele ilumina um objeto a 4 m de distância. Porém, ele está 1 ponto de luz superexposto. Então, é preciso fechar o diafragma em uma posição.

Se seu *flash* for manual, ele vai indicar qual é a distância correta para iluminar a cena para cada diafragma. Por exemplo, em ISO 100, a distância correta é 1 m para o diafragma f11 ou 1,5 m para o diafragma f8. Esses valores vão depender de cada modelo de *flash*.

Também existem os modos automáticos para o uso do *flash*, como o TTL, que mede a luminosidade da cena através da lente. O *flash* dispara, a luz rebate no objeto e volta para a câmera, que faz a medição pelo fotômetro. Quando a exposição está correta, o *flash* para de emitir luz. É desse modo que funcionam todos os *flashs* que estão acoplados às câmeras (em especial os das câmeras compactas).

Além dos *flashs* incorporados às câmeras, é possível utilizar os de estúdio, que contam com geradores de grande potência, ou os portáteis, que são colocados no topo das câmeras.

2.4.3 Tripés e monopés

Durante a produção de fotografias, o fotógrafo pode lançar mão de acessórios, como os tripés e monopés, que o auxiliarão a estabilizar a câmera, de modo a não mudar o enquadramento ou não borrar a imagem em baixas velocidades.

2.4.3.1 Tripé

A função principal do tripé é estabilizar a câmera, especialmente se você deseja realizar uma fotografia com baixa velocidade (em uma cena noturna, por exemplo). Por isso, um bom tripé é um tripé estável, com boa construção e pesado. Tripés leves e frágeis podem se mexer facilmente e, assim, a função é perdida.

Existem vários modelos. Cada um suporta um peso máximo, portanto, é preciso estar atento a um tripé compatível com seu equipamento fotográfico.

A grande desvantagem de um tripé é a falta de dinamicidade: você não pode modificar seu ponto de vista muito rápido.

2.4.3.2 Monopé

O monopé, como o próprio nome diz, tem apenas um pé, que serve de apoio da câmera no chão, porém você continua tendo de segurar a câmera. Se sua foto for realizada com velocidades muito baixas, como de alguns segundos, ela provavelmente ficará tremida, mas, em casos com velocidade como 8, 15, mais ou menos, é possível alcançar bons resultados.

Ao contrário do tripé, o monopé tem a vantagem de possibilitar uma movimentação muito rápida. Além de servir como uma haste para colocar sua câmera em posições que você não conseguiria normalmente, como em uma multidão, levantando a câmera acima de todo mundo e obtendo uma visão geral de toda a cena (nesse caso, utilize o *timer* da câmera para disparar o obturador).

Síntese

Neste capítulo, apresentamos as origens da fotografia, o funcionamento do aparato fotográfico e os elementos para uma boa composição da imagem.

Discutimos a fotografia e sua relação com outras linguagens visuais. Contudo, ressaltamos que, na verdade, ela é herdeira de um modo de produção e consumo de imagens que remontam toda a história da humanidade. Inclusive, utilizando para si ferramentas que já eram empregadas em outras formas imagéticas, como a câmera obscura e a perspectiva renascentista.

Em seguida, apresentamos uma breve história da fotografia, a partir de seu surgimento no século XIX, destacando como sua invenção está relacionada ao contexto da época: a Revolução Industrial e a modernização das cidades.

Depois, dedicamo-nos a abordar o funcionamento do equipamento fotográfico. Tratamos da descrição dos elementos básicos de uma câmera, as características dos diversos formatos e modelos de câmeras e também sobre o funcionamento e usos mais detalhados das lentes objetivas e de outros acessórios.

Além disso, e como parte essencial, apresentamos os controles presentes na câmera, como foco, balanço de branco e, especialmente, abertura e velocidade. São esses controles que permitem ao fotógrafo a tradução do mundo visível em uma imagem que representa o olhar do artista. Sem controle ou quando o controle é delegado para os modos automáticos, o fotógrafo terá menos espaço para se expressar.

Indicações culturais

ADAMS, A. **O negativo**. São Paulo: Senac, 2004.

Se você quer se aprofundar na prática fotográfica, a recomendação é um livro técnico, de autoria do grande fotógrafo americano Ansel Adams. O artista foi um paisagista excepcionalmente técnico, criando metodologias para gerar imagens com o máximo controle. Apesar de a obra indicada tratar de fotografia analógica, nela, Adams apresenta o "Sistema de Zonas", que é um modo de pré-visualizar (imaginar) a imagem que se quer a partir das possibilidades do aparelho fotográfico (câmera e negativo) e, então, realizar determinadas escolhas para atingir esse objetivo.

KOSSOY, B. **Hercule Florence**: a descoberta isolada da fotografia no Brasil. São Paulo: Edusp, 2006.

Se você quiser saber mais sobre a história da fotografia no Brasil, essa obra do fotógrafo brasileiro Boris Kossoy aborda detalhadamente o tema.

KOSSOY, B. **Um olhar sobre o Brasil**: a fotografia na construção da imagem da nação – 1833-2003. São Paulo: Objetiva, 2012.

Além de fotógrafo, Boris Kossoy é um dos principais pesquisadores e curadores de fotografia no Brasil. Com mais de 10 livros publicados, Kossoy se dedica, principalmente, a iluminar a história da fotografia em nosso país. O livro *Um olhar sobre o Brasil: a fotografia na construção da imagem da nação – 1833-2003* foi resultado de uma longa pesquisa e exposição muito bem montada sobre a história do país contada por fotografias de artistas brasileiros ou feitas no Brasil. Há imagens executadas, com várias técnicas, pelos mais importantes fotógrafos que atuaram aqui, mostrando cenas e personagens icônicos ao longo de 170 anos de fotografia.

MEDEIROS, J. **Candomblé**. São Paulo: Instituto Moreira Salles, 2009.

José Medeiros é um dos principais fotógrafos brasileiros. Ele atuou na revista ilustrada *O Cruzeiro*, sendo um dos responsáveis por introduzir no Brasil um modelo moderno de fotojornalismo – que influenciou toda a fotografia posterior no país. *O Cruzeiro* era uma revista muito importante no contexto nacional: foi a primeira com distribuição nacional e contava com grandes tiragens. Era por meio dela que grande parte da população tinha contato com notícias e representações do resto do país e do mundo. Em 1951, Medeiros realizou a reportagem fotográfica "As noivas dos deuses sanguinários", que apresentava pela primeira vez os rituais secretos de iniciação de mães de santo em um terreiro de candomblé na Bahia. A reportagem teve grande repercussão, especialmente pelas imagens inéditas e impressionantes dos rituais. Em 1957, Medeiros publicou o livro *Candomblé*, com algumas fotos inéditas. Em 2009, o livro de 1957 foi reeditado pelo Instituto Moreira Salles.

Atividades de autoavaliação

1. Sobre as origens da fotografia, é correto afirmar:
   a) A câmera obscura foi utilizada pela primeira vez com a fotografia.
   b) Daguerre foi o único inventor da fotografia e os demais pesquisadores tentaram roubar seu invento.
   c) Com o daguerreotipo já era possível fazer imagens instantâneas.
   d) O calótipo foi o primeiro processo fotográfico que permitiu cópias a partir de negativos.

2. São controles de exposição fotográfica:
   a) abertura da lente, foco e velocidade do obturador.
   b) velocidade do obturador, ISO, abertura e filtro ND.
   c) velocidade e balanço de brancos.
   d) distância focal da lente, diafragma e velocidade.

3. Sobre os efeitos colaterais gerados pelos controles de exposição, assinale a alternativa correta:
   a) A escolha da sensibilidade do sensor (ISO) não influencia na qualidade da imagem, apenas na quantidade de luz da cena.
   b) A abertura e a velocidade devem ser pensadas juntas; enquanto se prioriza um dos controles para gerar um efeito desejado, é necessário alterar o outro para compensar na fotometria.
   c) O fotógrafo deve sempre colocar sua câmera no automático para não precisar se preocupar com problemas além da composição da cena.
   d) Se o fotógrafo deseja "congelar" uma cena, ele deve usar uma abertura fechada na lente.

4. Os fatores responsáveis pela profundidade de campo são:
   a) diafragma e velocidade do obturador.
   b) somente o diafragma.
   c) distância focal da lente, diafragma e distância em relação ao assunto focado.
   d) ISO e velocidade do obturador.

5. Sobre as objetivas, marque as afirmativas a seguir como verdadeiras (V) ou falsas (F).
   ( ) As objetivas têm a função de aumentar a área de captura da luz e, portanto, a quantidade de luz que chega ao sensor/filme.
   ( ) As lentes grande-angulares não geram deformações na imagem, criando imagens semelhantes àquelas que percebemos através da visão humana.
   ( ) A classificação de uma lente não leva em conta a câmera fotográfica.
   ( ) As lentes teleobjetivas tendem a achatar os planos e ter pouca profundidade de campo.

Agora, assinale a alternativa que corresponde à sequência correta:
a) F, V, V, F.
b) V, V, V, F.
c) F, F, V, V.
d) V, F, F, V.

Atividades de aprendizagem

Questões para reflexão

1. A fotografia foi inventada por muitas pessoas diferentes ao mesmo tempo. Pesquise sobre outros inventores que não tiveram o mesmo reconhecimento que Niépce e Daguerre. Escreva um pequeno texto sobre as características do processo inventado pelo inventor que você selecionou.

2. Vários são os elementos para composição fotográfica. Com certeza você já havia feito fotos antes e talvez nunca tivesse dado muita atenção a esses elementos. Selecione três fotos pessoais e analise-as com base nesses novos conhecimentos. Como poderia deixá-las mais interessantes? Apresente para seus colegas suas conclusões e discuta o assunto.

Atividade aplicada: prática

1. Uma das grandes tradições da fotografia é o retrato. Bem antes das *selfies* se tornarem um fenômeno mundial e prática cotidiana entre a grande parte das pessoas que têm telefones com câmera e redes sociais na internet, muitos artistas, como Cindy Sherman, utilizaram a si mesmo como modelo para a construção de suas obras. O autorretrato é uma forma poderosa de construir e discutir a própria imagem. Faça um autorretrato no qual você interprete um personagem de algum filme. Caracterize-se como ele ou ela, utilizando roupas, acessórios e maquiagem. Busque um local que se assemelhe à locação do filme.

3

Fotografia na prática

Bruno Oliveira Alves

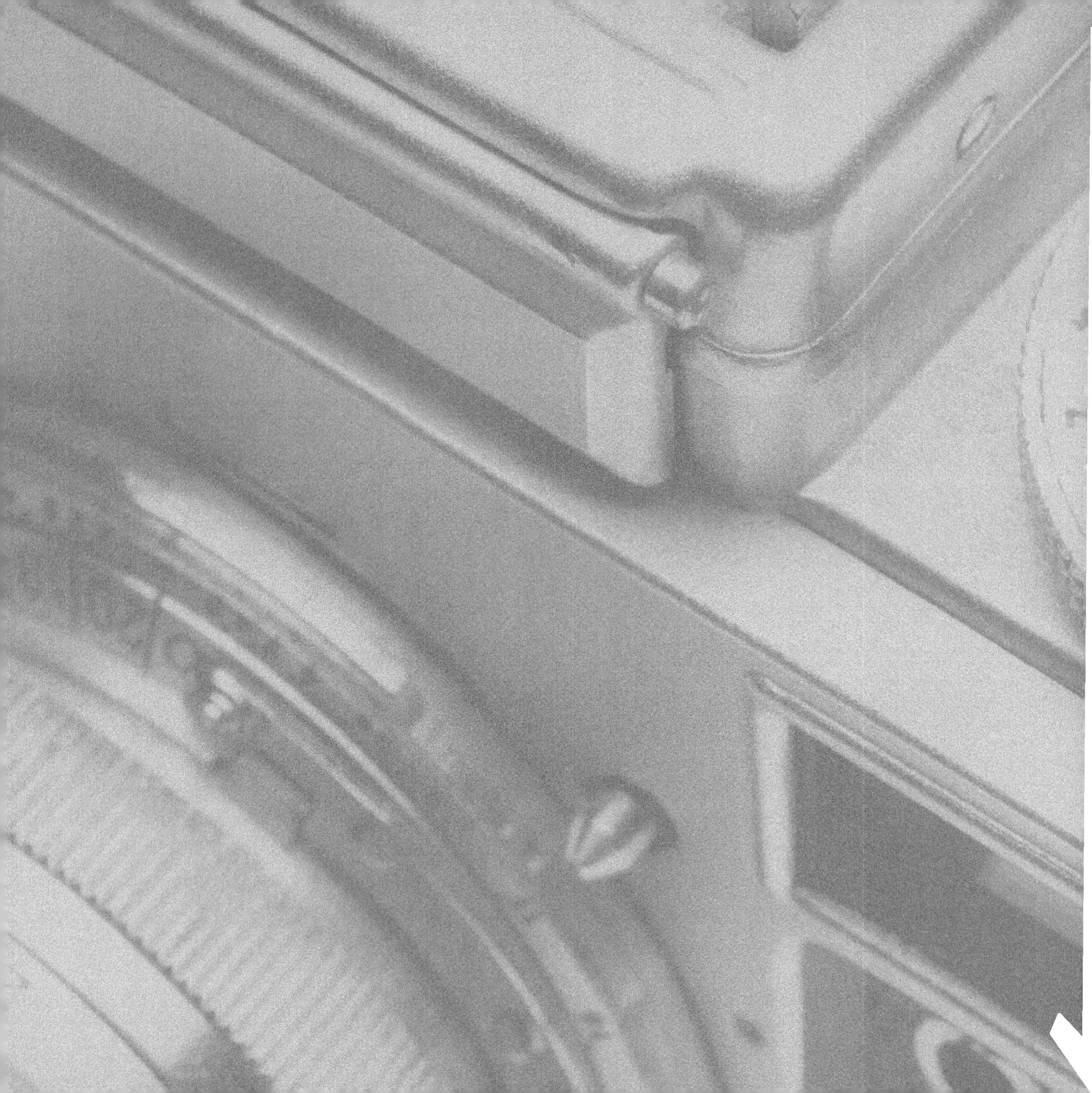

É importante entender que a fotografia não se resume a câmeras, lentes, resoluções ou evolução técnica. Trata-se de uma linguagem formada por um conjunto de práticas distintas entre si, como fotojornalismo, documental, publicitária e de retratos. Essa linguagem e práticas foram desenvolvidas ao longo de seus quase dois séculos de história, sempre mantendo relação direta com a sociedade que as rodeavam, atendendo às necessidades de expressão de sentido pertinentes em cada época. A fotografia criou novos modos de ver, de representar e de entender o mundo.

Neste capítulo, abordaremos noções básicas da fotografia de acordo com a sua finalidade, suas práticas específicas, como fotojornalismo, publicidade, arquitetura, fotografia de natureza e de arte. Além disso, analisaremos o uso de *softwares* para edição de imagens fotográficas.

3.1 Fotojornalismo

O fotojornalismo é uma das principais práticas fotográficas. Foi por meio dele que a fotografia mais se desenvolveu a partir da primeira metade do século XX, ganhando os contornos definidores da linguagem. Essa prática pode ser enquadrada no fotodocumentário, porém com uma função mais pragmática: informar e noticiar fatos.

No fotodocumentário, o profissional utiliza os fatos e as situações do mundo real como matéria-prima para sua obra, registrando cenas através de seu olhar particular. Historicamente, o fotojornalismo é mais novo do que o documentário, pois, até as décadas finais do século XIX, os meios técnicos ainda não permitiam que a fotografia fosse veiculada na imprensa.

Até a década de 1880, para que uma fotografia fosse utilizada em um jornal ou em uma revista, era preciso transformar a imagem em uma gravura, feita manualmente, e então impressa no jornal (Freund, 2001). Portanto, as imagens que ilustravam os jornais não eram fotografia, mas gravuras baseadas em fotografias, e isso permitia uma série de modificações e interpretações pelo artista gravador.

Para Costa (1998), a fotografia tornou-se uma mídia de massa quando se associou à indústria gráfica e à imprensa, que passaram por um processo de industrialização no final do século XIX e início do XX. Novas técnicas e equipamentos de impressão foram inventados (como a técnica de meio tom), e as imagens passaram, por exemplo, a ser transmitidas a grandes distâncias por meio da telegrafia (1872). Desse modo, as tiragens dos jornais aumentaram e a produção se tornou mais rápida e barata. Também houve um aumento do público leitor, da alfabetização e da distribuição dos jornais. Portanto, quando a fotografia conseguiu ganhar a mídia jornal, passou a ocupar mais espaço na sociedade, atingindo mais pessoas e constituindo novos modos de produzir e circular imagens fotográficas.

> Preste atenção!
> A **técnica de meio tom** consiste em reproduzir os tons de cinza das imagens através de pequenos pontos. Segundo Costa (1998), essa técnica foi utilizada esporadicamente em edições especiais e suplementos ou encartes de alguns periódicos a partir de 1850 e se tornou comum nas primeiras décadas do século XX. Antes do meio tom, as fotos eram utilizadas como base para a produção de gravuras em madeira, as quais eram acompanhadas da informação "feita a partir de uma fotografia" (Freund, 2001, p. 95).

No fim do século XIX e início do século XX, o fotojornalismo ainda era incipiente, e as fotos eram posadas e serviam mais de ilustração banal ao texto, sem acrescentar muito conteúdo a ser noticiado. O grande *boom* do fotojornalismo ocorreu a partir da década de 1930, com o advento das revistas ilustradas, primeiro na Europa, e depois, no resto do mundo, com as revistas: *Berliner Illustrierte*, na Alemanha; *Vu* e *Paris Match*, na França; *Life*, nos Estados Unidos; *O Cruzeiro*, no Brasil; entre outras.

O fotógrafo alemão Erich Salomon foi um dos mais importantes profissionais dessa época. Ao contrário de como se fazia fotojornalismo até então, ele começou a fazer imagens mais espontâneas, nas quais os personagens eram retratados sem seu conhecimento ou em momentos descontraídos. Esse tipo de prática denomina-se *fotografia cândida* (não posada). Para Salomon (1931, citado por Freund, 2001, p. 105, tradução nossa)

> A atividade de um fotógrafo de imprensa que quer ser mais do que um artesão é uma luta contínua pela sua imagem. Do mesmo modo que o caçador vive obcecado pela sua paixão de caçar, igual vive o fotógrafo com a obsessão pela foto única que aspira conseguir. É uma batalha contínua. É preciso lutar contra os prejuízos que existem em decorrência dos fotógrafos que ainda trabalham com flashes, lutar contra a administração, com os empregados, com a polícia, os seguranças; conta a luz deficiente e as grandes dificuldades que surgem na hora de fazer fotos de pessoas que não param de se mover. [...] Antes de tudo, um repórter fotográfico deve ter paciência infinita, não ficar nervoso; de estar ciente dos acontecimentos e inteirar-se a tempo de onde ocorrem.

A partir dos anos 1940, surgiram as primeiras agências independentes de fotografia, como a Magnum, fundada em 1947 por alguns dos fotógrafos mais influentes da história, como Henri Cartier-Bresson, George Rodger, Robert Capa, David Seymour. A Magnum e seus fotógrafos contribuíram para um modo de fazer fotojornalismo baseado na fotografia humanista, cujo tema principal são as relações humanas, os cidadãos comuns: "a fotografia humanista é a celebração da vida e de sua diversidade por meio da lente do fotógrafo empenhado em documentar desde os fatos corriqueiros do dia a dia até grandes tragédias e questões sociais que desafiam a humanidade" (Burgi, 2012, p. 37).

Cartier-Bresson, por exemplo, ficou conhecido pelo "instante decisivo", que é um princípio de composição fotográfica: registrar a imagem no momento em que todos elementos se configuram da maneira mais expressiva (o ápice de todas as ações). Esse modo de criar fotos influenciou quase todos os fotógrafos de reportagem desde então. Robert Capa (2000), por sua vez, redefiniu a fotografia de guerra ao se aproximar da ação. Seu lema era "Se as fotografias não são boas o bastante, é porque você não está próximo o suficiente" (Capa, 2000, p. 12).

Durante todo o século XX, o fotojornalismo esteve sempre em renovação e desenvolvimento, criando novas formas de contar histórias por meio de imagens e contribuindo decisivamente para a maneira de nos relacionarmos com a fotografia. No passado, dependíamos de profissionais e de grandes veículos para registrar e divulgar os fatos importantes da sociedade. Hoje, com o maior acesso aos meios de produção e divulgação de imagens, há um número cada vez maior de fotógrafos, profissionais e amadores, que estão documentando o mundo à sua volta. Isso é uma coisa boa, pois temos mais vozes no mundo. Porém, é preciso que os fotógrafos estejam atentos às mudanças que ocorrem na fotografia e na sociedade e aos princípios que regem um bom fotojornalismo.

3.1.1 Função do fotojornalismo

O fotojornalismo tem por função primordial contar as notícias por meio de imagens. Mas o que é notícia?

Notícias são os fatos que ocorrem no mundo e que são socialmente interessantes de ser narradas em um veículo jornalístico. Os temas são os mais variados, desde um buraco na rua até o assassinato de um presidente. O que interessa para ser veiculado depende de uma escolha dos editores dos veículos jornalísticos, que levam em conta os "critérios de noticiabilidade".

Esse é um assunto muito debatido em jornalismo: o que faz um acontecimento ser notícia ou não. Uma das abordagens possíveis é a que leva os seguintes critérios (Sousa, 2001):

Figura 3.1 – Temas relevantes para o fotojornalismo: esportes

Competição feminina de esgrima

- **Proximidade** – O fato é de interesse local, regional ou nacional?
- **Atualidade** – A notícia é recente? É relevante para o contexto atual ou trata de um assunto já "ultrapassado"?
- **Abrangência** – Qual é o número de pessoas envolvidas? Quanto mais pessoas, mais relevante.
- **Significância** – Quanto mais intenso (cria comoção na sociedade) e abrangente for o assunto, mas importante é noticiá-lo.
- **Importância dos sujeitos envolvidos** – As pessoas que estão envolvidas no caso têm relevância na sociedade? Por exemplo, um escândalo envolvendo políticos.
- **Imprevisibilidade** – Um fato que não é comum de acontecer, como um acidente aéreo.
- **Continuidade** – Duração do evento e consequências e desdobramentos gerados pelo fato.

Esses são alguns dos motivos pelos quais um fato pode ser a razão de uma reportagem jornalística e, possivelmente, com o auxílio da fotografia. A ilustração pela fotografia permite um entendimento melhor dos fatos: conhecer a aparência e a dimensão daquilo que acontece. É preciso tentar, sempre, ser o mais claro e objetivo possível ao transmitir o que de fato aconteceu, sem manipular a interpretação do espectador.

Figura 3.2 – Temas relevantes para o fotojornalismo

Migrantes esperam na fila para receber comida em Belgrado, na Sérvia (2017).

Nebojsa Markovic/Shutterstock

3.1.2 Ética e imparcialidade

A partir deste ponto de vista, precisamos destacar a questão da ética na produção da imagem fotográfica quando empregada ao jornalismo: um dos princípios fundamentais do jornalismo é a tentativa de imparcialidade.

A imparcialidade em si é impossível, pois o jornalismo também é um recorte, uma versão sobre os fatos. Contudo, o profissional deve, em suas reportagens (texto ou imagem), transmitir o máximo de informações possíveis, contextualizando o assunto com uma ou várias fotografias; mostrar os diversos lados da questão de forma igualitária; não fazer afirmações sem provas (cuidado, a foto pode sempre soar como prova cabal de algo sem o ser); não fazer juízos de valor etc. Deve deixar as conclusões a cargo do leitor ou do espectador.

3.2 Fotografia de natureza, paisagem e arquitetura

Em uma posição completamente diferente ao fotojornalismo, temos as práticas de fotografia de natureza, paisagem e arquitetura. Dizemos "diferente" porque, no jornalismo, a preocupação principal é o conteúdo da imagem, a explicação do fato relevante à sociedade ocorrido em determinado lugar. Por outro lado, de modo geral, podemos dizer que essas práticas tendem a ser mais contemplativas, ou seja, tanto o ato de fotografar em si quanto as imagens buscam ver o mundo através de um olhar fotográfico.

Na fotografia de natureza, por exemplo, o que interessa é representar a beleza das coisas naturais, pode ser tanto um conjunto de pedras, quanto as flores de uma cerejeira. A fotografia de natureza parece se opor ao modo de vida cada vez mais urbano em que vivemos, cheio de formas artificiais.

No exemplo da Figura 3.3, o fotógrafo olha para assuntos "banais", como pedregulhos na beira do mar, a água, o céu e a luz do sol. É claro que ele rearranja a natureza ao empilhar as pedras, mas, de qualquer modo, é uma imagem que transmite um sentimento de leveza e tranquilidade vinda do contato com a natureza.

Na Figura 3.4, o fotógrafo registra o desabrochar de uma flor de cerejeira, símbolo da primavera no Japão. Perceba como ele cria uma composição que vai além da beleza natural da própria planta. Para tanto, utilizou uma teleobjetiva a fim de aproximar o tema e uma profundidade de campo muito curta para desfocar o fundo. Desse modo, os galhos do primeiro plano se destacam do fundo, em que os outros galhos e flores se tornam manchas suaves ao serem desfocados. Isso que é o olhar fotográfico: traduzir o mundo, no caso, a beleza natural, em imagens.

Também é muito comum que fotógrafos de natureza busquem enquadramentos muito fechados, próximos do objeto. Afinal, a fotografia permite esse tipo de recurso: aproximar-se do objeto de um modo que os olhos não permitem, mostrando um universo quase microscópico, que, grande parte das vezes, nem nos damos conta. Em um primeiro olhar, do que se trata a fotografia da Figura 3.5?

A imagem é um *close-up* da casca de um melão. Mas poderia ser a lama seca de um rio morto ou o mapa das ruas de uma cidade medieval! Olhar a natureza tão de perto revela outros mundos.

Entretanto, a fotografia de natureza não trata apenas de detalhes, podemos também ampliar o campo de visão e abarcar grandes áreas e paisagens. Normalmente, a fotografia de paisagem apresenta um espaço e seu contexto. No caso da natureza, contaremos com os elementos que fazem parte daquele ecossistema. A foto da Figura 3.6 retrata a cena de um rio, em uma tarde de outono, e seu entorno. É uma imagem que transmite tranquilidade: um rio com suas águas tão paradas que a superfície se torna um espelho, refletindo as árvores e o céu iluminado;

Figura 3.3 – O banal na fotografia de natureza

nature photos/Shutterstock

Figura 3.4 – A beleza natural

Montypeter/Shutterstock

Figura 3.5 – Os detalhes na natureza

Roman Samokhin/Shutterstock

Figura 3.6 – Paisagem natural

Iancu Cristian/Shutterstock

Figura 3.7 – Paisagem urbana

Jon Bilous/Shutterstock

o barco está solitário no meio dessa paisagem; quase é possível ouvir o barulho do vento passando pelas folhas.

Novamente, esse foi um exemplo da capacidade contemplativa da fotografia, em especial a de paisagem, na qual é preciso mais calma: parar para olhar e então registrar. Mas nem só de natureza o gênero da paisagem é feito. Podemos ter o mesmo tipo de abordagem em ambientes urbanos. Basta apenas dar uma pausa no ritmo alucinado para olhar os cenários das cidades.

No exemplo da Figura 3.7, o fotógrafo registra a calmaria e as características de uma pequena rua no centro de uma cidade: os diferentes tipos de construção, a rua estreita que permite apenas um carro de cada vez.

Falar de urbanidade e paisagem nos leva a pensar também naquilo que forma grande parte do tecido urbano: as construções. Como já aludimos aqui, a fotografia e a arquitetura têm uma longa história de parceria, a primeira foto feita por Niépce foi uma paisagem de arquitetura.

A arquitetura é um testemunho forte de como vivemos (como são os espaços em que trabalhamos, moramos, nos divertimos), é uma marca da nossa intervenção no mundo. Assim, a fotografia serve para registrarmos esses "monumentos" criados pelas pessoas.

Há duas formas de abordar os temas arquitetônicos. A primeira é valorizar as construções e tentar não modificar as formas. Ou seja, é um tipo de registro mais realístico das obras arquitetônicas (Figura 3.8). Portanto, é preciso tentar mostrar a construção por inteiro; buscar isolá-la das interferências de elementos externos (como fios de luz); ter cuidado com as deformações da perspectiva.

Outra abordagem, completamente diferente, mas não menos interessante, é utilizar a arquitetura como elemento para uma criação formal, isto é, utilizar linhas, formas e texturas dos prédios para criar imagens mais abstratas.

A Figura 3.9 é um bom exemplo de abstração das formas arquitetônicas. Trata-se de um prédio com janelas de vidro, visto de baixo para cima. A partir do ponto de vista, do enquadramento e da opção pelo preto e branco, o fotógrafo cria grafismos com as linhas das esquadrias e os reflexos dos espelhos.

Figura 3.8 – Fotografia de arquitetura

alexandre zveiger/Shutterstock

Figura 3.9 – Arquitetura e abstração

Taurus106/Shutterstock

3.3 Fotografia publicitária

A fotografia publicitária tem uma diferença essencial em relação às demais discutidas até aqui: a intenção. Ela serve de ferramenta para uma campanha de comunicação, cujo objetivo é convencer ou informar o público espectador de um serviço, de um estilo de vida com o qual uma marca quer ser associada. Na Figura 3.10, é possível inferir que um rapaz jovem se locomove usando bicicleta, gosta de café, está "antenado" nas tendências da moda e é conectado com o mundo. Poderia ser uma propaganda para um banco, que busca atingir pessoas que se identifiquem com esse rapaz e queiram utilizar os serviços bancários por meio de dispositivos eletrônicos, ou poderia ser a publicidade de uma marca de *tablet*, como o que ele segura.

A fotografia para a publicidade é totalmente intencional, construída, no sentido que todos os elementos contidos na imagem foram planejados e controlados para ser registrados daquele modo e, assim, buscar atingir os objetivos da campanha.

Figura 3.10 – Fotografia de estilo de vida

g-stockstudio/Shutterstock

Figura 3.11 – Publicidade e produtos

misuma/Shutterstock

Quando o assunto da fotografia é um produto em si, um objeto (ou *still life*), o ambiente do estúdio é o local ideal para produzir a imagem. A fotografia de estúdio possibilita grande controle na iluminação, direção de arte e realce das formas dos objetos. Veja o exemplo da Figura 3.11, com um *still* de vários produtos de maquiagem. Por meio de uma execução relativamente simples, a cena poderia servir para uma marca de produtos de beleza. Os produtos foram arranjados ordenadamente sobre uma mesa azul e estão sendo iluminados por uma única fonte de luz de cima para baixo e levemente de forma lateral, o que gera uma pequena área de sombra na mesa.

A imagem está em um espaço neutro, não identificável, mas a fotografia de estúdio pode também simular espaços e cenas, compondo um cenário para mostrar o produto, como na Figura 3.12. Nesse exemplo, há uma mesa cheia de queijos, leite etc., foto que poderia ser realizada para uma marca de laticínios, por exemplo.

Repare como todo o cenário é construído e arranjado para criar uma composição interessante. A toalha serve tanto para compor a base onde estão os objetos quanto para ser fundo, pois ela é levantada e funciona como fundo infinito.

Figura 3.12 – Construção de cenários

Ekaterina Bratova/Shutterstock

> **Preste atenção!**
> O **fundo infinito** é uma superfície composta por uma base e uma parede, a separação entre ambos não ocorre em ângulo reto, mas em curva. A intenção é não mostrar a separação entre um e outro que seria explícita pela linha divisória entre parede e base.

Na mesma imagem, perceba que, no fundo e na frente, ainda há algumas plantas, criando um cenário que remete à natureza. Os produtos de laticínio estão todos dispostos de maneira que se possa percebê-los o mais claramente possível. Veja como os pratos e as tigelas com queijos estão levemente

Figura 3.13 – A encenação das ações

Figura 3.14 – Retrato em ensaio de moda

inclinados em direção à câmera. A cena é harmônica e serve para descrever os produtos, valorizando-os.

A encenação também ocorre com as ações das pessoas. Em outro exemplo de imagem que transmite um estilo de vida, um jovem casal em viagem pelo mundo registra como são felizes fazendo *selfies* por onde passam (Figura 3.13). Essa imagem poderia estar ilustrando um anúncio de agência de viagens, companhia aérea, hotel, entre outros.

Apesar de parecer um instantâneo, uma imagem cândida, essa imagem é encenada e existe uma construção de iluminação. É possível notar que, além da luz ambiente há a adição de uma fonte de luz difusa e mais amarelada posicionada à frente dos modelos. Esse tipo de recurso de iluminação serve para equilibrar as diferenças de luz entre áreas com altas luzes (sol) e de baixas (sombra). Os modelos ficariam muito escuros, então, cria-se uma iluminação apenas para eles.

3.4 Fotografia de retrato

Como já comentamos, o retrato foi muito importante durante a história da fotografia, estando presente desde seu início e figurando como um dos principais gêneros fotográficos.

Podemos considerar como retrato todas as fotos que tem uma pessoa como assunto principal, desde uma imagem feita para um documento de identidade até de um ensaio de moda (Figura 3.14).

O objetivo principal de cada retrato é "capturar" a essência da pessoa. Por isso, o retrato tem uma ligação muito forte com o referente: a pessoa que está diante da câmera. Para que ele fique bom, o fotógrafo tem de "entender" a pessoa que está fotografando, mesmo que tenha acabado de conhecê-la, ou seja, precisa "ver" o que há de interessante naquela pessoa, achar uma "essência" e buscar representar isso na fotografia.

Há várias abordagens na hora de fazer um retrato. Pode, por exemplo, ser direto, como o da Figura 3.15, em que a modelo olha para a câmera como se estivesse olhando nos olhos do espectador. Pode também apresentar o personagem de modo mais cândido, mais espontâneo, como se ele não soubesse da presença do fotógrafo, como no exemplo mostrado na Figura 3.10.

Outra abordagem é utilizar o contexto, o cenário, para transmitir informações que descrevam quem é o personagem retratado. Na Figura 3.16, um homem é fotografado ao lado de muitas formas cheias de pães. Provavelmente, ele é o padeiro ou o dono da padaria.

Figura 3.15 – O olhar direto

Figura 3.16 – Retrato e contexto

Para realizar retratos, é preciso ter alguns cuidados. Como já apontamos na Seção 2.4.1, algumas objetivas podem gerar deformações nas imagens e, no caso aqui, isso pode ser ruim. Assim, as objetivas normais e as teles são as mais recomendadas para um retrato mais realista e "sério". Veja a Figura 3.17, em que vários jovens realizaram uma *selfie*. Os dois garotos das pontas têm seus rostos deformados, pois estão nas bordas do enquadramento feito com uma lente grande-angular.

Ao passo que, se o objetivo é justamente contrário, como ser engraçado, por exemplo, uma lente grande-angular olho de peixe pode gerar uma imagem bem divertida, como na foto à direita.

Figura 3.17 – Retratos com lente grande-angular

3.5 Fotografia de *fine art*

Fotografia e arte andam juntas desde o surgimento daquela. A fotografia, reiteramos, é herdeira de um modo de produção de imagens que foi constituído pelas artes pictóricas, como a pintura, a gravura e o desenho. Ela surgiu em um momento em que as artes plásticas estavam em crise com o modelo realista. Como a fotografia estava mais apta a resolver os anseios de uma representação mimética, acabou auxiliando um processo no qual a pintura passou a se libertar da obrigatoriedade do figurativo, dando espaço para novas possibilidades, que desembocaram nas vanguardas artísticas do início do século XX. É preciso notar que a pintura já estava em um processo de mudança desde o século XVIII e que vários fatores influenciaram nessa mudança (Sontag, 2007).

3.5.1 Fotografia nas belas-artes

Além de auxiliar outras linguagens em suas evoluções, a própria fotografia tem um papel preponderante na produção artística. Ela pode ser ferramenta de auxílio, quando serve de registro para outras linguagens, como *performance* e instalações, que são formas artísticas normalmente efêmeras. A instalação normalmente se constitui em uma obra tridimensional pensada para um espaço específico, como uma sala em um salão ou bienal de artes, ou para espaços públicos, com uma duração determinada. Depois é desmontada. Portanto, a permanência da obra necessita do registro de alguma forma. Aqui entra a fotografia.

O mesmo ocorre com a *performance*, que tem um caráter ainda mais efêmero e dura pouquíssimo tempo. Mesmo que ela seja repetida várias vezes, normalmente é a fotografia que garante sua posteridade. Em muitos casos, o registro é, digamos, "distanciado" ou "objetivo", quando apenas se documenta a *performance* realizada para um público que a assiste. Outras vezes, ela é pensada para ser apresentada para a câmera e o objetivo final é a imagem fotográfica.

A fotografia, além da função de registro, tem papel relevante como objeto de arte. Ela é também um produto artístico, mesmo quando tem um objetivo pragmático: como não considerar *arte* as obras de fotojornalistas como Henri Cartier-Bresson ou Robert Capa? São imagens feitas sob encomenda para ser publicadas em revistas informativas, não com o intuito inicial de estar em um museu, mas tanto seu valor documental quanto sua capacidade de expressão fazem dessas imagens objetos artísticos. Outros profissionais, por sua vez, dedicam-se à produção de fotografias exclusivamente com intenção de se expressar artisticamente. A seguir, veremos alguns casos da fotografia na arte.

3.5.2 Arte e artistas da fotografia de *fine art*

No século XIX, existia uma disputa sobre se a fotografia, tendo em vista seu caráter industrial, era arte ou não. Para muitos, como o escritor Charles Baudelaire, a fotografia não deveria ser tratada como obra de arte, mas ser apenas um instrumento de auxílio ao pintor, como um caderno de notas, não mais do que isso. O escritor, que também atuava como crítico de arte, publicou na revista *Revue Française* quatro textos sobre o Salão de Artes de 1859. Esta foi a primeira edição do Salão em que a fotografia esteve presente. Em um dos artigos, Baudelaire (1859, citado por Entler, 2007, p. 11-12) escreve:

> Nestes dias deploráveis, produziu-se uma nova indústria que muito contribuirá para confirmar a idiotice da fé que nela se tem, e para arruinar o que poderia restar de divino no espírito francês. [...] Um Deus vingador acolheu as súplicas desta multidão [que deseja uma arte que reproduz a natureza]. Daguerre foi seu Messias. E então ela diz a si mesma: "Visto que a fotografia nos dá todas as garantias desejáveis de exatidão (eles creem nisso, os insensatos), a arte é a fotografia". A partir desse momento, a sociedade imunda se lança, como um único Narciso, à contemplação de sua imagem trivial sobre o metal. Uma loucura, um fanatismo extraordinário se apodera de todos esses novos adoradores do sol. [...] estou convencido de que o progresso mal aplicado da fotografia muito contribuiu, como aliás todo progresso puramente material, para o empobrecimento do gênio artístico francês, já tão raro.

O aspecto realista da imagem fotográfica e sua gênese mecânica eram vistas como um empecilho para o caráter artístico, uma vez que, naquele momento, consideravam a fotografia como objetiva, impessoal, mecânica e sem a interferência direta do artista fotógrafo. Por isso, ela não poderia ser considerada uma arte. Lembremos que, naquela época, a ideia do "gênio artista" ainda era muito forte, portanto, se o artista não interfere na obra, não deixa as marcas de seu "traço", não pode ser arte.

A fotografia ser ou não arte é um falso dilema. Dado o contexto da época, é justificável. A introdução de novos meios e técnicas sempre terão certa resistência e, de fato, a introdução da fotografia modificou a maneira como as pessoas pensam e produzem arte.

Nesse contexto, no final do século XIX e início do XX, surgiu um movimento de artistas que queriam utilizar a fotografia como arte, o **pictorialismo**. Para eles, as características da fotografia, como a possibilidade de reprodução infinita das fotos (cópias), reduziam o "caráter artístico". As obras precisariam ter uma unicidade. Por isso, os pictorialistas passaram a intervir diretamente no negativo ou na cópia, usavam técnicas mais rudimentares e reduziam a definição das fotos, entre outras. A intenção era criar imagens únicas e que se aproximassem da pintura. Muitas fotografias desse movimento se assemelham até mesmo às pinturas impressionistas (Figura 3.18).

Esse foi um movimento muito forte no mundo e no Brasil. Aqui, perdurou até os anos 1940, aproximadamente.

Figura 3.18 – Pictorialismo

WHITE, Clarence H. [Jane White Standing with Maynard White in a Cave]. [ca. 1902]. Fotografia, platina com traços de mercúrio e chumbo: 23,6 × 15 cm.

Os pictorialistas brasileiros atuavam nos fotoclubes, que eram associações de aficionados por fotografia muito relevantes para o desenvolvimento da linguagem no Brasil.

O movimento pictorialista, em todo o mundo, foi muito criticado por não assumir a linguagem fotográfica e buscar se assemelhar à pintura.

A fotografia começou a ganhar espaço nas artes – e se assumir como linguagem – durante as vanguardas artísticas do início do século XX. Durante esse período, ela esteve muito presente e serviu a vários artistas, como o dadaísta e surrealista americano Man Ray, que atuou na Europa e tem uma produção fotográfica muito relevante. Man Ray criava tanto imagens mais realistas e "tradicionais" quanto as surrealistas e abstratas, além de intervir nas imagens. Na imagem da Figura 3.19, *Le Violon d'Ingres* (ou Violino de Ingres, em português), Man Ray fotografou Kiki de Montparnasse e, depois de ampliada, o artista pintou elementos de um violino sobre a foto.

Outra técnica utilizada por Man Ray era a criação de fotogramas ou, como ele chamava, *rayogramas*, que consiste em fazer fotografias sem o uso de uma câmera. Utiliza-se o papel fotográfico, sobre o qual se colocam objetos opacos ou translúcidos e se impressiona com luz (Figura 3.20). O resultado são composições abstratas, que às vezes guardam alguma semelhança com os objetos utilizados.

Figura 3.19 – Surrealismo e fotografia

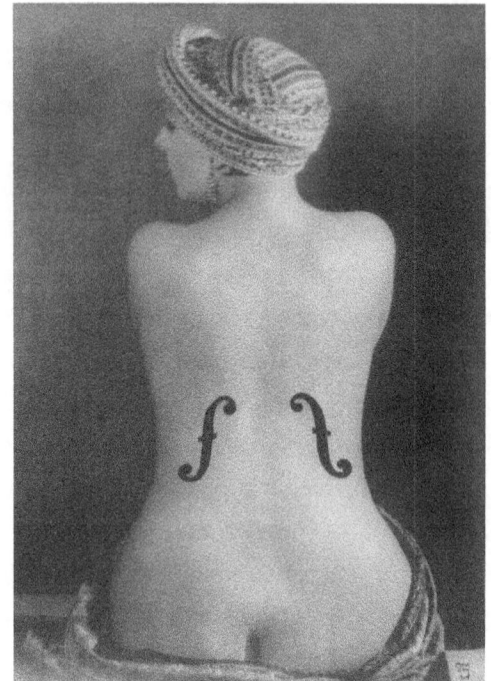

MAN RAY. **Le Violon d'Ingres** (Kiki de Montparnasse). 1924. Fotografia, impressão em gelatina de prata: p&b; 29,6 × 22,7 cm.

© Man Ray 2015 Trust/ AUTVIS, Brasil, 2023. Telimage, Paris

Foi também na primeira metade do século XX que surgiu a chamada **nova visão**, um modelo de fotografia modernista que busca imagens com um "olhar mais fotográfico", ou seja, com a intenção de aproveitar as características da fotografia.

A nova visão é um movimento que extrapola a fotografia, com desenvolvimentos *design* gráfico, tipografia e arte em geral. Ela surgiu no contexto de grande florescimento das artes no pós-primeira guerra, em especial sob a influência de László Moholy-Nagy, artista e professor da escola alemã Bauhaus. Com relação à fotografia, a nova visão é entendida como uma expressão autônoma, com regras e meios de produções próprias, como composição, pontos de vistas inesperados, iluminação, contrastes e abstrações. Busca-se usar a câmera como um meio de observar o mundo, trazendo imagens surpreendentes e experimentais que só são possíveis a partir do olhar fotográfico. Na Figura 3.21, uma foto de László Moholy-Nagy feita de cima para baixo, em um ângulo incomum para a época.

Figura 3.20 – Rayograma

MAN RAY. **Rayography « Les Champs Délicieux n°04 »**. 1922. Rayografia, impressão em gelatina de prata: 22,1 × 17,2 cm.

Figura 3.21 – Nova visão: modelo híbrido

MOHOLY-NAGY, László. **Escandinávia**. 1930. Fotografia, impressão em gelatina de prata: p&b; 23,5 × 17,1 cm.

No Brasil, um paralelo com a nova visão foi o **movimento modernista**, bastante desenvolvido nos fotoclubes a partir dos anos 1950. As formas geométricas e as montagens com imagens eram alguns dos recursos utilizados por eles. Oiticica Filho, por exemplo, foi um dos fotógrafos mais expressivos dessa época (Figura 3.22).

Para além dessas práticas fotográficas particulares, a fotografia ganhou espaço como forma expressão ao longo do século XX, em especial por meio do fotodocumentarismo e com o estatuto da fotografia como documento, como registro de situações que ocorrem no mundo. Podemos citar fotógrafos como Doisneau, Brassaï, Dorothea Lange, Walker Evans, Henri Cartier-Bresson, André Kertész, entre outros. Essas fotografias documentais foram realizadas com diversos objetivos, seja para ilustrar reportagens jornalísticas sobre os mais diversos temas, seja para projetos de documentação de

Figura 3.22 – Fotografia moderna brasileira

Figura 3.23 – A fotografia documental mesclada à arte

OITICICA FILHO, José. **Estudo com cálices**. 1950. Fotografia, impressão em gelatina de prata: p&b; 40 × 31 cm.

LANGE, Dorothea. **Migrant Mother**. 1936. Fotografia: p&b.

situações específicas, como as imagens que Lange (Figura 3.23) e Evans realizaram sobre a depressão no campo para a FSA, órgão do governo americano.

Essa é uma vertente muito forte no mundo até hoje, porém também é muito questionada por fotógrafos contemporâneos. Já nos anos 1960, iniciou-se a chamada *fotografia conceitual*, onde muitos fotógrafos passaram a tencionar o caráter de prova e documental da fotografia. Artistas como o canadense **Jeff Wall** (1946-) criaram cenas com aparência de registros documentais cotidianos, porém completamente encenadas, com auxílio de cenários, atores e iluminação artificial. A esse tipo de trabalho chamamos *ficções verossímeis*, pois se trata de imagens totalmente controladas e encenadas que se assemelham a registros documentais.

Jeff Wall é professor, teórico e continua produzindo atualmente. Além de discutir o caráter documental, suas fotos estão relacionadas a questões da sociedade contemporânea, como preconceitos e demais problemas advindos da vida moderna, com forte influência da história da arte – é possível ver inspirações claras de obras clássicas em muitas de suas fotografias. As suas imagens costumam ser exibidas em grandes dimensões nas exposições, algumas com mais de 2 metros de largura, além de serem montadas sobre caixas com lâmpadas, que iluminam as fotos por trás.

A fotógrafa americana **Cindy Sherman** (1954-), por sua vez, faz autorretratos nos quais ela encena personagens. Na obra *Untitled Film Stills*, Sherman interpreta uma jovem atriz que chega à cidade grande em busca de uma nova vida. As imagens são cenas desse cotidiano, mas sem ter uma narrativa estruturada. Apesar de ela usar a si mesma como modelo, sua obra não pode ser considerada autorretrato. Com esse e outros trabalhos, a fotógrafa interpreta uma série de outras personagens. Por meio da metalinguagem e do diálogo com o cinema, a artista questiona a função de criação de identidades pelo retrato fotográfico.

Outra fotógrafa americana, **Nan Goldin** (1953-), também tem a si mesma como matéria-prima, ou, melhor dizendo, sua vida. A partir dos anos 1970, Goldin passou a registrar cenas de seu cotidiano e de seus amigos mais próximos, fazendo inclusive alguns autorretratos. São cenas intensamente pessoais, espontâneas e sexuais. Em seu círculo de amizades, estavam muitas pessoas marginalizadas pela sociedade, como gays e travestis. Esse trabalho tem cenas que mostram tanto o afeto entre as pessoas quanto imagens mais fortes, como o autorretrato feito depois de sofrer uma agressão de seu companheiro na época. Com seu trabalho, Goldin quebrou as fronteiras do que é público ou privado.

A fotografia também pode servir como registro de *performances*, e esse é o modo como o artista chinês **Zhang Huan** (1965-)a utiliza. Huan é um multiartista, trabalhando com escultura, pintura, desenho, instalações e *performances*. Na *performance To Raise the Water Level in a Fishpond*, o artista chamou 40 participantes, que migraram do campo para Pequim. Eram pescadores e trabalhadores da construção civil, todos membros das classes mais baixas. Eles foram convidados a entrar em um lago de pesca com o artista e, depois, o nível da água foi elevado e as pessoas permaneceram paradas. Segundo o autor, "Na tradição chinesa, o peixe é símbolo do sexo enquanto a água é a fonte da vida. Este trabalho expressa, de fato, um modo de entender e explicar a água. Que elevar a água do lago em um metro é uma ação sem nenhum benefício" (Zhang Huan, 1997).

As possibilidades da fotografia como arte são imensas, não se resumem ao documentário ou aos registros das formas. Os nomes citados aqui são apenas alguns desses artistas, com obras seminais para construção e discussão da linguagem fotográfica.

3.6 Fotografia em estúdio

A fotografia em estúdio é, estritamente, aquela realizada dentro de ambientes fechados, totalmente controlados pelo fotógrafo. Contudo, é possível expandir esse conceito e levar os elementos do estúdio, como o controle de iluminação, da direção de arte (cenários, figurinos, objetos), modelos, entre outros, para fora do estúdio e utilizá-los nas locações externas, sejam esses espaços praças, ruas ou até mesmo um escritório ou uma casa. Qualquer espaço que exista na realidade e que possamos controlar na hora de fotografar.

O estúdio fotográfico é muito utilizado na produção publicitária para representar cenas ou produtos, mas não se limita a essa prática. Pode ser utilizado na produção de retratos, como em um ensaio de moda. E até mesmo o fotojornalismo e fotografia documental podem utilizar o estúdio. No jornalismo, é comum um personagem importante ser fotografado em estúdio ou em seu local de trabalho com um rígido controle de luz. Alguns fotógrafos documentais também utilizam fundos infinitos portáteis em séries documentais na hora de criar retratos.

3.7 Técnica de *light painting*

Light painting significa, literalmente, "pintar com a luz". Trata-se de um recurso criativo que utiliza longos tempos de exposição. Variando em cada situação, o tempo de exposição pode ser de alguns segundos até minutos.

O princípio é, basicamente, colocar sua câmera em um tripé (deve estar fixa), ajustar a velocidade (baixa) e a abertura (normalmente fechada, mas vai depender da leitura do fotômetro) para que a cena seja exposta corretamente, disparar a câmera, ir para frente dela e, com uma lanterna, desenhar alguma forma com a luz.

Veja o exemplo da Figura 3.24: a cena está parada e o cenário iluminado pela luz natural. Alguém faz um contorno de luz em volta da bicicleta. Como o tempo de exposição é muito longo, a pessoa não passa tempo o suficiente no mesmo lugar e não é possível fixá-la na imagem. Porém, tanto a bicicleta e o cenário ficam imóveis e, portanto, pelo tempo necessário para ser registrados. A luz utilizada pela pessoa é forte o bastante para marcar o sensor, mesmo passando rapidamente em cada área da foto. Esse tipo de imagem necessita de vários testes e de sincronia para fazer o desenho durante o tempo em que o obturador está aberto.

Essa técnica costuma ser empregada mais costumeiramente em produções artísticas, mas nada impede que seja utilizado em outras práticas mais documentais, como retratos (desde que, é claro, essa linguagem esteja de acordo com o perfil do personagem retratado).

Figura 3.24 – *Light painting*

pkproject/Shutterstock

3.8 Pós-produção na fotografia

O processo fotográfico não se resume ao clique, há também fases como a pré-produção, na qual se pesquisa sobre o tema e se planeja como a imagem será feita, e, depois da captação, é preciso organizar e processar as imagens na pós-produção. Além da escolha das imagens, o processo de pós-produção conta com o tratamento das imagens, o que pode ser simples, quando são realizados apenas alguns ajustes nas fotografias para publicá-las de modo *on-line* ou em mídia impressa. Mas essa fase pode se tornar mais complexa, exigindo grandes manipulações[1] dos arquivos digitais, o que, na verdade, vai depender da intenção do fotógrafo com cada imagem específica.

3.8.1 Utilização de *softwares* para edição de fotografias

Quando falamos em fotografia digital, a pós-produção é indispensável, ou seja, processar as imagens em programas que permitam organizar e manipular a imagem, fazendo ajustes de cor, brilho, retoques, entre outros, antes de publicá-las em ambientes virtuais ou impressos.

Com a fotografia analógica, já havia técnicas de manipulação e ajuste de imagem, como os processos de revelação e ampliação de um negativo para controlar o resultado final. No entanto, o processo analógico é muito mais trabalhoso do que o processo digital, além de ser acessível apenas àqueles com conhecimentos, habilidades e equipamentos específicos para realizar tais tarefas. Os fotógrafos analógicos amadores, e muitos profissionais, costumam confiar seus rolos de filme aos laboratórios, que revelam e ampliam as fotos de modo padronizado.

Há uma série de programas que permitem, de modo intuitivo, trabalhar as imagens digitais[2] na pós-produção. Alguns são mais complexos e com inúmeras ferramentas, como o Adobe Photoshop,

---

[1] *Manipular* a imagem não deve ser entendido como algo ruim, necessariamente. Toda a imagem é manipulada de algum modo, pois a fotografia é uma linguagem que traduz o mundo visível em imagens. Ela é resultado de escolhas feitas antes da captação, durante o clique e na pós-produção. A manipulação da imagem é ruim quando a fotografia se propõe, por exemplo, como registro/documento, mas as edições a fazem falsear a realidade, ou quando a manipulação fere algum princípio ético.

[2] Nota-se que as fotografias analógicas também podem ser digitalizadas e processadas através dos mesmos programas.

o Adobe Lightroom e o Gimp. Mas, atualmente, várias redes sociais voltadas para a fotografia, como Google Fotos, Flickr e Instagram, permitem os ajustes básicos nas imagens tanto a partir dos seus *websites*, quanto através de aplicativos para celular.

O Photoshop e o Lightroom são os programas mais famosos e mais utilizados pelos fotógrafos profissionais. O Photoshop possui outras funções além da edição de fotos, sendo muito usado por *designers*, ilustradores etc. Já o Lightroom[3] é específico para fotografia, permitindo a visualização e o gerenciamento de todas as fotos de um projeto ou assunto específico (por exemplo, "um dia no parque"). Nesse programa, é possível editar uma imagem individualmente ou editar várias em grupo, aplicando ao mesmo tempo os mesmos efeitos e ajustes para todos os arquivos selecionados. Ambos os programas são muito bons, mas são proprietários, ou seja, é preciso pagar para poder utilizar todas suas funções.

O Gimp, por sua vez, é um programa de edição de imagens gratuito e de código aberto, ou seja, qualquer pessoa pode utilizá-lo e contribuir para a melhoria de sua programação. Suas ferramentas são bem semelhantes às do Photoshop, permitindo muitas possibilidades de manipulação da imagem.

Outra solução prática, barata e mais fácil para a maior parte das pessoas é usar os editores *on-line* existentes nos *sites* de armazenamento e compartilhamento de fotos, assim como utilizar os aplicativos nos *smartphones*, sejam eles os da própria câmera, sejam das redes sociais.

O Flickr, por exemplo, tem um editor de imagens embutido em seu *site*. Após fazer o *upload* das imagens do seu computador ou celular, de preferência em alta resolução, é possível fazer uma série de ajustes e salvar as fotos. O Google Fotos também permite armazenar e editar suas fotos, tanto a partir do celular quanto do computador. Uma das vantagens do Google Fotos é que, ao ativar a respetiva opção no seu aplicativo de celular, ele permite fazer o *backup* automático de todas as fotos por telefone, diminuindo o risco de perdê-las caso o seu aparelho seja extraviado.

Ainda para celular, existem algumas dezenas de aplicativos. Além dos nativos[4], que vêm com o próprio telefone, é possível utilizar o Instagram, o qual é, na verdade, uma rede social de compartilhamento

---

3   *Lightroom* significa "quarto iluminado", diretamente traduzido do inglês, em oposição à "quarto escuro" (*dark room*), nome dado ao laboratório fotográfico analógico. Portanto, trata-se de um jogo de palavras que remete o programa à fotografia digital.

4   O Google Fotos vem instalado por padrão nos celulares com sistema Android.

de fotos em que você captura ou faz o *upload* de imagens. O aplicativo possui uma série de filtros e opções de ajustes básicos, como brilho, saturação, cor, etc. O Photoshop e o Lightroom, por exemplo, também têm versões para aplicativos de celular, com opções gratuitas e pagas – estas com mais recursos. Opções não faltam.

3.8.2 Recursos básicos para edição de fotografias

Os programas de edição de imagens contam com muitos recursos, desde simples modificações na iluminação da cena a complexos retoques, além, é claro, de novas possibilidades de geração e manipulação de imagens a partir de tecnologias de inteligência artificial. O domínio desses recursos leva tempo e dedicação, além de que cada tipo de fotografia necessita de abordagens diferentes. Assim, os profissionais tendem a se especializar em alguns procedimentos de tratamento e retoques. Aqui, vamos abordar apenas os recursos mais básicos de manipulação de fotografias, presentes em quase todos os programas e aplicativos de edição.

Os exemplos serão dados a partir da versão *on-line* para computador do Photoshop (<https://photoshop.adobe.com>) e do Google Fotos (<https://photos.google.com>). A versão para celular do Google Fotos permite praticamente os mesmos ajustes que a versão para computador. Apenas fique atento, pois os menus e botões podem estar em locais diferentes.

3.8.2.1 Recorte e alinhamento

Às vezes, no calor da ação, não conseguimos executar o melhor enquadramento possível, mas, na pós-produção, podemos tentar melhorá-lo recortando a imagem e realinhando a composição da cena. É importante lembrar que o ideal é buscar o melhor enquadramento possível durante a captura, pois, na pós-produção, o máximo que poderá ser feito é recortar e descartar parte da imagem. Ou seja, nesse processo, perdem-se informação e qualidade da fotografia original.

No Photoshop

Faça o *upload* e abra a imagem no programa. Para recortá-la, clique no ícone *Tamanho e posição* (seta) no topo do menu lateral esquerdo. Depois, no submenu que vai abrir, selecione a ferramenta *Cortar*. Será criada uma grade, a qual nos permite visualizar como a imagem ficará após ser recortada. Na janela de configurações, há várias opções, como inserir as dimensões da área de recorte e ângulo de rotação. É possível fazer esses mesmos ajustes manualmente, clicando com o cursor diretamente na grade de seleção da imagem, modificando seu tamanho e posicionamento, assim como a rotação da imagem. É possível, ainda, escolher tamanhos padronizados, como os aplicáveis a imagens de Instagram, Facebook etc. Após realizar o reenquadramento desejado é só aplicar o ajuste, ao clicar em *Concluído* e *Fazer o download* da imagem, clicando no botão de mesmo nome no menu do topo da tela (Figura 3.25).

Dica: se desejar realinhar uma fotografia que esteja "torta", use como referência as linhas da própria imagem, como o horizonte, os prédios e objetos.

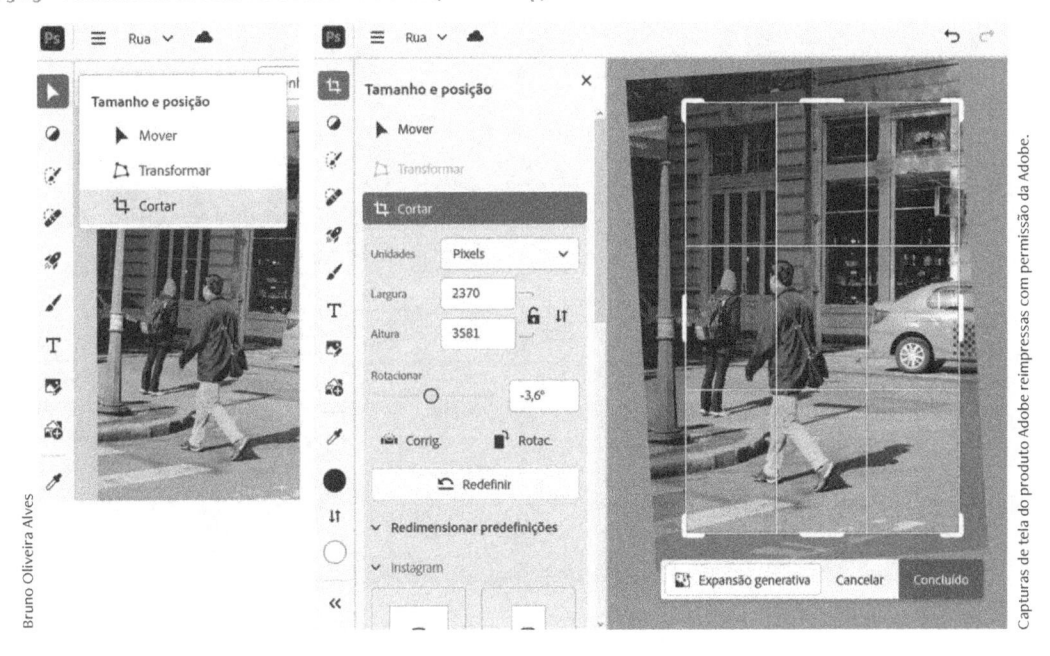

Figura 3.25 – Ferramenta de recorte e realinhamento (Photoshop)

No Google Fotos

Faça *upload* da imagem desejada ou abra uma fotografia que já esteja em sua galeria. Tanto na versão para computador quanto para celular, há um botão de ajuste chamado *Editar* (Figura 3.26). Após clicar nesse botão, selecione a opção *Cortar* e serão abertas várias opções de ajuste. Abaixo da foto, há uma escala que permite rotacionar a imagem gradativamente. Assim, como no Photoshop, também é criado uma grade que mostra a área da fotografia que será recortada. Então, você pode redimensioná-la como achar melhor, clicando nos seus vértices. Por fim, clique em *Salvar* para aplicar os ajustes.

Figura 3.26 – Recorte e realinhamento (Google Fotos)

3.8.2.2 Brilho e contraste

O **controle de brilho** serve para aumentar ou diminuir a iluminação da cena, ou seja, clarear ou escurecer a imagem. Novamente, o ideal é capturar a imagem o mais próximo do desejado para não precisar alterar muito na pós-produção, uma vez que os ajustes podem gerar ruídos e prejudicar a fotografia.

Quando fotografar, prefira utilizar o formato .RAW de sua câmera, se ela permitir (ver Item 3.8.3). Esse tipo de arquivo possui mais informação (dados) em todas as áreas da imagem, o que propicia um tratamento mais "extremo", sem grandes perdas de qualidade. Assim, você conseguirá, por exemplo, recuperar áreas muito escuras sem que a fotografia fique com muito ruído.

O **controle de contraste**, por sua vez, serve para ajustar a diferença entre áreas claras e escuras em uma imagem. Uma fotografia contrastada possui uma gradação mais abrupta entre as áreas claras e escuras. Na pós-produção, é possível aumentar o contraste da imagem, gerando imagens "mais dramáticas". Ou fazer o contrário: diminuir o contraste, criando imagens mais suaves.

No Photoshop

O Photoshop é um programa que trabalha com camadas. Ou seja, é possível ter várias camadas de imagens e ajustes sobrepostas umas às outras. Elas ficam dispostas e organizadas na janela _Camadas_, normalmente localizada na lateral direita da tela. Assim, para trabalharmos os controles de brilho e contraste, vamos criar uma camada de ajustes sobre a fotografia escolhida.

Após abrir seu arquivo no programa, selecione a camada respectiva à fotografia que deseja alterar. Nessa mesma janela, clique no ícone de _Camadas de ajuste_ (circulo preto e branco) e depois na opção _Brilho/contraste_. Será aberta uma janela na qual você poderá controlar manualmente cada um dos parâmetros. No exemplo (Figura 3.27), aumentamos o brilho e o contraste, gerando uma imagem um pouco mais chamativa que a original.

Clicando no ícone do _olho_, ao lado da camada, é possível desativar o ajuste. E, ao clicar duas vezes na camada, você poderá reajustar os parâmetros.

Finalizadas as alterações desejadas, você poderá fazer o *download* da imagem em diversos formatos de arquivo (ver Item 3.8.3) ao clicar no botão *Fazer download* no topo da tela.

Ainda sobre as camadas de ajustes: o Photoshop possui outras opções de controle. No geral, cada uma delas permite alterar, de modos diferentes, as cores e a iluminação da camada desejada. Nos exemplos a seguir, apresentaremos algumas dessas opções, mas aproveite a oportunidade para fazer testes com cada um desses ajustes para ver com o qual você se adapta melhor.

Figura 3.27 – Ajuste de brilho e contraste (Photoshop)

174

No Google Fotos

Após abrir a sua imagem, como no item anterior, clique no ícone *Editar* e, em seguida, *Ajustar* (ambos os botões tem o mesmo ícone).

Faça os ajustes de *Brilho* e *Contraste* desejados arrastando o cursor para esquerda ou direita. Clique em *Salvar* para aplicar as alterações. No exemplo da Figura 3.28, o brilho e o contraste foram aumentados. Além desses dois parâmetros, ajustamos os *Destaques* e *Sombra*. Ambos também servem para o controle da luminosidade da imagem, porém, enquanto o *Brilho* ajusta a fotografia de modo global, *Destaques* altera apenas as áreas mais claras da imagem e *Sombra* as áreas escuras. Assim, esses parâmetros podem ser usados para realizar um "ajuste fino" da sua imagem. Portanto, no exemplo da Figura 3.28, além do brilho e contraste, diminuiu-se levemente a luminância nos destaques e a aumentamos nas áreas de sombras, na intenção de criar uma imagem mais clara, especialmente nas regiões escuras no fundo da fotografia.

Assim como no Photoshop, o menu de ajustes possui uma série de opções que podem ser usadas de modo intuitivo. Portanto, teste o que cada uma delas faz com sua fotografia.

Figura 3.28 – Ajuste de brilho e contraste (Google Fotos)

3.8.2.3 Saturação das cores

De modo simplificado, a saturação tem relação com a "força" das cores da imagem. Em uma fotografia muito saturada, os tons das cores são "vivos", já em uma imagem pouco saturada, as cores são esmaecidas, tendendo ao preto e branco. Uma foto em preto e branco, apenas com tons de cinza, seria uma imagem totalmente dessaturada. Assim, você pode aumentar ou diminuir esse aspecto no tratamento, dependendo da intenção.

No Photoshop

No Photoshop utilizaremos o mesmo princípio de camadas de ajustes do exemplo anterior. Portanto, após abrir a imagem no programa, selecione a camada desejada e clique no ícone de *Camada de ajustes* no topo da janela. Será aberta uma janela com três opções:

1. **Matiz**: permite mudar a natureza da cor. Um vermelho pode se tornar azul, por exemplo. Note que, ao utilizar esse controle em uma foto com vários tons, as cores poderão ficar surreais.
2. **Saturação**: permite dessaturar (deixar cinza) ou saturar a cor (deixar mais intensa).
3. **Luminosidade**: permite deixar a cor mais clara ou mais escura.

> Importante!
> Note que esses parâmetros de ajustes podem ser realizados de modo global na fotografia, quando a opção "Principal" está selecionada ou então feitos sobre cores específicas. Por exemplo, é possível selecionar apenas os tons "Vermelhos" e alterá-los separadamente do resto das cores.

Nos exemplos da Figura 3.29, a imagem do topo foi dessaturada quase totalmente, de modo global, de forma que os tons de vermelho, azul e alaranjado, que eram bem vivos, se tornaram esmaecidos. Mais um pouco e a imagem se tornaria em preto e branco. Já na fotografia de baixo o matiz foi alterado, afetando todas as cores: o alaranjado do carro e rosto se tornou azul; o verde ficou lilás; e o azul da placa, alaranjado. Assim, esse exemplo nos mostra como uma cena de rua realista pode ser transformada em uma representação "psicodélica" a partir da manipulação digital.

Figura 3.29 – Ajuste de matiz e saturação (Photoshop)

Bruno Oliveira Alves

Capturas de tela do produto Adobe reimpressas com permissão da Adobe.

No Google Fotos

O Google Fotos, assim como vários programas básicos para computador ou celular, não tem a opção de ajuste de matiz das cores da fotografia, apenas o ajuste de saturação.

Para aumentar ou diminuir a saturação da sua imagem, abra-a e clique no botão *Editar*. Depois, na opção *Ajustar*. No exemplo da Figura 3.30, a saturação foi ajustada no valor mínimo, deixando a fotografia em preto e branco, onde todas as cores foram convertidas para tons de cinza.

Figura 3.30 – Ajuste de saturação (Google Fotos)

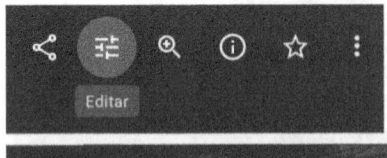

3.8.2.4 Tonalidade de cor

Além de matiz e saturação, você pode modificar o **balanço de cores** das suas imagens a partir de ajustes nos programas de edição para criar fotografias com "climas" distintos do padrão de sua câmera ou até mesmo corrigir as cores, caso a natureza da iluminação da cena não esteja te agradando.

No Photoshop

Abra a imagem, selecione a camada da fotografia e, novamente, clique no botão de *Camada de ajustes* na janela de camadas. Em seguida, selecione a opção *Equilíbrio de cores* (ícone de uma balança). Será aberta uma nova janela com parâmetros a serem configurados e você trabalhará as cores por áreas de luminância da fotografia:

1. **Sombras**: áreas mais escuras da imagem.
2. **Tons médios**: áreas de tons intermediários.
3. **Realces**: áreas de maior luminosidade.

Depois de escolher quais tons configurar, você terá três eixos de ajuste de cores complementares entre si: ciano/vermelho, magenta/verde, amarelo/azul. Faça testes até encontrar o ajuste ideal para sua imagem. No exemplo da Figura 3.31, o ajuste foi feito nas sombras, aumentando a quantidade de ciano, e, nas altas luzes (realces), aumentando o amarelo, enquanto nada foi alterado nos tons médios. Essa configuração criou uma imagem um pouco mais "fria" (esverdeada) nas áreas escuras, mas "quente" (amarelada) nas áreas de maior brilho.

Para finalizar, basta fazer o *download* da imagem no formato desejado.

Figura 3.31 – Ajuste de tonalidade (Photoshop)

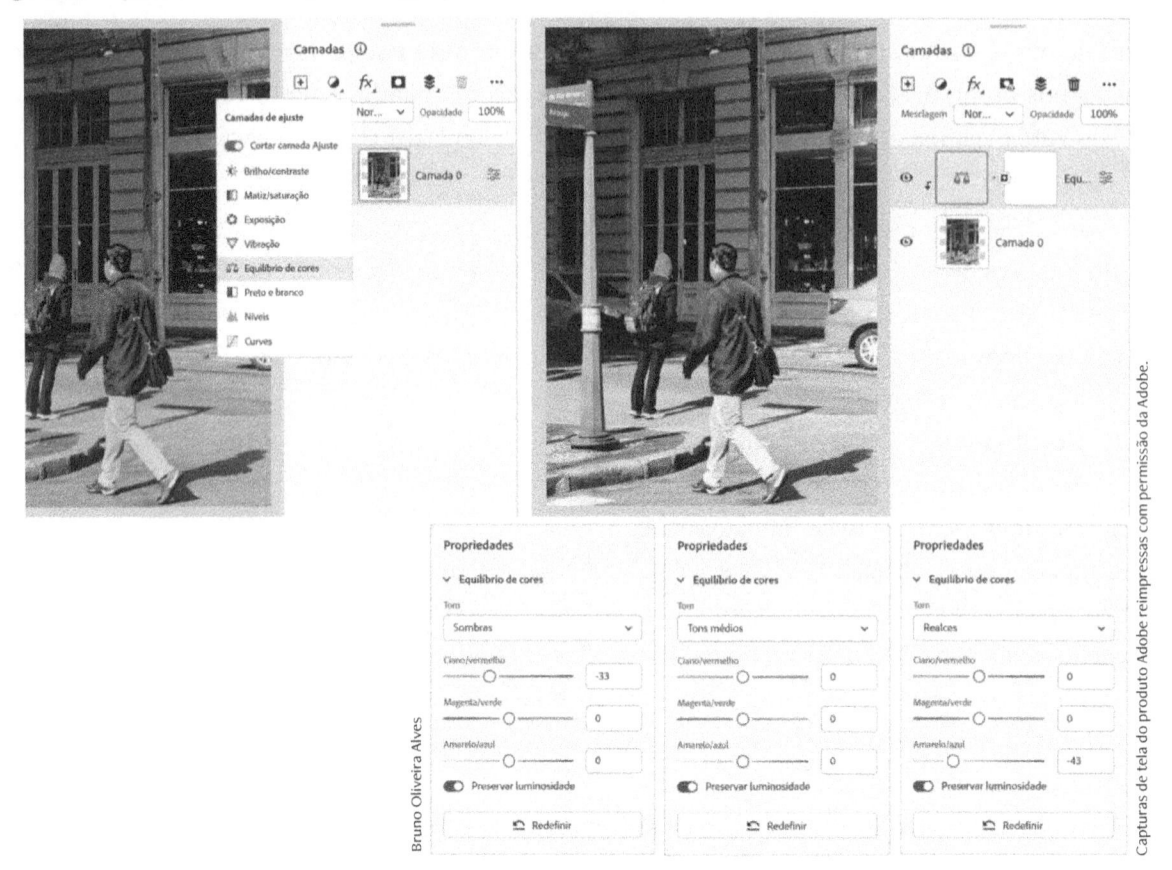

No Google Fotos

Novamente, o Google Fotos não permite um tratamento tão complexo quanto no Photoshop. Mas há dois parâmetros que podemos utilizar, **Calor** e **Tonalidade**. Ambos ajustam as cores da imagem de modo global (em todas as faixas de luminância).

Calor é relativo à "temperatura" da iluminação, assim, é possível ajustar sua imagem para tons mais azulados ou mais amarelados. No exemplo do topo da Figura 3.32, a fotografia que tinha tons neutros foi modificada na opção **Calor** para ficar com tons mais amarelados, criando uma fotografia mais "quente".

Já no segundo exemplo da Figura 3.32, o parâmetro alterado foi **Tonalidade**, o qual nos permite variar entre tons que tendem ao verde ou ao magenta. Escolhemos deixar a imagem tendendo ao verde, mais "fria".

Para finalizar, basta salvar as alterações.

Figura 3.32 – Ajuste de tonalidade (Google Fotos)

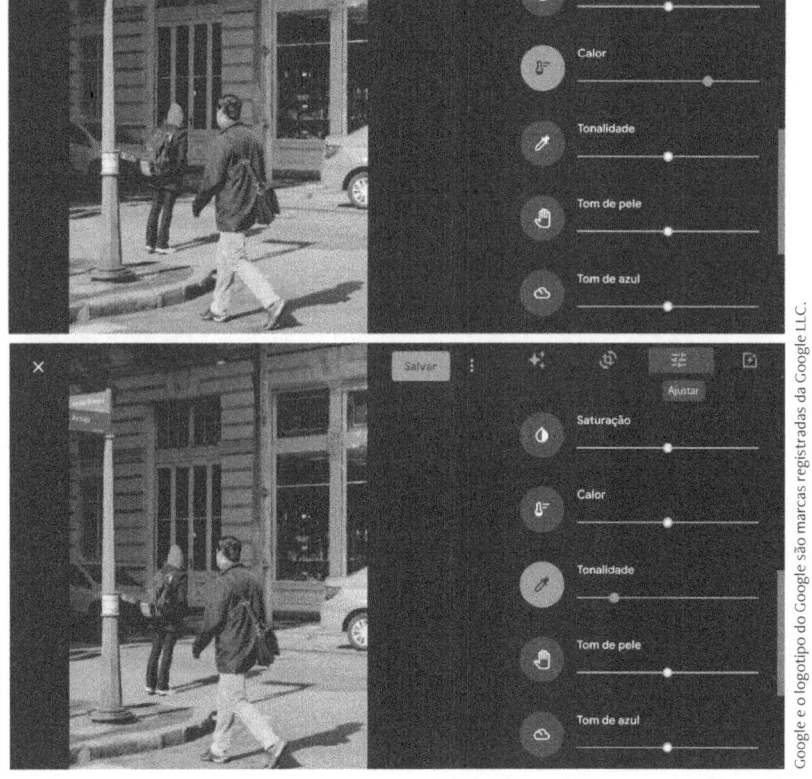

> **Importante!**
> Lembre-se que todos esses efeitos, em todos os programas de edição, podem ser trabalhados em conjunto, até mesmo em sobreposição. Basicamente, é preciso fazer vários testes para entender como as imagens se comportam com os efeitos e as misturas. Especialmente no começo, recomenda-se experimentar o máximo possível até você dominar os efeitos de cada ajuste. Não tenha medo de tratar suas fotos, ajustar as características da imagem faz parte do processo fotográfico.

3.8.3 Formatos de arquivos fotográficos digitais

A tecnologia digital utiliza vários tipos de arquivos de imagens, cada um com características e aplicações diferentes. A seguir, apresentamos uma lista com os principais formatos digitais de arquivos para a fotografia e suas respectivas características.

.JPEG

- Está presente em todas as câmeras fotográficas digitais.
- São arquivos relativamente pequenos, se comparados a outros formatos.
- O uso principal é destinado para internet e laboratórios fotográficos digitais.
- É um tipo de arquivo que permite vários níveis de compressão da imagem, ou seja, é possível diminuir a qualidade da imagem para reduzir o tamanho do arquivo digital. Assim, pode-se enviá-lo por *e-mail* ou mensagem de celular e publicar na internet, por exemplo.
- Em razão da compressão, geram-se muitos ruídos, isto é, "erros" na imagem, que diminuem a definição ou a qualidade de formas e cores. Quanto maior a compressão, mais erros. As câmeras fotográficas costumam vir com as opções de qualidade **alta**, **média** e **baixa**, assim como as dimensões **grande**, **média** e **pequena**. Ao configurar sua câmera, apesar de ocupar mais espaço no cartão de memória, busque escolher a maior qualidade e tamanho possível para o arquivo da fotografia, pois isso permitirá uma maior qualidade na hora de editar a

foto, assim como uma variedade maior de usos da sua fotografia, seja para impressão ou publicação eletrônica.

- O .JPG pode ser utilizado como arquivo final, tanto para meios eletrônicos quanto para impressos. Para impressos, é recomendável que o arquivo esteja em alta resolução (300 dpi) e com o mínimo de compressão possível. Para visualização em meio eletrônico, a resolução recomendada é 72 dpi.

.RAW

- O arquivo .RAW ("cru" em inglês) é considerado uma espécie de "negativo digital", pois trata-se de um arquivo com baixa compressão e grande quantidade e qualidade de informação.
- Por outro lado, o arquivo de cada foto terá um tamanho grande, superior ao .JPEG.
- Não é possível editar e salvar um arquivo .RAW. É necessário abrir o arquivo em algum programa específico de edição de fotografia (Photoshop, CameraRaw, Lightroom, Gimp, Google Fotos), editá-lo e salvar em outro formato (.JPEG, .TIFF, .PNG).
- Também não é possível usar o arquivo .RAW diretamente em meios eletrônicos nem impressos. Sempre é necessário transformar em outros formatos antes de utilizar a imagem.
- Cada fabricante de câmera tem sua extensão própria, como (.NEF, .3RR, .CRW, .DNG).
- É o formato de arquivo mais recomendado para a fotografia, pois ele contém o máximo de qualidade e informação que a câmera pode gerar. Portanto, não há tamanhos intermediários ou pequenos no formato .RAW. As câmeras "amadoras" nem sempre possuem essa opção. Mas, atualmente, já há vários modelos de celulares capazes de gerar fotografias em .RAW.

.PSD

- É o arquivo do programa de edição de imagens Adobe Photoshop.
- Trata-se de um arquivo intermediário, de edição de imagens e deve ser convertido para outro formato para a publicação (.JPEG, .TIFF, .PNG), dependendo do objetivo final.
- Permite o uso de várias camadas de imagens e de ajustes, para a aplicação de vários tipos de retoques e efeitos de tratamento.

.TIFF

- É um formato de arquivo final, no qual se salva a foto depois de editá-la, especialmente para ser utilizada em indústria gráfica, em produtos impressos.
- Algumas câmeras digitais também geram arquivos .TIFF.
- Formato com grande qualidade de informação. Em contrapartida, o arquivo digital, normalmente, é grande, ocupando muito espaço de armazenamento no computador.
- Também permite vários modos de compressão para diminuir o tamanho do arquivo final.
- O .TIFF, assim como o .PSD, também permite o uso de camadas durante a edição em programas como o Photoshop.

Importante!
Como já mencionamos, recomenda-se a opção pelos arquivos .RAW na captação das imagens (se a câmera produzir esse modo), pois o ideal é sempre utilizar o máximo da qualidade que o equipamento permite produzir. Depois, na pós-produção, haverá mais informação para se trabalhar nos *softwares* de edição e você poderá reduzir as dimensões e compactar a fotografia, a depender do seu uso final. Caso sua câmera não tenha essa opção, busque fotografar em .JPG na melhor qualidade e dimensão possível.

Síntese

Neste capítulo, apresentamos as noções básicas da fotografia sob a perspectiva da finalidade à qual ela se destina e das práticas específicas dessas ramificações. Apontamos como é importante entender que a fotografia não se trata só de câmeras, lentes, resoluções ou evolução técnica, mas também de desenvolvimento de uma linguagem, a qual é justamente formada por um conjunto de práticas.

Também examinamos como a fotografia pode ser aplicada ao fotojornalismo e de que maneira esse gênero foi muito importante para o desenvolvimento dessa linguagem como um todo, influenciando a maneira como entendemos a imagem fotográfica.

Na sequência, focamos no uso da fotografia pela publicidade, para realizar retratos, cenas da natureza e arquitetura. Como não poderia faltar, voltamos nosso olhar para a relação da fotografia com o mundo das artes. Ressaltamos que essa relação nem sempre foi pacífica, tendo sofrido resistência de setores mais conservadores. Apesar disso, o desejo de reconhecimento artístico dessa nova linguagem também deu ensejo a movimentos específicos, como o Pictorialismo, e a modos de produzir arte pela fotografia. Por meio dessa breve história da fotografia artística, buscamos mostrar os possíveis tensionamentos que essa linguagem pode oferecer para representar, pensar e expressar sentimentos.

Neste capítulo, também discutimos como o estúdio fotográfico e seus elementos – como direção de arte (objetos de cena, figurino etc.) e, principalmente, a iluminação – podem ser utilizados em várias práticas fotográficas. Também podemos deslocar esses elementos para fora do estúdio, auxiliando na criação de imagens em locações externas. A característica principal abordada aqui foi o controle permitido pelo uso do estúdio.

Ainda, analisamos a técnica de *light painting*, que pode ser usada como um recurso criativo na hora de criar imagens interessantes.

Por fim, explanamos como a fotografia digital quase sempre costuma ser trabalhada na pós-produção, mesmo que minimamente. Assim, trouxemos alguns recursos de tratamento para fotografia, descrevendo as técnicas básicas de manipulação da imagem em *softwares* profissionais e amadores.

Indicações culturais

CÂMARA viajante. Direção: Joe Pimentel. Brasil: Trio Filmes, 2007. 20 min. Disponível em <https://vimeo.com/9926982>. Acesso em: 14 jan. 2024.

> Esse documentário apresenta um riquíssimo registro de práticas fotográficas que estão em extinção. Os produtores vão ao Nordeste brasileiro e entrevistam fotógrafos populares, como os que ficam nas praças para fazer retratos dos romeiros que visitam pontos de interesse religiosos, como a estátua do Padre Cícero. Esses profissionais são responsáveis pelos registros da imagem de pessoas que, até então, tinham

pouco acesso às câmeras. Porém, a cada dia, seus serviços são menos requisitados. Outro personagem entrevistado é o artista que faz os retratos pintados a partir de fotografias velhas. Além de restaurar as imagens, os retratos ganham novos elementos, como cores, roupas, acessórios.

Esse documentário é interessante por apresentar a importância da imagem fotográfica na construção da própria imagem e da narrativa de vida. É possível encontrá-lo em diversos endereços da internet.

CAPA, R. **Robert Capa/Fotografias**. São Paulo: Cosac Naify, 2000.

O fotógrafo húngaro Endre Ernõ Friedmann, mais conhecido como Robert Capa, foi um dos maiores fotógrafos de guerra de todos os tempos. Endre imigrou para Alemanha, onde começou a trabalhar como fotojornalista, em 1930. Depois, com a ascensão do nazismo, mudou-se para França, em 1934.

Na França, para valorizar seu trabalho, inventou um personagem para si: "Robert Capa", um glamoroso e famoso fotógrafo estadunidense. Logo foi descoberto, mas a qualidade de seu trabalho foi suficiente para que ele se tornasse um profissional requisitado e continuasse assinando seus trabalhos com a nova alcunha. Capa ganhou fama com reportagens sobre a Guerra Civil Espanhola, passando a trabalhar para diversas revistas ilustradas no mundo todo. Ele também documentou o desembarque das tropas americanas em solo francês no Dia D, durante a Segunda Guerra Mundial, bem como dezenas de outros conflitos.

Depois da Segunda Guerra, fundou, com David Seymour, Henri Cartier-Bresson e George Rodger, a agência Magnum, uma das principais agências fotográficas da história, que existe até hoje.

Capa tinha um lema que o acompanhou por toda a carreira: "Se as fotografias não são boas o bastante, é porque você não está próximo o suficiente" (Capa, 2000, p. 12). Infelizmente, em 1954, Robert Capa pisou em uma mina terrestre enquanto registrava as tropas francesas na Guerra da Indochina, vindo a falecer aos 40 anos.

O livro indicado é uma retrospectiva de sua obra, tanto das imagens que registram as guerras, e que o fizeram famoso, quanto das belas imagens em tempos de paz, contando com vários retratos e registro de cotidiano de celebridades e da vida nas cidades pelo mundo. Além do livro, uma pesquisa na internet irá trazer várias páginas com imagens e informações sobre a sua obra.

REVISTA ZUM. São Paulo: IMS, 2011-.

No Brasil, desde 2011 e com edição semestral, a revista *Zum*, especializada em fotografia, traz trabalhos de fotógrafos célebres e contemporâneos, além de artigos que discutem a relevâncias dessas obras e de temas acerca da linguagem fotográfica. A publicação é iniciativa do Instituto Moreira Salles e pode ser encontrada para compra na internet e em livrarias. Alguns dos artigos ficam à disposição para leitura *on-line* gratuita no site da revista <https://revistazum.com.br>. Além disso, todos os anos, a publicação promove um concurso que seleciona artistas para receber a Bolsa Zum de Fotografia, um incentivo financeiro para produção de um trabalho artístico. A publicação também promove o Festival Zum de Fotografia, no qual ocorrem palestras com artistas e pesquisadores da área. No canal do YouTube da revista <https://www.youtube.com/user/revistaZUM>, é possível acessar várias palestras gravadas em edições anteriores.

Atividades de autoavaliação

1. Sobre o fotojornalismo, analise as afirmativas a seguir.
    I) O fotojornalismo surgiu simultaneamente à fotografia.
    II) O surgimento das grandes revistas ilustradas, a partir dos anos 1930, é irrelevante para a linguagem do fotojornalismo, que já estava consolidada na época.
    III) A relação da fotografia com a imprensa foi fundamental porque mudou a percepção de mundo das massas, que passaram a ter acesso a representações fotográficas de pessoas e outros lugares do mundo.

Agora, assinale a alternativa que corresponde às opções corretas:

a) I e III.
b) Somente I.
c) Somente III.
d) I, II e III.

2. Atualidade, proximidade, significância, imprevisibilidade e abrangência são critérios que regem:
   a) A fotografia publicitária.
   b) A fotografia artística.
   c) O fotojornalismo.
   d) Nenhuma das anteriores.

3. Sobre a fotografia no mundo das artes, analise as afirmativas a seguir.
   I) Fotografia não pode ser considerada arte, pois é um meio mecânico de produção de imagens.
   II) O Pictorialismo é um movimento contemporâneo que busca expressão artística mediante manipulações diretas nas imagens fotográficas.
   III) A partir dos anos 1960, artistas da fotografia conceitual passaram a tencionar o caráter documental da imagem fotográfica em seus trabalhos.
   IV) A concepção da fotografia como arte nem sempre foi aceita. No século XIX, muitos acreditavam que a fotografia apenas poderia servir de ferramenta de apoio ao pintor.

   Agora, assinale a alternativa que corresponde às opções corretas:

   a) I, II e III.
   b) II, III e IV.
   c) Apenas III.
   d) III e IV.

4. Sobre manipulação fotográfica, indique se as afirmativas a seguir são verdadeiras (V) ou falsas (F).

   ( ) Recursos de manipulação da imagem só surgiram com a fotografia digital.

   ( ) Elementos como enquadramento, ponto de vista, escolha de equipamentos, técnicas de ampliação também podem ser considerados manipulação fotográfica.

   ( ) Com a fotografia digital, há maior acesso e facilidade nos processos de manipulação das imagens do que na fotografia analógica.

   ( ) O controle de certos parâmetros, como brilho e contraste, podem ser considerados formas de manipulação, porém são essenciais no processo de pós-produção fotográfica.

   Agora, assinale a alternativa que corresponde à sequência correta:

   a) F, V, V, V.
   b) F, F, V, V.
   c) V, F, V, F.
   d) F, V, V, F.

5. O formato de arquivo .RAW é considerado o melhor para o uso nas câmeras digitais porque:
   a) Gera um arquivo compactado, ocupando pouco espaço, porém com muita informação.
   b) Apesar de o tamanho do arquivo ser grande, tem grande capacidade de armazenamento de informações, gerando maior qualidade na imagem.
   c) Permite escolher qual será a resolução da imagem na câmera: pequena, média ou grande.
   d) O arquivo em formato .RAW gerado pela câmera pode ser usado em qualquer mídia (eletrônica ou impressa) diretamente.

Atividades de aprendizagem

Questões para reflexão

1. Levando em conta que a fotografia tem vários gêneros mais "pragmáticos", ou seja, que usam a fotografia como mídia para registrar, documentar ou veicular ideias e significados, como o jornalismo e a publicidade, pesquise a obra de um(a) fotógrafo(a) que utilize a fotografia como expressão artística. Depois, escreva um pequeno texto sobre o(a) artista, discorrendo sobre as principais características de seu trabalho e apresente para seus colegas.

2. A manipulação fotográfica não surge com a tecnologia digital, na verdade, ela existe desde o início da fotografia, seja por meio dos retoques e do controle de exposição da luz, seja pelo ato de selecionar o que se está fotografando e veiculando. Contudo, a manipulação pode ter efeitos nocivos para a sociedade quando é utilizada com propósitos obscuros, adulterando a realidade dos fatos. Ou quando ela cria modelos inatingíveis, como quando são veiculadas fotos muito adulteradas de modelos (modelos magérrimas, sem marcas naturais etc.).

   Pesquise alguns casos em que esse tipo de manipulação nociva ocorreu na mídia ou redes sociais e discuta com seus colegas.

Atividade aplicada: prática

1. O Google Fotos é uma das principais plataformas de gerenciamento de imagens, a qual permite editar e compartilhar fotografias com outras pessoas. Nela, é possível publicar imagens a partir de um computador, assim como a partir do celular. Ela também aceita imagens em alta resolução e com mais qualidade no arquivo, o que ajuda no momento da edição. Além disso, é possível criar álbuns e descrições, os quais podem ser compartilhados com pessoas específicas ou em outras redes sociais.

Para se cadastrar, é preciso uma conta de *e-mail* da Google e acessar o *site* <https://photos.google.com>. Atualmente, a conta gratuita permite o armazenamento de até 15gb de imagens (compartilhados com os demais produtos da Google). Essa capacidade de armazenamento pode ser expandida, caso você compre mais espaço no *drive* virtual da Google.

Como atividade deste capítulo, crie uma conta no Google e passe a armazenar suas fotos no Google Fotos. Escolha um tema de seu interesse e faça um pequeno ensaio sobre ele. Pode ser uma saída fotográfica no centro da sua cidade, um grupo de retratos dos seus amigos ou desconhecidos, as fachadas dos comércios da sua região. Ou seja, vale qualquer assunto, desde que você busque mostrar esse tema a partir do seu olhar, criando uma unidade e narrativa entre as imagens. Após ter todo o material capturado, escolha as dez melhores imagens que realizou e publique-as em um álbum no Google Fotos. Edite-as e lembre-se de escrever um pequeno texto sobre esse grupo de imagens. Por fim, compartilhe com os outros alunos e discuta os resultados de cada ensaio.

Referências

ADAMS, A. **A câmera**. São Paulo: Senac, 2006.

AMAZONAS IMAGES. Disponível em: <https://www.amazonasimages.com/>. Acesso em: 23 mar. 2018.

BIOGRAPHY. **Annie Leibovitz**. Disponível em: <https://www.biography.com/people/annie-leibovitz-9542372>. Acesso em: 23 mar. 2018.

BURGI, S. **A fotografia no IMS**. Disponível em: <https://ims.com.br/2017/07/25/a-fotografia-no-ims/>. Acesso em: 28 fev. 2018.

BURGI, S. O fotojornalismo humanista em O Cruzeiro. In: BURGI, S.; COSTA, H. (Org.). **As origens do fotojornalismo no Brasil**: um olhar sobre O Cruzeiro – 1940/1960. São Paulo: IMS, 2012. p. 32-39.

CAPA, R. **Robert Capa/Fotografias**. São Paulo: Cosac Naify, 2000.

COSTA, H. **Um olho que pensa**: estética moderna e fotojornalismo. Tese (Doutorado em Artes) – Universidade de São Paulo, São Paulo, 1998.

ENCICLOPÉDIA ITAÚ CULTURAL. **Sebastião Salgado**. 2015. Disponível em: <http://enciclopedia.itaucultural.org.br/pessoa2597/sebastiao-salgado>. Acesso em: 23 mar. 2018.

ENCYCLOPÆDIA BRITANNICA. **Annie Leibovitz**: American Photographer. Disponível em: <https://www.britannica.com/biography/annie-leibovitz>. Acesso em: 23 mar. 2018.

ENTLER, R. Retrato de uma face velada: Baudelaire e a fotografia. **Revista FACOM**, São Paulo, n. 17, jan./jun. 2007. Disponível em: <http://www.faap.br/revista_faap/revista_facom/facom_17/entler.pdf>. Acesso em: 23 mar. 2018.

FLUSSER, V. **Ensaio sobre a fotografia**: para uma filosofia da técnica. Lisboa: Relógio D'Água Editores, 1998.

FONTCUBERTA, J. **O beijo de Judas**: fotografia e verdade. Barcelona: Gustavo Gili, 2010.

FREUND, G. **La fotografia como documento social**. Barcelona: Gustavo Gili, 2001.

HAMILTON, P. Representing the Social: France and Frenchness in Post-War Humanist Photography. In: HALL, S. (Ed.) **Representation**: Cultural Representations and Signifying Practices. London: Sage Publications, 1997. p. 75-150.

MACHADO, A. A fotografia como expressão do conceito. **Studium**, Campinas, n. 2, 2000. Disponível em: <http://www.studium.iar.unicamp.br/dois/1.htm>. Acesso em: 23 mar. 2018.

MACHADO, A. **Pré-cinemas, pós-cinemas**. 5. ed. Campinas: Papirus, 2008.

MAGNUM PHOTOS. **Steve McCurry**. Disponível em: <https://www.magnumphotos.com/photographer/steve-mccurry/>. Acesso em: 23 mar. 2018.

MCCURRY, S. Disponível em: <http://stevemccurry.com/>. Acesso em: 23 mar. 2018.

MURITIBS, M. Sebastião Salgado. Disponível em: <http://www2.eca.usp.br/cms/index.php%3Foption=com_content&view=article&id=67:sebastiao-salgado&catid=14:folios&Itemid=10>. Acesso em: 2 fev. 2018.

NÚMERO F. **Sebastião Salgado y la foto del atentado contra Reagan**. 2013. Disponível em: <http://numerof.org/sebastiao-salgado-y-la-foto-del-atentado-contra-reagan/>. Acesso em: 23 mar. 2018.

ROUILLÉ, A. **A fotografia**: entre documento e arte contemporânea. São Paulo: Senac, 2009.

SAHD, L. O que é a sequência de Fibonacci? **Mundo Estranho**, 28 set. 2011. Disponível em: <https://mundoestranho.abril.com.br/ciencia/o-que-e-a-sequencia-de-fibonacci/>. Acesso em: 23 mar. 2018.

SEQUÊNCIA de Fibonacci. Disponível em: <https://www.todamateria.com.br/sequencia-de-fibonacci/>. Acesso em: 23 mar. 2018.

SILVEIRA, L. M. **Introdução à teoria da cor**. Curitiba: Ed. da UTFPR, 2011.

SONTAG, S. **Sobre a fotografia**. São Paulo: Companhia das Letras, 2007.

SOUSA, J. P. **Elementos de jornalismo impresso**. Porto, 2001. Disponível em: <http://www.bocc.ubi.pt/pag/sousa-jorge-pedro-elementos-de-jornalismo-impresso.pdf>. Acesso em: 23 mar. 2018.

VANITY FAIR. **Annie Leibovitz**. Disponível em: <https://www.vanityfair.com/contributor/annie-leibovitz>. Acesso em: 23 mar. 2018.

VICENTE, Á. Os primeiros passos de Annie Leibovitz. **El País**, 5 ago. 2017. Disponível em: <https://brasil.elpais.com/brasil/2017/08/03/cultura/1501782266_626658.html>. Acesso em: 23 mar. 2018.

WHITTLE, A. The 2016 Pirelli Calendar Breaks Tradition and Stereotypes. **Vanity Fair**, 2 Dec., 2015. Disponível em: <https://www.vanityfair.com/culture/2015/12/2016-pirelli-calendar-amy-schumer-annie-leibovitz>. Acesso em: 23 mar. 2018.

ZHANG HUAN. **To Raise the Water Level in a Fishpond**. Disponível em: <http://www.zhanghuan.com/worken/info_71.aspx?itemid=974&parent&lcid=190>. Acesso em: 23 mar. 2018.

Bibliografia comentada

FLUSSER, V. **Ensaio sobre a fotografia**: para uma filosofia da técnica. Lisboa: Relógio D'Água Editores, 1998.

> Vilém Flusser foi um filósofo tcheco e naturalizado brasileiro. Ele escreveu um dos principais livros sobre a natureza da fotografia, *Filosofia da caixa preta* (a edição aqui indicada é a portuguesa, que tem outro nome). Nesse ensaio seminal, Flusser discute o caráter de imagem técnica da fotografia, que carrega consigo uma série de conceitos científicos e culturais em seu programa e que resulta em consequências sérias nessa arte: conformando a imagem a predeterminações. Flusser chama a câmera de *aparelho*, e o fotógrafo, de *funcionário*, que pode apenas "brincar" com o aparelho tentando extrair um número limitado de imagens possíveis.

ROUILLÉ, A. **A fotografia**: entre documento e arte contemporânea. São Paulo: Senac, 2009.

> André Rouillé é um dos nomes atuais da crítica fotográfica. Em seu livro *A fotografia: entre documento e arte contemporânea*, ele discute o desenvolvimento e o entendimento da fotografia, sempre relacionado ao contexto no qual se insere, apontando como a fotografia é produto e produz a sociedade. Rouillé é severo crítico dos pensadores que entendem a fotografia dentro das categorias semióticas *índice* e *ícone*. Simplificadamente, para esses pensadores, o fato de a fotografia ter semelhança ao objeto representado (ícone) ou por ter uma contiguidade física com o referente, ou seja, ser uma marca deixada pela luz refletida do objeto (índice), garantiria à foto o *status* de documento. Para Rouillé, a fotografia é símbolo, é uma imagem completamente codificada culturalmente e só o espectador que tem as "chaves" corretas consegue interpretá-la. Portanto, seu caráter documental depende de outros fatores, que são simbólicos e relacionais ao modo como produzimos e consumimos fotografias.

ADAMS, A. **A câmera**. São Paulo: Senac, 2006.

Ansel Adams foi um exímio fotógrafo paisagista e muito meticuloso. Sua intenção era sempre ter o máximo de controle na criação fotográfica. Ele escreveu três livros, que, juntos, são considerados "a bíblia" da fotografia e abrangem importantes aspectos técnicos da criação de imagens: *A câmera*, sobre os equipamentos usados na fotografia; *O negativo*, sobre como expor a imagem; e *A cópia*, sobre como ampliar as imagens. Os três livros tratam sobre fotografia analógica, afinal foram publicados originalmente nos anos 1980. Porém, praticamente tudo que é discutido nessas obras pode ser aproveitado nos dias de hoje. Em *A Câmera*, Adams descreve extensivamente todas características e controles existentes nas câmeras fotográficas. Essencial para quem quer se aprofundar.

MACHADO, A. **Pré-cinemas, pós-cinemas**. 5. ed. Campinas: Papirus, 2008.

Arlindo Machado é um pesquisador brasileiro que se dedica a vários tipos de imagem, em especial fotografia, cinema e TV. Alinhado a Flusser e a Rouillé, ele foi um dos primeiros críticos no país a entender a fotografia como uma série de códigos, e não como espelho da realidade. *Pré-cinemas, pós-cinemas* pode ser considerado uma coletânea de artigos. Baseado no conceito de imagem técnica, o autor discute vários tipos de imagens que antecederam e sucederam o cinema, desde as pinturas rupestres até hologramas. É um livro muito interessante para pensar toda a relação entre os vários modos de produzir e visualizar imagem.

FREUND, G. **La fotografía como documento social**. Barcelona: Gustavo Gili, 2001.

A fotógrafa e pesquisadora franco-alemã Gisele Freund fez um grande panorama das origens e do desenvolvimento da fotografia em *La fotografía como documento social*. Esse é um ótimo livro para entender a história da fotografia e como os avanços técnicos e de linguagem são frutos de demandas da sociedade em que a fotografia estava inserida. Existe uma edição em portuguesa desse livro, intitulada *Fotografia e sociedade*.

SONTAG, S. **Sobre a fotografia**. São Paulo: Companhia das Letras, 2007.

Outro livro essencial para quem quer entender a linguagem, *Sobre a fotografia* é um dos maiores clássicos da crítica fotográfica. Trata-se de um compilado de seis ensaios feitos pela escritora e crítica de arte americana Susan Sontag, nos anos 1970, e que permanecem atuais. Nos ensaios, Sontag apresenta projetos definidores da fotografia, como o documentário financiado pela FSA (Farm Security Association), por exemplo, além de comentar nossa relação como produtores e consumidores de fotografias, entre outros temas.

Parte

Quadrinhos

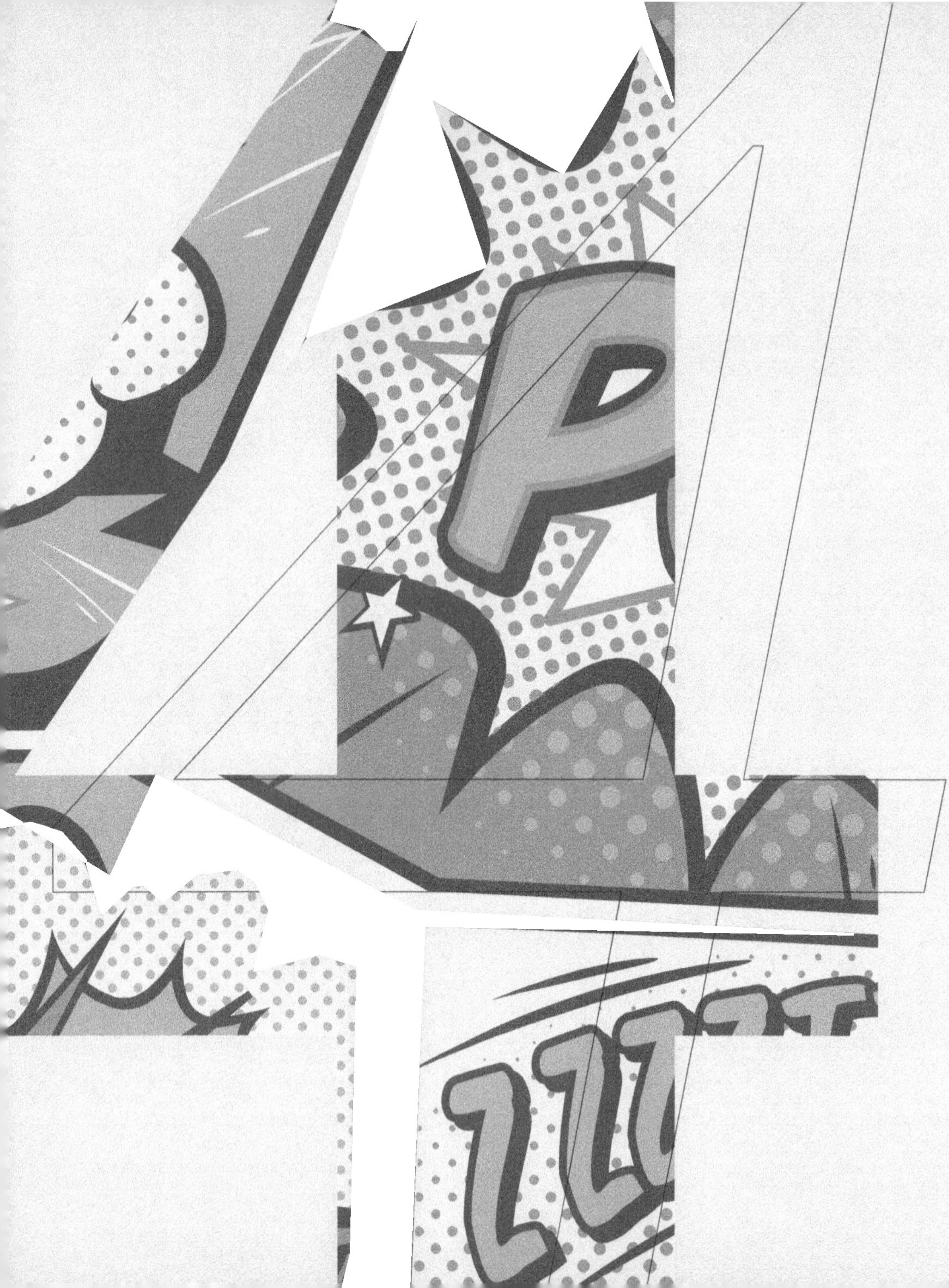

O que são quadrinhos?

André Lopez Scoville

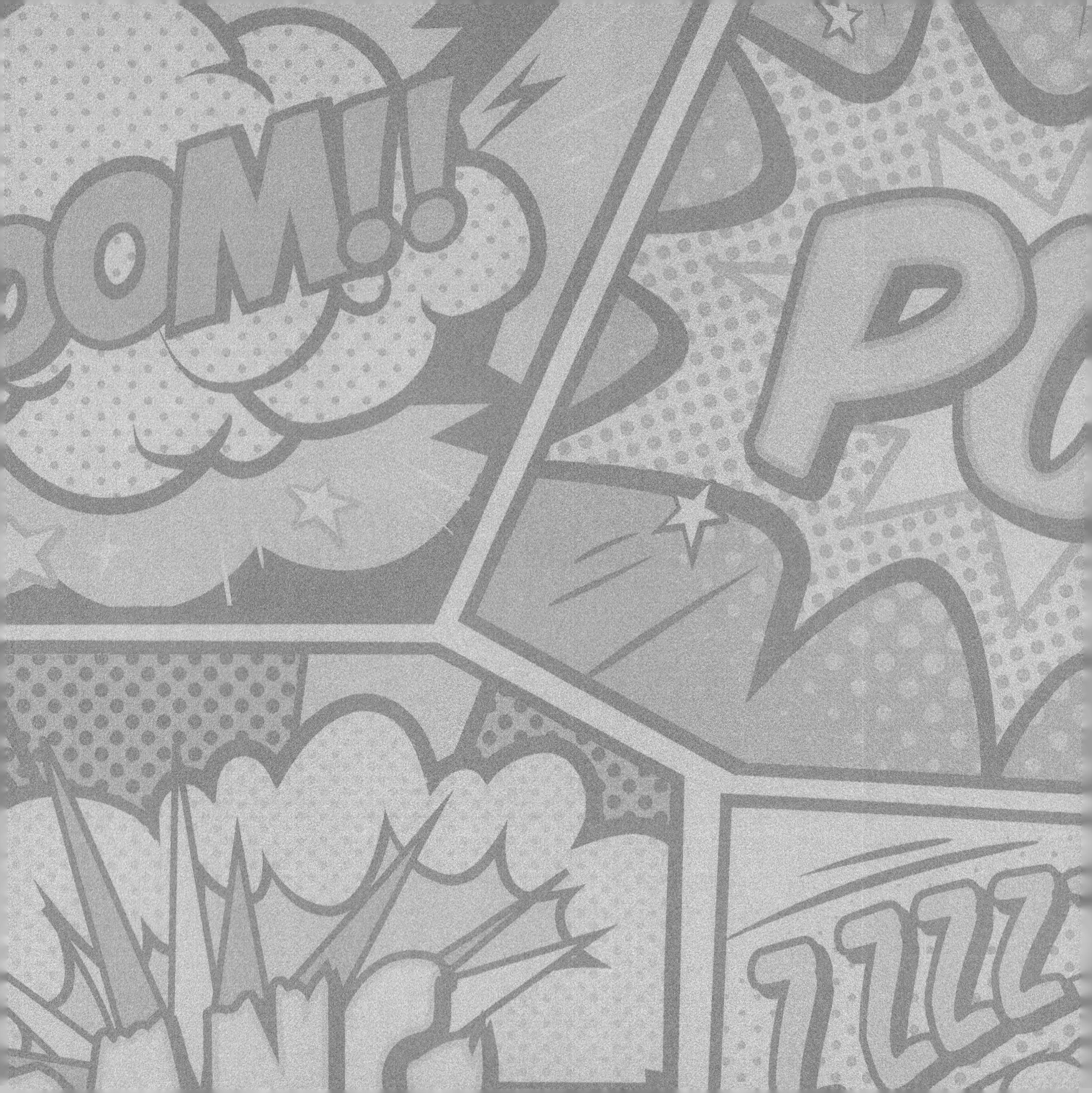

Neste capítulo, refletiremos sobre a definição de *quadrinhos*, analisando os conceitos relacionados a essa linguagem, os principais elementos gráficos e os modos de utilização desses recursos. Além disso, abordaremos o desenvolvimento histórico e a diversidade de gêneros e formatos dos quadrinhos.

4.1 Definições de quadrinhos

Quando vamos a uma banca de jornal, encontramos diferentes tipos de publicações: jornais e diversos tipos de revistas (moda, celebridades, automóveis, viagens, artesanato, culinária), e entre elas também estão as **revistas em quadrinhos**. Nesse cenário, em meio a toda essa variedade de publicações, é possível identificar rapidamente as revistas em quadrinhos, porque isso parece ser algo fácil e, embora você possa ser um leitor frequente desse tipo de publicação, talvez ainda não tenha se perguntado por que é assim tão "simples" reconhecer uma revista em quadrinhos.

Na maioria dos casos, esse reconhecimento acontece já na observação dos títulos e das capas de revistas com personagens famosos. Basta identificarmos personagens da turma da Mônica, de Walt Disney ou algum super-herói para imaginarmos que são quadrinhos. No entanto, esse universo não se restringe a esses personagens mais conhecidos. Além disso, nem todas as revistas com esses personagens contêm, de fato, histórias em quadrinhos (podem ser revistas de jogos, atividades recreativas ou informativas). Então, para tirar a dúvida, você abre a revista para confirmar.

Com esse procedimento simples, você utiliza seu conhecimento prévio e aplica uma espécie de definição pessoal sobre essa linguagem, ainda que nunca tenha tentado elaborar uma definição "formal".

De qualquer modo, devemos ressaltar aqui que chegar a uma definição formal de quadrinhos é, sem dúvida, bem mais complicado do que reconhecê-los.

Muitos estudiosos e pesquisadores dessa área têm apresentado suas próprias definições, mas não há consenso porque, no caminho de uma definição, alguns critérios têm de ser adotados e, é claro, podem variar de acordo com a formação e a visão pessoal de cada pesquisador. Vamos analisar alguns exemplos.

> Para começar, histórias em quadrinhos (HQ) são narrativas visuais. De modo bem simples, Horn (1976, p. 728) as define como "uma forma narrativa contendo texto e imagens dispostas em ordem sequencial (normalmente cronológica)". Essa definição aponta como fundamentais dois elementos que compõem uma história em quadrinhos: texto e imagem.
>
> Na mesma linha de raciocínio, mas de forma um pouco mais elaborada, Cagnin afirma que: "A história em quadrinhos é um sistema narrativo formado por dois códigos de signos gráficos: a imagem, obtida pelo desenho; e a linguagem escrita" (Cagnin, 1975, p. 25). Para esse autor, o texto é o elemento linguístico integrado no sistema narrativo, e a imagem é o elemento figurativo – porém, já não se trata de qualquer imagem, mas de imagens obtidas pelo ato de desenhar.
>
> Também semelhante é a conceituação apresentada por Vergueiro e Ramos (2007, p. 31): "as histórias em quadrinhos constituem um sistema narrativo composto por dois códigos que atuam em constante interação: o visual e o verbal".

Observando essas definições, podemos supor que essa questão está resolvida. No entanto, até mesmo essas ideias básicas podem ser contestadas, afinal nem todas as histórias em quadrinhos contêm textos, ou seja, a narrativa pode ser conduzida apenas por ilustrações. Há exemplos disso em histórias dos personagens *Pinduca*, de Carl Anderson (1865-1948), *O Reizinho*, de Otto Soglow (1900-1975), e em várias outras.

Além disso, o próprio local em que o texto é apresentado em uma história em quadrinhos – seja internamente em cada quadrinho, seja como uma legenda abaixo do quadrinho – é um aspecto a ser considerado.

Pensando nisso, é interessante analisarmos outras definições. Em seu livro *Histórias em quadrinhos*, Zilda Augusta Anselmo (1975) percorre um trajeto parecido com o nosso e chega à seguinte conclusão:

> As HQ são, a um só tempo, a arte e o MCM [meio de comunicação de massa] que, usando predominantemente personagens irreais, desenvolvem uma sequência dinâmica de situações, numa narrativa rítmica em que o texto, quando este existe, tanto pode aparecer como legenda, abaixo da imagem, como em outros espaços a ele destinados ou em balões ligados por um apêndice à pessoa que fala (ou pensa). Para atingir sua finalidade básica – a rapidez da sua compreensão – as HQ lançam mão de símbolos, onomatopeias, códigos especiais e elementos pictóricos que lhes garantem uma universalidade de sentido. (Anselmo, 1975, p. 38)

Perceba o cuidado que a autora tem ao comentar sobre a presença do texto em uma história em quadrinhos – ela inclui a ressalva: "quando este existe". Com isso, fica claro que uma história em quadrinhos não precisa necessariamente ter texto escrito e que as ilustrações podem ser suficientes para narrar uma história.

Will Eisner (1917-2005), criador do personagem The Spirit e de obras como *Ao coração da tempestade* e *Um contrato com Deus e outras histórias de cortiço*, lançou um importante livro teórico sobre quadrinhos em meados da década de 1980, chamado *Quadrinhos e arte sequencial*. Nessa obra, Eisner (1989, p. 38) explica que

> A função fundamental da arte dos quadrinhos (tira ou revista), que é comunicar ideias e/ou histórias por meio de palavras e figuras, envolve o movimento de certas imagens (tais como pessoas e coisas) no espaço. Para lidar com a captura ou encapsulamento desses eventos no fluxo da narrativa, eles devem ser decompostos em segmentos sequenciados. Esses segmentos são chamados quadrinhos.

Assim como os autores que já citamos, Eisner (1989) também aponta texto e imagem como elementos básicos, mas enfatiza outros aspectos relevantes como **encapsulamento** e **segmentos sequenciados**. Podemos dizer que a expressão *segmentos sequenciados* é a base da concepção do autor sobre o que são histórias em quadrinhos e conduz à percepção de quadrinhos como uma **arte sequencial**.

Eisner é, sem dúvida, um dos mais respeitados autores de quadrinhos de todos os tempos e *Quadrinhos e arte sequencial* (1989) é uma referência obrigatória para refletir acerca dessa linguagem.

Tanto é assim que sua definição de quadrinhos como uma arte sequencial foi tomada como ponto de partida por Scott McCloud (1960-), autor de *Desvendando os quadrinhos* (2005), para suas próprias reflexões. Nesse livro, com base na concepção elementar elaborada por Eisner, McCloud amplia a discussão e busca uma definição mais precisa. Analisando e "testando" vários termos específicos, o autor chega por fim à definição, inevitavelmente mais rebuscada, de que histórias em quadrinhos são "imagens pictóricas e outras justapostas em sequência deliberada destinadas a transmitir informações e/ou a produzir uma resposta no espectador" (McCloud, 2005, p. 9).

Esses termos e expressões foram escolhidos por McCloud (2005) para tornar sua definição bastante específica e tentar evitar algumas controvérsias. O autor explica de modo claro esse processo em seu livro, mas vale a pena destacar aqui alguns detalhes.

Primeiramente, McCloud (2005) evita a palavra *arte* por acreditar que ela pode expressar um critério de valor – ou seja, o que para alguns é arte, para outros não é. Você, é claro, pode concordar ou não com isso, afinal *arte* é outra palavra difícil de definir. Então, em vez de falar em *arte*, o autor prefere a expressão **imagens pictóricas**, apontando uma relação mais direta com a pintura e o desenho – e tornando sua conceituação mais objetiva.

Outro aspecto que merece ser comentado sobre sua definição é a ideia de que as imagens devem ser *justapostas em sequência deliberada*. Isso é importante porque estabelecer que as imagens são justapostas (apresentadas lado a lado) tem um propósito evidente de evitar que produções audiovisuais (como os filmes *live-action* e as animações) também possam ser associadas a essa designação de quadrinhos. Afinal, essas produções audiovisuais são imagens em sequência deliberada e dispostas no **tempo**, mas não são justapostas, ao passo que as imagens dos quadrinhos estão dispostas no **espaço**. Com a releitura das outras definições que apresentamos, constata-se que elas não mencionavam esse detalhe. A ideia de que a sequência de imagens é *deliberada* (ou seja, planejada para formar uma narrativa) já está presente em algumas delas, mas essa noção de que a história é conduzida no espaço (por justaposição) é um acréscimo importante para a definição de quadrinhos.

E já que você está repensando as definições, esse é o momento certo para retomarmos outra questão. Por que e como critérios diferentes afetam as tentativas de definições de quadrinhos?

Em primeiro lugar, podemos dizer que uma definição depende do ponto de vista de quem a formula, que, por sua vez, está relacionado a áreas do conhecimento, com enfoques teóricos e até mesmo com preferências pessoais. Quadrinhos são, ao mesmo tempo, uma forma de arte, narrativas visuais com linguagem própria e um meio de comunicação de massa. Portanto, as histórias em quadrinhos são objeto de estudo de diversas áreas de conhecimento, como artes, letras e comunicação – por constituírem uma arte visual, os quadrinhos interessam, é claro, aos estudos de artes; por constituírem uma narrativa, interessam aos estudos literários; por constituírem linguagem própria, interessam aos estudos linguísticos; e por constituírem um meio de comunicação de massa (entre outros motivos), interessam aos estudos de comunicação. Essas são as principais áreas de conhecimento que enfocam especificamente aspectos conceituais e teóricos sobre os quadrinhos, gerando ênfases e perspectivas diferentes sobre o assunto.

Existem inúmeras outras áreas que podem desenvolver estudos com base nas histórias em quadrinhos, entretanto os enfoques fogem da análise do objeto em si. Mais frequentemente, esses trabalhos se baseiam nos conteúdos das histórias para abordar aspectos históricos, filosóficos, políticos, psicológicos, sociológicos etc. Além desses, como uma tendência que só tem crescido nas últimas décadas, muitos estudos sobre o uso de quadrinhos como recurso pedagógico têm sido desenvolvidos na área da educação.

Até o início da década de 1970, as reflexões teóricas sobre quadrinhos parecem ter sido mais frequentes na área de comunicação e nos estudos de linguagem. Isso tem uma possível relação com o fato de que ainda havia muita resistência para que fossem considerados tanto como literatura quanto como arte. Quanto à sua concepção como **meio de comunicação de massa**, não havia muita polêmica, logo, os estudos de comunicação se aproximavam do tema por esse viés e, muitas vezes, desenvolviam outros enfoques.

Quadrinhos são um meio de comunicação de massa por consistirem em produtos da indústria cultural, ou seja, são o resultado de um processo de produção com várias etapas. De acordo com Gubern (1980, p. 17), "a indústria da cultura transforma o produto artesanal e único original [...] em exemplares múltiplos publicamente distribuídos [...]", entretanto "o *comic* existe enquanto tal sem necessidade de multiplicação e difusão massiva, pois de fato o produto artesanal e único surgido do pincel ou da pena do ilustrador já o é.".

Podemos resumir isso da seguinte maneira: quadrinhos já são quadrinhos antes de serem publicados. Faz sentido, não? Afinal, que outro nome daríamos às histórias em quadrinhos que nunca foram publicadas? Porém, os quadrinhos precisam ser **publicados** e **distribuídos**, precisam chegar aos leitores para se tornar um meio de comunicação de massa. E esse aspecto é um dos que são destacados nos estudos de comunicação. Vale dizer, no entanto, que a necessidade de que a comunicação com o leitor se efetive para que os quadrinhos "existam" é um dos critérios que dividem os estudiosos ao elaborarem suas definições.

Além disso, existe uma série de questões pontuais relativas a aspectos formais que também dividem os pesquisadores. Como se viu, quadrinhos não precisam ter texto escrito, mas as histórias em quadrinhos precisam ter "quadrinhos"? Ou seja, os desenhos precisam estar "emoldurados" e ser apresentados em uma sequência de quadros? Algumas pessoas podem acreditar que sim, no entanto, essas molduras (requadros) não são essenciais para que uma sequência ordenada de imagens componha uma narrativa. Aliás, basta que duas imagens pictóricas justapostas no espaço estabeleçam uma relação causal, marcando uma passagem de tempo, para que tenhamos uma história em quadrinhos. Muitos artistas optam, de modo recorrente ou ocasional, por não utilizar essas molduras, e podemos ver exemplos disso em trabalhos de Jules Feiffer (1929-), Wolinski (1934-2015) e Henfil (1944-1988).

Você pode estar se perguntando: E quando temos uma cena em um único desenho? Bem, nesse caso, estamos diante de um cartum e já não devemos chamá-lo de *história em quadrinhos*. Então, precisamos falar um pouco sobre *cartuns*, *charges* e *caricaturas*. No **cartum**, a mensagem está concentrada integralmente em uma única cena desenhada, que pode até ser composta por vários elementos, mas se não há, no mínimo, uma cena complementar para transmitir a mensagem, não há arte sequencial, logo, não é uma história em quadrinhos. A mesma situação se aplica às **charges**, que são um tipo específico de cartum, porém tendo como referência algum "fato do dia" (político, social, esportivo). Desse modo, a charge apresenta certo caráter efêmero, pois a compreensão por parte do leitor sempre depende de uma contextualização. A **caricatura**, por sua vez, pode ser vista como um estilo artístico que busca o efeito satírico e/ou crítico ao exagerar características físicas, podendo ser autônoma ou integrar, por exemplo, uma história em quadrinhos.

E quanto aos balões de diálogo? Histórias em quadrinhos precisam ter balões? Também quanto a esse critério há divergências. Apesar de ser um dos elementos mais característicos dos quadrinhos, os balões de diálogo não são elementos essenciais, uma vez que, como visto, sequer o texto escrito é essencial. Porém, para muitos pesquisadores, mesmo quando há diálogos, eles não precisam estar inseridos em balões. Esse critério gera muitas discussões, uma vez que há quem defenda que o surgimento das histórias em quadrinhos ocorreu quando os primeiros balões foram incorporados à linguagem. Um formato que causa controvérsias é o das histórias em que textos, inclusive diálogos, são apresentados em legendas externas aos quadrinhos (mais frequentemente, com o texto embaixo de cada quadrinho). Para alguns pesquisadores, isso é uma história em quadrinhos; para outros, não é.

Diante de tantos critérios divergentes, fica difícil elaborar uma definição única e consensual de quadrinhos. Assim, ao optar por um ou outro posicionamento, sua própria definição vai se formando, alinhando-se com esta ou aquela linha teórica. O mais importante é que você conheça bem os diferentes argumentos para fundamentar suas concepções pessoais.

4.2 Linguagem dos quadrinhos

A linguagem dos quadrinhos é composta por uma série de convenções que são amplamente difundidas, fazendo parecer que ler quadrinhos é algo natural. Mas, ao longo de nossas vidas, também fomos "alfabetizados" para a leitura de quadrinhos, ou seja, todos nós passamos por etapas de assimilação dessas convenções e, por fim, aprendemos a ler histórias em quadrinhos.

Aprendemos, por exemplo, que existe uma ordem de leitura. Para ler cada página de uma HQ devemos seguir um **fluxo de leitura** (Figura 4.1): no Brasil e nos demais países do ocidente, a ordem é, como regra geral, da esquerda para a direita e de cima para baixo. Além disso, para ler um gibi, começamos apreciando a capa e seguimos virando páginas até o final da revista. Isso parece bastante óbvio, não? Mas nem sempre é assim. Não é uma regra universal. Nos mangás, gênero de quadrinhos criado e desenvolvido no Japão, a ordem de leitura das páginas e o fluxo de leitura de cada página são bastante diferentes: a leitura se inicia na "última página" da publicação, e o fluxo de leitura, da direita para esquerda (inclusive dentro de cada quadrinho).

Esse é apenas um exemplo das convenções que adotamos para ler quadrinhos, mas essas premissas também podem ser observadas em cada um dos elementos gráficos que compõem a linguagem dos quadrinhos. Então, vamos a eles.

- **Quadrinho (quadro ou vinheta)** – Cada quadrinho é um segmento de uma história em quadrinhos. Isso significa que é apenas uma parte da narrativa. No entanto, cada quadrinho deve ser analisado individualmente ao ser tomado como uma unidade que pode reunir vários elementos. Ao elaborar um quadrinho, o artista tem em mente suas características tanto de "parte de um conjunto" como de "unidade" que, em si, exige atenção quanto à composição, disposição e relações entre os elementos ali presentes. Como "parte de um conjunto", a "unidade quadrinho" se relaciona visualmente com o "conjunto" de cada página (ou de páginas sequenciais, quando é o caso). Por esse motivo, o tamanho, o formato e a posição que o quadrinho ocupa na página são fatores importantes que fazem parte do processo de composição de página. Quando o quadrinho é expandido, ultrapassando as margens do conjunto da página, é chamado de *quadrinho sangrado*. Outro procedimento frequente é fazer com que uma única cena ocupe inteiramente uma página (*splash page*) ou duas páginas (*double-page spread*).

- **Requadro (borda ou moldura)** – A função básica do requadro é delimitar uma cena. Suas formas mais tradicionais são o retângulo e o quadrado, porém há muito tempo diversos artistas vêm explorando outras formas, bem como utilizando o requadro como parte da linguagem não verbal. Além da forma reta, outras formas de requadro muito comuns são as de contorno ondulado (indicando uma cena do passado, um pensamento ou um sonho) e as de contornos em zigue-zague ou de linhas quebradas (que adicionam ou reforçam um componente emocional). Outro recurso artístico é a inclusão de um "quadro aberto", sem requadro, o que transmite ao leitor a sensação de espaço ilimitado. Essas são convenções amplamente difundidas e de fácil compreensão, porém não há limites para as formas de requadros que podem ser utilizadas, só depende da criatividade do artista.

Figura 4.1 – Fluxos de leituras

Quadrinhos no Ocidente — Mangás

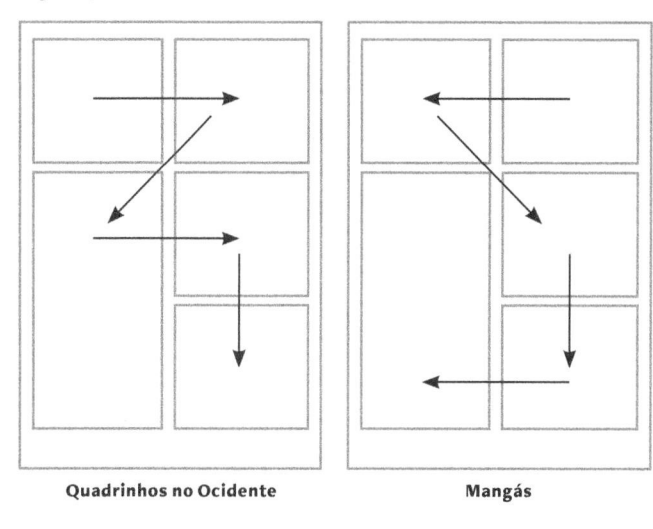

Figura 4.2 – Elementos dos quadrinhos

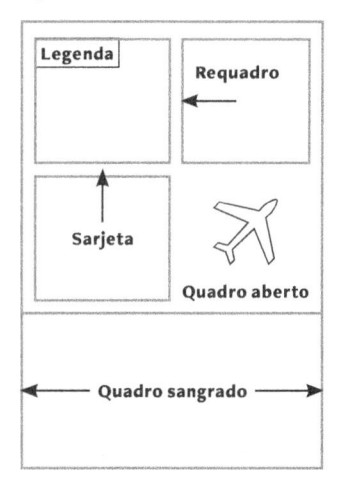

- **Balão** – Nos balões estão contidos pensamentos, falas e sons, porém o balão é também, por si só, um elemento visualmente expressivo. Os tipos mais comuns são o balão de fala (em forma elíptica, com apêndice ou rabicho indicando a origem do enunciado) e o balão de pensamento (em forma de "nuvem", em que a origem do enunciado é indicada por uma sequência de pequenos círculos). Outras formas frequentes são aquelas utilizadas para indicar intensidade e volume do enunciado (sussurro, grito, medo) e ainda para assinalar enunciados transmitidos por meio de aparelhos como televisão, rádio e telefone. No caso de enunciados compartilhados simultaneamente por dois ou mais personagens, utiliza-se o balão-uníssono. Para marcar a interrupção e posterior continuidade da fala de um personagem, são utilizados os balões ligados (que podem ser duplos, triplos ou tantos quanto necessário), que são bastante empregados quando há pausas em uma fala e quando há falas intercaladas de diferentes personagens em um mesmo quadrinho. Segundo Gabilliet (2010, p. XIV), o primeiro "balão" contendo uma fala apareceu por volta de 1370, em um entalhe em madeira denominado *Le bois Protat*, no qual está representada uma cena da crucificação de Cristo. Na cena, uma espécie de faixa contém a fala de um dos soldados: "Vere fillius Dei erat iste" (Ele era realmente o filho de Deus, em tradução livre).

Figura 4.3 – Exemplos de balões

- **Texto** – As palavras, como componentes visuais de uma história em quadrinhos, também são elementos gráficos. Os tipos e tamanhos das letras, por si só, já são visualmente muito importantes, mas o tratamento gráfico do texto pode ir muito além disso. Em *Quadrinhos e arte sequencial*, Eisner (1989, p. 10) apresenta ótimos exemplos de como o texto pode ser trabalhado artisticamente: "O letreiramento, tratado 'graficamente' e a serviço da história, funciona como uma extensão da imagem. Nesse contexto, ele fornece o clima emocional, uma ponte narrativa e a sugestão de som".
- **Sarjeta (ou calha)** – É o espaço entre os quadros de uma história em quadrinhos. A sarjeta marca a passagem de tempo ou a mudança de espaço (ou ambas) em uma narrativa. Com a sarjeta, fica evidenciada a fragmentação da narrativa em segmentos de tempo e espaço, porém também é nesse intervalo visual que, conforme McCloud (2005, p. 66), "a imaginação humana capta duas imagens distintas e as transforma numa única ideia" num processo mental que o autor denomina como *conclusão*.
- **Legenda** – É um texto explicativo, informativo ou opinativo que encaminha ou complementa o desenvolvimento da narrativa. As legendas podem estar delimitadas por molduras ou não, podem ser apresentadas em qualquer posição interna ou mesmo externa de um quadrinho. Legendas internas também são denominadas *recordatórios*. Mais frequentemente, a legenda corresponde à voz do narrador da história, o qual pode ser externo à ação (tipo mais frequente), ou interno (por exemplo, ao rememorar fatos acontecidos ou ao narrar uma história ainda em andamento e da qual participa).
- **Onomatopeia** – É a figura de linguagem em que se expressa um som (por exemplo: *bum*, *crash*, *bang*, *clic*, *zuuum*...). Nos quadrinhos, a onomatopeia é também um elemento gráfico e recebe diferentes tratamentos artísticos visando intensificar sua expressividade.
- **Linha cinética (ou linha de movimento)** – É um elemento gráfico utilizado em quadrinhos para sugerir movimento e trajetória de personagens e objetos.
- **Linha de expressão** – É um elemento gráfico utilizado para indicar ou acentuar emoções.

Esses são os principais elementos gráficos que podem ser encontrados em uma história em quadrinhos. Por meio deles é que se define a linguagem dos quadrinhos. Os diferentes modos como são utilizados constituem o que alguns autores denominam **gramática dos quadrinhos**. Sobre isso, Eisner (1989, p. 8) afirma:

> Em sua forma mais simples, os quadrinhos empregam uma série de imagens repetitivas e símbolos reconhecíveis. Quando são usados vezes e vezes para expressar ideias similares, tornam-se uma linguagem – uma forma literária, se quiserem. E é essa aplicação disciplinada que cria a 'gramática' da Arte Sequencial.

Essa "gramática", portanto, consiste no uso técnico desses elementos durante o processo de criação de uma história em quadrinhos. Porém, esse "uso técnico" é um assunto que será tratado mais adiante, quando abordarmos os aspectos práticos da produção de quadrinhos.

4.3 Gêneros e formatos

É uma característica do ser humano sua necessidade de se expressar, e uma das maneiras de fazer isso é contando histórias. Existem histórias de todos os tipos e para todos os efeitos. Histórias que fazem rir, chorar, sentir medo, filosofar, aprender, fantasiar, sonhar. Enfim, a lista parece ser infinita. Todos esses tipos de histórias são a matéria-prima dos quadrinhos. Afinal, quando se fala em quadrinhos está implícito que se trata de *histórias* em quadrinhos.

Mas nem sempre foi assim, pois os primeiros quadrinhos pertenciam a um gênero específico: as **histórias cômicas**. Você pode até encontrar alguns exemplos que desmentem isso, mas os quadrinhos, fundamentalmente, ganharam seu espaço em jornais e revistas como histórias cômicas. Portanto, não é por acaso que, nos Estados Unidos e em outros países de língua inglesa, são chamados até hoje de *comics*.

No final do século XIX, alguns grandes jornais dos Estados Unidos passaram a publicar suplementos dominicais, que logo se tornaram páginas especificamente destinadas aos *comics*. Ao contrário do que se pode imaginar, essas páginas cômicas não tinham as crianças como público-alvo, mas eram voltadas para os leitores habituais dos jornais, ou seja, os leitores adultos. Nesses suplementos, a princípio, apareciam ilustrações em formatos variados. Muitas vezes uma única e grande ilustração ocupava inteiramente a página, o que concedia ao artista maior liberdade para experimentar e explorar formas de *layout*.

Aos poucos, porém, foi se consolidando o formato **tiras de quadrinhos** (*comic strips*), em que a história é apresentada em quadros sequenciais. Páginas com tiras se tornaram mais frequentes nos suplementos, passando a aparecer também em suas capas. O formato em tiras fortaleceu uma identidade para os quadrinhos e, ao mesmo tempo, se mostrou uma solução fácil de *layout* para que diferentes histórias compartilhassem o espaço de uma mesma página. As tiras se popularizaram ainda mais quando também começaram a ser publicadas diariamente pelos jornais (*daily strips*). Inicialmente as tiras apresentavam histórias curtas completas, porém, na década de 1920, surgiram as tiras em série, com histórias fragmentadas e publicadas em capítulos diários.

Foi também naquela década que se tornou comum nos suplementos que duas histórias dividissem uma página, sendo que a história principal aparecia na parte inferior e uma história "coadjuvante", com um personagem em "teste" ou menos popular, era apresentada na parte superior. Essas histórias secundárias são denominadas *toppers* (e não foram poucas que, ao longo da história dos quadrinhos, acabaram obtendo mais sucesso do que a história principal). É bom que se diga que, apesar da rápida difusão do formato de tiras, as páginas dominicais, com seus *layouts* diferenciados, não deixaram de existir.

Enquanto analisamos os quadrinhos nos jornais, você pode estar se perguntando sobre as revistas em quadrinhos. Bem, as revistas em quadrinhos, ou simplesmente os **gibis**, surgiram bem mais tarde. No fim do século XIX e início do século XX, o que havia de mais semelhante às revistas em quadrinhos eram compilações de trabalhos já publicados. Essas compilações eram vendidas em formato de álbuns ou mesmo de revistas (que, porém, eram publicações isoladas, e não séries regulares como as que temos atualmente). Os quadrinhos eram originalmente produzidos para periódicos (jornais, revistas de humor e de variedades) e seu formato era concebido para se adequar a esses veículos.

As revistas em quadrinhos, denominadas *comic books* nos Estados Unidos, somente se firmaram como publicações em série – e com material produzido especificamente para elas – na década de 1930. Foi durante aquela década que os quadrinhos conquistaram um espaço próprio para veiculação, pois se percebeu que apresentavam potencial comercial, podendo ser vendidos separadamente e ser lucrativos. Temos bons exemplos disso no Brasil. Em 1934, o editor Adolfo Aizen (1907-1991) lançou o "Suplemento Infantil", que acompanhava o jornal *A Nação*. Pouco tempo depois, o suplemento foi desvinculado do jornal, vendido à parte e seu nome foi alterado para *Suplemento juvenil* a partir de seu número 15.

Os quadrinhos ganharam sua autonomia definitiva com o início da produção sistemática de revistas em quadrinhos. Diferentemente das revistas infantis, passaram a existir revistas cujo foco principal era a publicação de histórias em quadrinhos. A revista *The Funnies* (1929), em formato de tablóide com 16 páginas, foi uma das precursoras, porém teve apenas 13 edições. Com a publicação da revista *Famous Funnies: a Carnival of Comics* (1933), com 32 páginas, começou a estabelecer-se o formato *comic book* para as revistas em quadrinhos. Ainda se tratava, no entanto, de uma publicação isolada. Já *Famous Funnies* n. 1 (1934), com 64 páginas, introduziu outras características das revistas em quadrinhos, pois consistia em uma publicação seriada e era vendida em bancas de jornais ao preço de 10 *cents*. No Brasil, a primeira revista em quadrinhos com esse formato foi a *Mirim*, com 32 páginas, publicada a partir de maio de 1937 pelo Grande Consórcio Suplementos Nacionais (dirigido por Adolfo Aizen), que também publicava o *Suplemento juvenil*. Percebendo o sucesso de *Mirim*, a editora do jornal *O Globo* lançou, em abril de 1939, uma revista com formato semelhante. Assim surgiu o *Gibi*, cujo título acabou sendo adotado no Brasil como uma denominação genérica para as revistas em quadrinhos.

É possível afirmar que a popularização do *comic book* foi consequência, em grande parte, da diversificação dos gêneros de quadrinhos. Os quadrinhos permaneceram como um gênero predominantemente cômico até os últimos anos da década de 1920, quando as histórias de aventuras se apresentaram como uma nova tendência. Para não complicar muito, os quadrinhos de entretenimento podem ser classificados em dois grandes gêneros: **cômico** e **aventura**. Nessa perspectiva, histórias de super-heróis, ficção científica, faroeste, fantasia, terror, suspense, temas históricos e até mesmo histórias românticas e eróticas seriam subgêneros e fariam parte, mais frequentemente, do gênero aventura. Outra abordagem possível é pensar cada um desses subgêneros como um gênero próprio, o que faz com que a lista de gêneros aumente consideravelmente.

É claro que esses gêneros e subgêneros não têm fronteiras fixas e quase sempre "se comunicam". Por exemplo, há uma infinidade de histórias cômicas com elementos de aventura e vice-versa. Ou, ainda, histórias de ficção científica e terror, de fantasia e românticas, de suspense e eróticas e muitas outras possibilidades de combinações. De qualquer modo, é importante saber que tentar definir um gênero – o que implica o tipo de história que se quer contar e o efeito que se deseja provocar no leitor – é uma das primeiras decisões do artista ao começar a elaborar uma história em quadrinhos.

Atualmente a produção de quadrinhos é bastante complexa e diversificada no que se refere a gêneros. É possível afirmar que isso se deve ao surgimento da percepção dos quadrinhos como uma forma de arte. Essa concepção ganhou força somente na década de 1960, com o desenvolvimento de quadrinhos produzidos na Europa, como *Barbarella* (1962), de Jean-Claude Forest (1930-1998), aliando temas voltados ao público adulto a um refinamento de aspectos artísticos e estilísticos.

Outro fator importante nesse processo foi a popularização das graphic novels (romances gráficos), principalmente a partir da década de 1980. Compreendida por alguns como uma nova forma de se contar uma história por meio de imagens e textos, a *graphic novel* moderna se estabeleceu reivindicando seu *status* de arte. Mesmo não sendo o autor da primeira *graphic novel* publicada, Eisner foi um dos maiores responsáveis pela difusão desse termo, tanto por sua obra *Um contrato com Deus e outras histórias de cortiço* (pois o termo aparece na capa) quanto por seus livros teóricos. As *graphic novels*, a princípio, foram associadas a um caráter autoral, com os artistas buscando a integração de imagens e textos na composição de uma narrativa visual mais livre, com *layouts* criativos, e fugindo, assim, do formato padrão das histórias em quadrinhos. No entanto, rapidamente essa ideia se diluiu. Grandes editoras se apropriaram do termo e lançaram diversos álbuns e revistas com esse novo "rótulo" (alguns preservando características das *graphic novels*, outros nem tanto). A concepção inicial de *graphic novel* deixou como legado a diversificação de gêneros e temas; o crescimento da produção de quadrinhos voltados para jovens e adultos; e o fortalecimento da percepção dos quadrinhos como forma de arte.

Relacionada a esses fatores, uma consequência importante para o mercado dos quadrinhos foi o aumento de sua comercialização em livrarias e lojas especializadas (*comic shops*), as quais se tornaram os espaços preferenciais para a venda de álbuns e edições de luxo. Em alguns casos, não apenas preferenciais, mas também exclusivos. Com isso, as tradicionais bancas de jornais e revistas passaram a ter a forte concorrência desses espaços. Porém, um novo concorrente, ainda mais poderoso, logo se estabeleceria. A popularização da internet e a expansão do comércio virtual nas últimas décadas alteraram novamente esse quadro, influindo, inclusive, na produção de quadrinhos. A evolução tecnológica, a redução de custos de produção e também a possibilidade de vendas diretas por meio da internet promoveram o crescimento da produção dos quadrinhos autorais independentes. Com mais ferramentas de produção e comercialização disponíveis, muitos autores vêm assumindo os encargos de várias etapas do processo editorial para publicar suas próprias obras.

Sob certo ponto de vista, o cenário atual oferece, portanto, maior liberdade para autores com disposição para enfrentar as dificuldades relativas à produção de quadrinhos. Liberdade para contar as histórias que desejam contar, do modo como desejam contar, para escolher seus temas, para ousar com sua criatividade e para desenvolver sua arte. Não quer dizer que seja fácil criar e vender quadrinhos independentes, mas o fato é que os recursos para isso nunca foram tão acessíveis. Para chegarmos até esse ponto, um longo caminho foi percorrido e é isso que você acompanhará no próximo capítulo.

Síntese

Neste capítulo, analisamos definições, linguagem, gêneros e formatos dos quadrinhos, desenvolvendo aspectos teóricos e conciliando-os a aspectos práticos, com o objetivo de apresentar conceitos e informações de modo sistematizado para instigar sua reflexão. Entendemos que as reflexões teóricas contribuem para a formação de leitores qualificados, possibilitando uma melhor compreensão dessa arte e ajudando a superar alguns preconceitos que ainda a cercam. Além disso, essas ponderações estão diretamente relacionadas a questões práticas por remeterem aos processos de criação e produção de quadrinhos.

Ao longo deste capítulo, também contemplamos diversos termos e expressões referentes aos quadrinhos. Alguns são bastante conhecidos, outros nem tanto. De qualquer modo, a intenção era a de que você se familiarizasse com esses termos e seus significados para que os utilize adequadamente sempre que for se referir a quadrinhos. Afinal, há uma linguagem técnica aplicada ao universo dos quadrinhos, a qual possui um vocabulário próprio e está repleta de expressões específicas (muitas delas de origem estrangeira). Essa linguagem foi utilizada recorrentemente quando tratamos, por exemplo, de gêneros e formatos.

A breve revisão sobre a evolução histórica desses assuntos também se incumbiu dessa tarefa ao abordarmos as *comic strips*, *graphic novels* etc. Essas noções essenciais, bem como as reflexões propostas neste capítulo, ainda serão importantes para que você acompanhe o desenvolvimento dos próximos temas deste livro.

Indicações culturais

EISNER, W. **Nova York**: a vida na grande cidade. São Paulo: Companhia das Letras, 2009.

Indicar somente uma obra de Will Eisner não é uma tarefa fácil, afinal trata-se de um dos principais e mais prolíficos autores de quadrinhos (aliás, uma das premiações mais importantes da indústria dos quadrinhos leva seu nome: *The Will Eisner Comic Industry Awards*). Por reunir quatro ótimos títulos em uma mesma edição, *Nova York: a vida na grande cidade* é uma boa escolha. Algumas obras-primas de Eisner fazem parte dessa compilação, publicada nos Estados Unidos em 2006, que traz *Nova York: a grande cidade* (1986), *O edifício* (1987), *Caderno de tipos humanos* (1989) e *Pessoas invisíveis* (1993). São histórias sensíveis e, muitas vezes, melancólicas, que relatam dramas de pessoas comuns, dramas do cotidiano de uma metrópole.

Um caminho alternativo – e também interessante – para conhecer o trabalho de Eisner é ler as histórias em quadrinhos clássicas de seu mais famoso personagem: *The Spirit*.

Fique atento: o tratamento artístico e visual do texto (as palavras também são trabalhadas como imagens) e o modo criativo como o autor utiliza elementos gráficos na composição de cada página.

FOSTER, H. **Príncipe valente**: nos tempos do Rei Arthur. 2. ed. Rio de Janeiro: Brasil-América, 1983. v. 1.

O canadense Harold Foster foi o primeiro desenhista dos quadrinhos de Tarzan, com histórias adaptadas dos livros de Edgar Rice Burroughs. Parou de se dedicar a Tarzan para desenvolver sua própria série de quadrinhos, *Príncipe Valente*, que começou a ser publicada nos jornais americanos em 1937. Ao ler as aventuras do Príncipe Valente, você vai viajar para a época medieval, mais precisamente para o século V. Será mesmo uma viagem no tempo, pois Foster buscava representar vestuários, armamentos, utensílios, cenários e costumes condizentes com aquele período histórico. Buscava também referências em histórias e lendas medievais para, com base nelas, criar aventuras repletas de fantasia, não se limitando, portanto, a reproduzir episódios históricos. Foster conduziu a saga do príncipe exilado até 1971, quando se aposentou e deixou que outros artistas a levassem adiante. Até hoje, as histórias de Príncipe Valente são produzidas, porém nada melhor do que conhecer essa longa saga a partir de seu início. O começo dessas aventuras já foi publicado por várias editoras nacionais e estrangeiras, podendo ser recomendadas como boas edições: o álbum publicado pela Editora Brasil-América (Ebal) em 1974 e reeditado em 1983; e o álbum lançado pela Opera Graphica em 2006.

Fique atento: nas ilustrações, os enquadramentos, a composição e o detalhamento das cenas, bem como o cuidado rigoroso com perspectivas, proporções e anatomia dos personagens. Perceba também que, visando obter uma composição harmoniosa de texto e imagem, Foster não usava balões de diálogos.

HENFIL. **Fradim**. Rio de Janeiro: Codecri, 1971-1980. 31 v.

As 31 revistas *Fradim*, publicadas de 1971 a 1980, trazem importantes trabalhos do cartunista Henfil, incluindo histórias de seus personagens mais conhecidos, como os dois fradinhos (Baixim e Cumprido) e a turma da Caatinga (Capitão Zeferino, Graúna e Bode Orelana). O traço ágil e o humor sarcástico de Henfil são veículos de críticas políticas e sociais que, muitas vezes, conseguem superar suas relações com o contexto histórico das publicações (época em que a ditadura vigorava no Brasil), permanecendo pertinentes e atuais. Essas revistas começaram a ser reeditadas em 2013, com o nome *Coleção Fradim*, pela ONG Henfil Educação e Sustentabilidade em parceria com o Instituto Henfil, sendo também lançada uma edição especial número zero, que conta a história da coleção. Os quadrinhos de Henfil com seus principais personagens também podem ser encontrados, por exemplo, em antologias publicadas na década de 1990 pela editora Geração Editorial (*A volta do Fradim*, *A volta da Graúna*, *Graúna ataca outra vez*, *A volta de Ubaldo, o paranóico*).

Fique atento: por meio de uma técnica de desenho aparentemente simples, usando poucos traços, Henfil consegue construir personagens bastante expressivos e definir um estilo pessoal e inconfundível.

Atividades de autoavaliação

1. Em relação às definições de quadrinhos, é correto afirmar que:
    a) Apesar de algumas divergências, todas se complementam sem contradições.
    b) Quadrinhos não são uma forma de narrativa, pois não têm relação com a literatura.
    c) A definição apresentada por Scott McCloud é a mais específica, por isso não pode ser contestada.
    d) Critérios subjetivos são intrínsecos às definições propostas.

2. Sobre as relações entre arte e quadrinhos, analise as proposições a seguir e marque V para verdadeiro e F para falso:
    ( ) Quadrinhos sempre foram vistos como uma forma de arte.
    ( ) Quadrinhos são uma forma de arte independentemente da qualidade da obra.

( ) Em comparação com a pintura, os quadrinhos devem ser considerados uma arte menor.

( ) Quadrinhos e cinema são formas de arte sequencial.

Agora, assinale a alternativa que apresenta a sequência correta:

a) F, F, F, V.
b) F, V, F, V.
c) V, F, V, V.
d) F, V, F, F.

3. Identifique quais elementos devem, obrigatoriamente, aparecer em uma história em quadrinhos.
   I) Balões.
   II) Requadros.
   III) Imagens pictóricas.
   IV) Legendas.

   Agora, assinale a alternativa que contempla os itens corretos:

   a) Todos.
   b) I, III.
   c) II, III.
   d) Apenas o III.

4. Aponte os elementos dos quadrinhos que podem ter seus aspectos visuais trabalhados artisticamente.
   I) Balões.
   II) Requadros.
   III) Onomatopeias.
   IV) Texto.

Agora, assinale a alternativa que contempla os itens corretos:

a) Todos.
b) I, II.
c) I, II, III.
d) Apenas o III.

5. Relativamente aos gêneros e formatos dos quadrinhos, é possível afirmar que:
    a) Os quadrinhos surgiram com o formato de tiras.
    b) Revistas em quadrinhos eram bastante comuns no século XIX.
    c) Os primeiros quadrinhos eram predominantemente histórias cômicas destinadas ao público infantil.
    d) As *graphic novels* contribuíram para que os quadrinhos fossem aceitos como uma forma de arte.

Atividades de aprendizagem

Questões para reflexão

1. No início deste capítulo, examinamos algumas definições de quadrinhos. Elabore sua própria definição, refletindo sobre as seguintes questões: a) O que são quadrinhos? b) Qual seu posicionamento diante dos diferentes critérios utilizados pelos pesquisadores em suas definições? Compare sua definição com a noção de quadrinhos que você tinha antes de ler o capítulo. Teste sua definição analisando histórias em quadrinhos de diferentes autores, gêneros e épocas.

2. Para muitas pessoas, ler quadrinhos é "coisa de criança". Observando a diversidade de tipos de histórias em quadrinhos que existem hoje, quais argumentos você poderia utilizar para que essas pessoas repensassem essa questão? Quais obras podem ser citadas como exemplo de quadrinhos voltados a jovens e adultos?

Atividade aplicada: prática

1. Faça uma visita a uma *comic shop* ou à seção de quadrinhos de uma livraria ou de uma biblioteca. Caso seja professor, você pode promover um passeio com seus alunos. Estabeleça objetivos específicos como, por exemplo, observar os diferentes modos de utilização de elementos dos quadrinhos (balões, requadros, textos etc.).

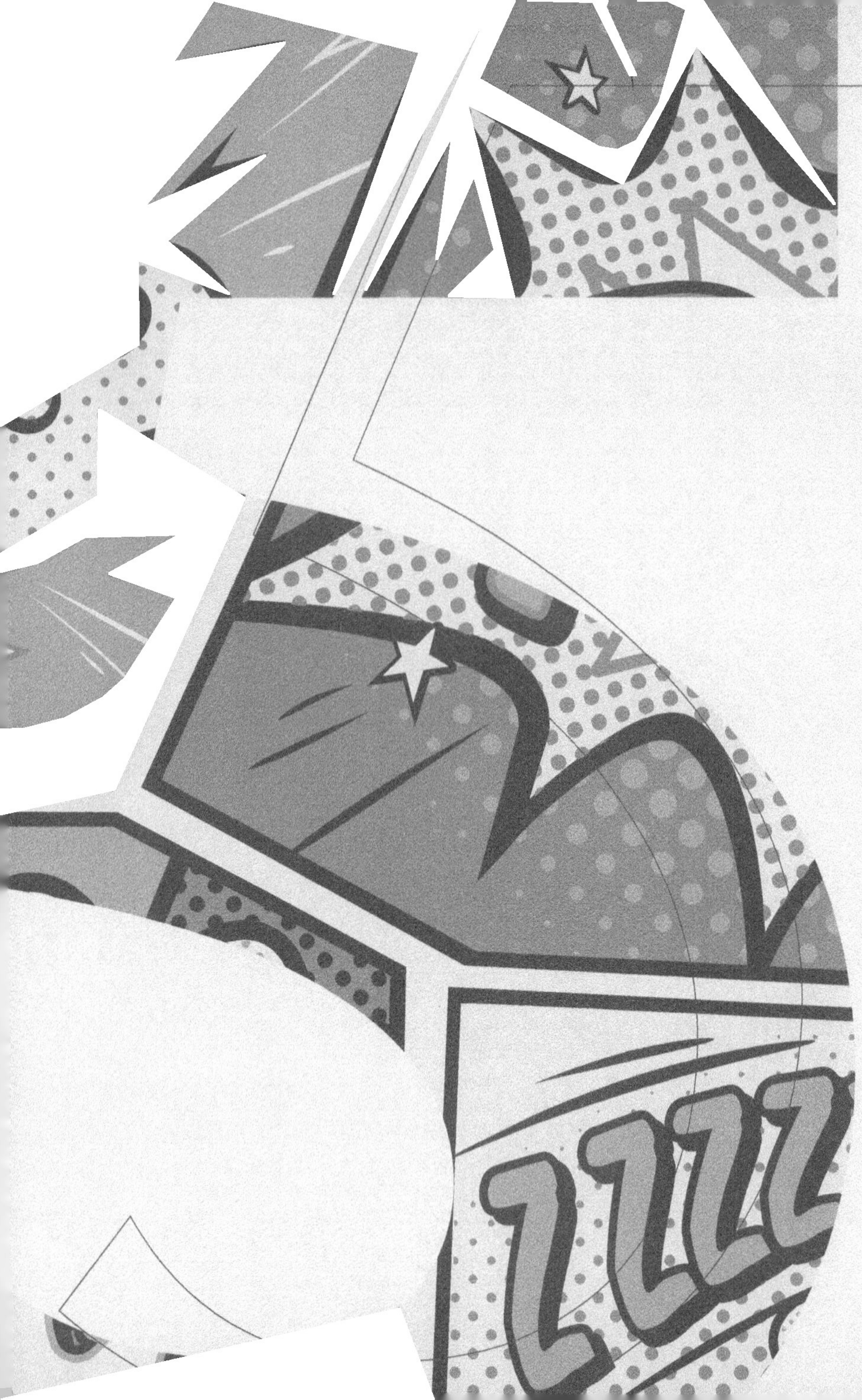

Breve história dos quadrinhos

André Lopez Scoville

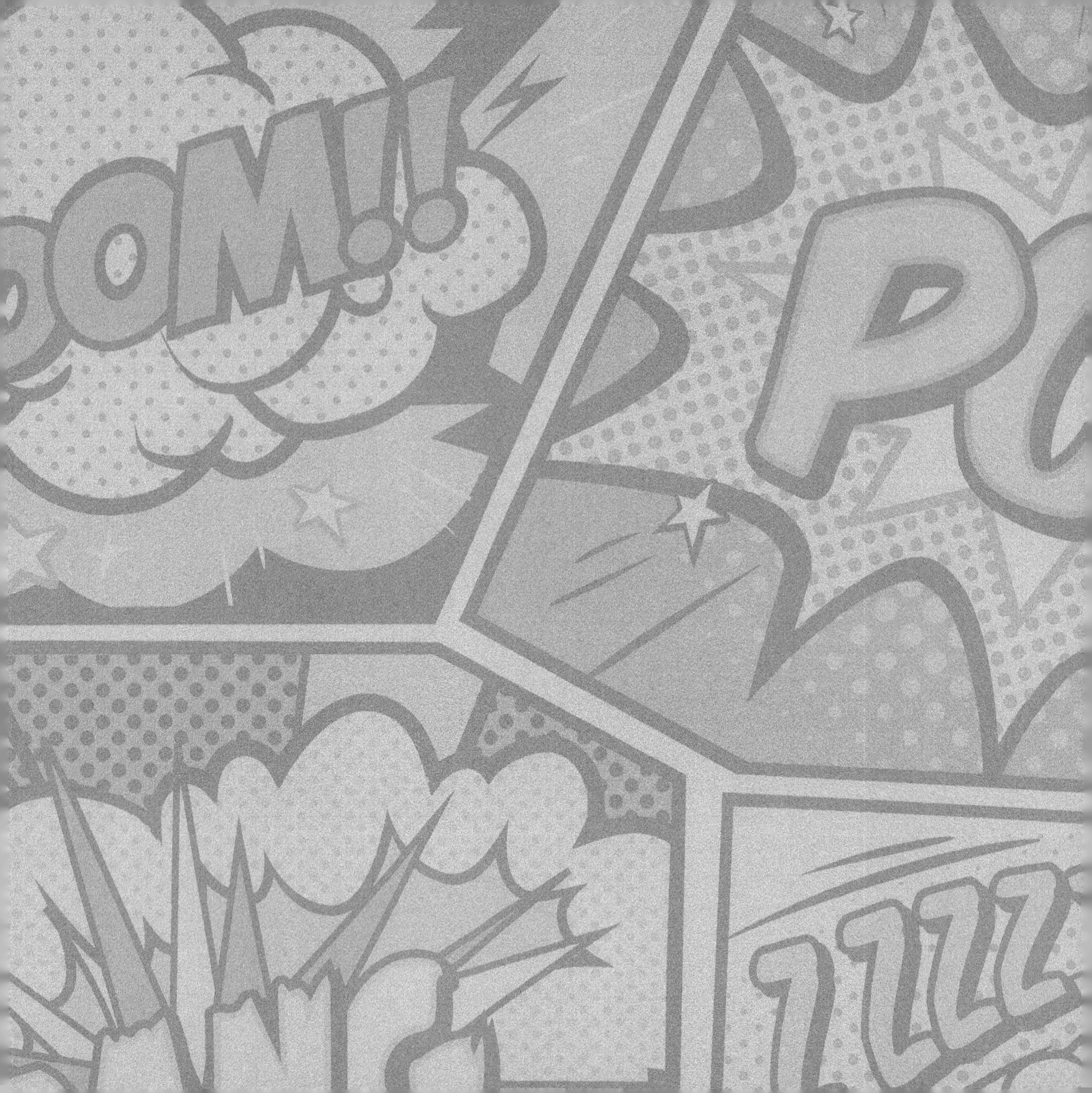

Neste capítulo, apresentaremos um pouco da história dos quadrinhos. De forma sucinta, destacaremos o processo de desenvolvimento e de consolidação dessa arte desde suas origens até os dias atuais, além de alguns dos principais artistas de quadrinhos, os quais se constituirão em referências para seus estudos. Comentaremos as obras desses artistas apontando características que justificam sua importância histórica. Dessa forma, estabeleceremos relações com as reflexões sobre definição, linguagem e elementos dos quadrinhos que abordamos no Capítulo 4.

5.1 Como tudo começou

Para tratarmos das origens dos quadrinhos, temos de ter em mente aquelas reflexões propostas na parte inicial do capítulo anterior. Afinal, para apontarmos quando surgiram as histórias em quadrinhos, vamos depender daquilo que conceituamos sobre essa linguagem, pois histórias narradas por meio de imagens em sequência existem há muito tempo, inclusive desde a Pré-História. De acordo com Vergueiro e Ramos (2007, p. 9), "quando o homem das cavernas gravava duas imagens, uma dele sozinho e outra incluindo um animal abatido, poderia estar, na realidade, vangloriando-se por uma caçada vitoriosa, mas também registrando a primeira história contada por uma sucessão de imagens".

Por sua vez, McCloud (2005, p. 14), ao remeter a esses "ancestrais" dos quadrinhos, apresenta o caso concreto de uma pintura egípcia [ca. 1380 a.C.] localizada na tumba do escriba Menna, em que algumas imagens justapostas indicam ações em sequência. Outros exemplos de arte sequencial frequentemente citados são a tapeçaria de Bayeux (do século XI) e a série de seis ilustrações *A Harlot's Progress* (1731), de William Hogarth.

Mas não precisamos voltar tanto no tempo. Os quadrinhos, como os conhecemos hoje, começaram a ganhar forma no século XIX: as ilustrações em livros e periódicos eram cada vez mais frequentes; nos jornais, o humor gráfico, com desenhos caricaturais, já era bastante utilizado para satirizar e criticar hábitos sociais e acontecimentos do dia. Nesse quadro geral, houve um passo decisivo para o surgimento do quadrinho moderno. Para muitos pesquisadores, quem o deu foi o suíço **Rodolphe Töpffer** (1799-1846) ao adotar um modo de narrar de histórias por meio de textos e ilustrações (Horn, 1976).

Töpffer vinha criando suas *Histórias em estampas* desde 1827, mas começou a publicá-las apenas alguns anos mais tarde. Possivelmente, a primeira delas foi *Histoire de M.r Vieux Bois*, criada em 1827 e publicada em formato de livro (ou álbum, se preferir) em 1837. No entanto, a primeira publicação foi *Histoire de M.r Jabot* (1833), criada em 1831. Além dessas, foram também publicadas: *Histoire de Monsieur Crépin*, *Docteur Festus*, *Monsieur Pencil*, *Histoire d'Albert*, *Histoire de Monsieur Cryptogame* e *Monsieur Trictrac*.

As histórias de Töpffer são apresentadas no formato de ilustrações com legendas na parte inferior de cada quadrinho. Não há balões de diálogo, o que faz com que alguns pesquisadores não as reconheçam como histórias em quadrinhos. Entretanto, nessas histórias, o texto não se limita a descrever a ilustração, assim como os desenhos não se limitam a ilustrar a narrativa. McCloud (2005) afirma que Töpffer criou uma linguagem própria ao realizar a "a primeira combinação interdependente de palavras e figuras na Europa" (McCloud, 2005, p. 17). Essa nova linguagem não surgiu por acaso, mas foi elaborada premeditadamente por Töpffer, que, inclusive, a descreveu em *Announce de l'Histoire de M.r Jabot* (1837):

> Ele [o livro] se compõe de uma série de desenhos autografados em traço. Cada um desses desenhos é acompanhado de uma ou duas linhas de texto. Os desenhos, sem este texto, teriam um significado obscuro, o texto, sem o desenho, nada significaria. O todo, junto, forma uma espécie de romance, um

livro que, falando diretamente aos olhos, se exprime pela representação, não pela narrativa. (Töpffer citado por Moya, 1986, p. 13)

Você pode até escolher se prefere atribuir a Töpffer o título de *criador*, *pioneiro* ou apenas *precursor* dos quadrinhos modernos no Ocidente, mas os avanços que ele introduziu na linguagem dos quadrinhos são inegáveis e estão por aí até hoje. Veja, na Figura 5.1, uma das páginas de *Histoire de M. Jabot*, de Töpffer (1833), com três quadros e legendas externas.

Figura 5.1 – *Monsieur Jabot*, de Töpffer

TÖPFFER, Rodolphe. **Histoire de M. Jabot**. 1833.

De modo semelhante, podemos citar as histórias ilustradas criadas pelo alemão **Wilhelm Busch** (1832-1908). Na mais famosa delas, *Max und Moritz: Eine Bubengeschichte in sieben Streichen* (1865), são narradas em versos sete travessuras dos garotos Max e Moritz (no Brasil, Juca e Chico, conforme a tradução do poeta Olavo Bilac). Diferentemente do que ocorre nos livros de Töpffer, o texto narrativo de Busch tem maior autonomia e as ilustrações são apresentadas de modo esparso. Para a história dos quadrinhos, as travessuras de Max e Moritz também têm grande importância, pois influenciaram claramente a criação dos personagens Hans e Fritz (*The Katzenjammer Kids*, mais conhecidos no Brasil como *Os sobrinhos do capitão*), além de uma extensa linhagem de quadrinhos protagonizados por crianças travessas. As tiras de quadrinhos desse tipo até ganharam uma denominação especial e ficaram conhecidas como *kid strips*.

Entre esses pioneiros dos quadrinhos, há um brasileiro, ou melhor, um ítalo-brasileiro: **Angelo Agostini** (1843-1910) nasceu na Itália, mas ainda jovem se mudou para Brasil. Em 1864, fundou o periódico *O Diabo Coxo* e, em 1866, *O Cabrião*, no qual aparecem suas primeiras histórias ilustradas (a série *As cobranças*). Mas foi na revista *Vida Fluminense* que Agostini publicou a obra que se tornou um marco na história dos quadrinhos brasileiros. *As aventuras de Nhô-Quim* ou *Impressões de uma viagem à Corte* começaram a ser publicadas em 30 de janeiro de 1869, seguindo o formato de ilustrações com legendas na parte inferior. Pela primeira vez no Brasil era, então, publicada uma história ilustrada de longa duração com um personagem fixo. Por esse motivo, a Associação dos Quadrinhistas e Cartunistas do Estado de São Paulo escolheu a data de 30 de janeiro para ser comemorado o Dia do Quadrinho Nacional. Veja, na Figura 5.2, dois quadros d'*As aventuras de Nhô-Quim*.

No entanto, as contribuições de Agostini para a história dos quadrinhos brasileiros não cessaram com as aventuras de Nhô-Quim. Em 1875, ele fundou a célebre *Revista Ilustrada*, na qual passou a publicar, em janeiro de 1883, *As aventuras de Zé Caipora*. Agostini foi ainda o criador do periódico *Dom Quixote* e colaborou com diversas publicações importantes, entre elas a revista infantil *O Tico-Tico*.

À medida que se aproximava a última década do século XIX, as histórias ilustradas se assemelhavam cada vez mais aos quadrinhos modernos. Em 1889, o francês **Christophe** – pseudônimo usado por

Georges Colomb (1856-1945) – criou a *La famille Fenouillard*. A história se desenvolve em uma sequência de quadros com legendas na parte inferior, e Christophe usava textos relativamente longos e bastante elaborados nessas legendas. Em seu trabalho, podemos destacar a qualidade das ilustrações e a utilização inovadora de algumas técnicas dos quadrinhos (como diferentes enquadramentos, planos, ângulos de visão e composições de quadros).

Enquanto isso, alguns passos seguintes no desenvolvimento dos quadrinhos já estavam sendo dados pela imprensa jornalística americana, que descobrira o potencial das ilustrações humorísticas em suas publicações. Nesse processo, alguns nomes merecem ser lembrados. O primeiro deles é o de **Jimmy Swinnerton** (1875-1974), cujos cartuns começaram a ser publicados pelo jornal *The San Francisco Examiner* em 1892. No início, eram ilustrações isoladas (uma arte original de 1892 mostra, inclusive, um balão de diálogo). Swinnerton criou, então, *The Little Bears*, cujos protagonistas eram ursinhos que se tornaram personagens fixos de seus cartuns. Com a inclusão de outros personagens, a série recebeu o nome de *Little Bears & Tykes* e passou

Figura 5.2 – *Nhô-Quim*, de Agostini

AGOSTINI, Angelo. As aventuras de Nhô-Quim, ou impressões de uma viagem à corte. **A vida fluminense**, Rio de Janeiro, ed. 61, p. 4, 27 fev. 1869. Disponível em: <http://memoria.bn.br/DocReader/DocReader.aspx?bib=709662&PagFis=596&Pesq=>. Acesso em: 16 nov. 2023.

a apresentar histórias curtas com quadros em sequência. Swinnerton teve uma longa carreira artística, criando ainda quadrinhos como *Mr. Jack*, *Little Jimmy* e *Canyon Kiddies*, que foram publicados durante muitos anos em jornais e revistas americanas.

Outro artista que sempre deve ser mencionado é o americano **Richard Felton Outcault** (1863-1928), cuja obra se tornou uma referência obrigatória nas pesquisas sobre histórias em quadrinhos. Na década de 1890, os cartuns humorísticos de Outcault eram publicados em várias revistas, entre elas a *Truth*, na qual, em junho de 1894, apareceu pela primeira vez o personagem Yellow Kid (o garoto amarelo), um menininho pobre que vestia uma grande camisola e morava no beco de Hogan (*Hogan's Alley*). Era apenas um personagem secundário, não tinha nome e tampouco sua camisola era amarela. Todas essas características – e ainda outras – surgiriam somente mais tarde. Segundo o pesquisador Richard Olson, Yellow Kid apareceu quatro vezes na revista *Truth* antes de estrear, ainda como personagem secundário, no jornal *The New York World*, do editor Joseph Pulitzer. Em maio de 1895, *The New York World* começou a publicar *Hogan's Alley*. Rapidamente, Yellow Kid ganhou popularidade e passou a ser o personagem principal da série. Suas falas passaram a ser inscritas em sua camisola que, em fevereiro de 1896, enfim se tornou amarela.

O sucesso de Yellow Kid fez com que William Randolph Hearst contratasse Outcault para trabalhar em seu jornal, o *New York Journal*, no qual a série recebeu primeiramente o nome de *McFadden's Row of Flats* (*Hogan's Alley* continuou sendo publicada pelo *The New York World*, com desenhos de George Luks).

Outcault costumava desenhar grandes ilustrações, ocupando páginas inteiras, retratando várias ações simultâneas, até que, em 25 de outubro de 1896, foi publicada no suplemento dominical do *New York Journal* aquela que é considerada por alguns pesquisadores como a primeira tira de quadrinhos: *The Yellow Kid and his new phonograph*. Ainda não apresentava o formato que, mais tarde, caracterizaria as tiras de quadrinhos, mas a pequena história já consistia em uma sequência de cinco cenas (sem requadros) e também já incluía balões de diálogo. O formato "padrão" das tiras ainda estava a caminho e Outcault ainda contribuiria nesse processo com outras histórias curtas de Yellow Kid publicadas nos meses seguintes. A figura seguinte apresenta uma das histórias com o personagem Yellow Kid, *How the Yellow Kid Planted a Seed and the Result* (1897), em que o formato das tiras já aparece em desenvolvimento.

Figura 5.3 - *Yellow Kid*, de Outcault

Em 1902, Outcault começou a produzir histórias com o personagem Buster Brown para as páginas dominicais do jornal *The New York Herald*. Essas histórias contavam com vários elementos gráficos dos quadrinhos, os quais, a essa altura, também eram utilizados por outros artistas. As histórias do menino Buster Brown e seu cachorro Tige geralmente apresentavam um quadrinho grande para o título e os demais distribuídos de modo uniforme (em conjuntos de três quadrinhos do mesmo tamanho), com requadros, muitos balões e sem legendas externas.

Outro artista que contribuiu bastante para o desenvolvimento do formato das tiras foi **Rudolph Dirks** (1877-1968). Suas histórias de *Os sobrinhos do capitão* começaram a ser publicadas em 12 de dezembro de 1897, ainda sem requadros nem balões. Porém, aos poucos, esses elementos foram incorporados e se tornaram cada vez mais frequentes a partir de 1899. Além disso, nos quadrinhos de Dirks, é constante a presença de linhas de expressão, onomatopeias e ícones que se tornaram típicos (como estrelas para representar dor, e grupos de caracteres como "!**&#@!" para expressar xingamentos). O sucesso de *Os sobrinhos do capitão* foi enorme e, certamente, influenciou diversos artistas a aderirem ao uso desses elementos em seus próprios quadrinhos. A série recebeu diferentes nomes e foi produzida por muitos autores durante décadas, fazendo com que as histórias dos travessos e incorrigíveis Hans e Fritz se tornassem a mais duradoura série da história dos quadrinhos.

Por coincidência, apenas por coincidência, foi exatamente na chegada do século XX que os principais elementos gráficos e formatos dos quadrinhos se mostraram consolidados. A partir de 1900, os fundamentos da linguagem dos quadrinhos passaram a ser amplamente utilizados, ainda que seu desenvolvimento nunca tenha cessado. Tanto os pioneiros como os novos artistas participaram e se beneficiaram desse processo e o que se constatou, logo no início do século XX, foi uma profusão de talentos explorando, difundindo, experimentando e aprimorando a nova forma de arte.

5.2 Do fenômeno dos quadrinhos no século XX à contemporaneidade

Com o caminho devidamente preparado durante o século XIX, os quadrinhos encontraram sua primeira "casa", ou melhor, seu primeiro "endereço fixo" nos jornais e em revistas de humor e de variedades. A presença dessa forma de arte se tornou praticamente obrigatória nos jornais americanos, e a disputa dos grandes jornais pelos melhores artistas era grande, de forma que não foram poucos os profissionais que receberam melhores ofertas de emprego e se transferiram para jornais concorrentes. Além disso, os personagens mais conhecidos, como Yellow Kid, não apenas alavancaram as vendas dos periódicos, mas também revelaram excelente potencial comercial, tornando-se "garotos-propaganda" em anúncios variados e sendo lançados produtos dos mais diversos tipos com os personagens.

Em meio a essa febre, logo na primeira década do século XX, grandes personagens de quadrinhos estrearam nos jornais. O americano **Frederick Burr Opper** (1857-1937) criou o vagabundo *Happy Hooligan* (1900), os franceses atrapalhados *Alphonse & Gaston* (1901) e a esperta mula Maud, de *And Her Name Was Maud!* (1904).

George McManus (1884-1954) também criou vários personagens nesse período, entre eles o jovem e elegante casal de *The Newlyweds* (1904). Em 1907, a família cresceu com a chegada de um bebê, que rapidamente se tornou o personagem mais popular da série. Porém, foi com outro casal de personagens – Pafúncio e Marocas, de *Bringing up Father* (1913) – que McManus alcançou seu maior sucesso. Pafúncio e Marocas não tinham o refinamento do casal de *The Newlyweds*. Eram "novos ricos", de forma que muitas situações cômicas dessa tira surgem das tentativas de Marocas de adequar a família aos padrões do novo *status* social, bem como das recusas de Pafúncio a abandonar seus velhos hábitos. Tiras de quadrinhos com enfoque na vida familiar, como essas de McManus, são conhecidas como **family strips** e essa linha temática foi (e continua sendo) bastante explorada ao longo da história dos quadrinhos. Além disso, é possível perceber também em filmes, séries e desenhos animados de TV como esse enfoque continua atual – é o caso de *Os Simpsons*, por exemplo.

Mutt e Jeff, outro clássico dos quadrinhos, também surgiu no começo do século XX. Criados por **Bud Fisher** (1885-1954), a dupla figura entre os mais bem-sucedidos personagens dos primórdios dos quadrinhos. As tiras diárias começaram a ser publicadas com o nome de *Mr. Mutt* no jornal *San Francisco Chronicle* a partir de novembro de 1907. Mutt, o alto e magro, protagonizava as tiras, porém logo surgiu seu parceiro Jeff.

Naquele período, também foram feitas algumas experimentações artísticas. Gustave Verbeek (1867-1937), por exemplo, criou a série *The Upside-Downs of Little Lady Lovekins and Old Man Muffaroo* (1903). Essas histórias, geralmente com seis quadros e legendas, deviam ser lidas inicialmente em sequência normal, de forma que era preciso virar a página de ponta-cabeça para continuar a leitura. Melhor explicando: cada um dos quadros apresentava dois segmentos diferentes da narrativa. Imagine-se a dificuldade de criar ilustrações desse tipo e de formar histórias com elas. Apesar disso, Verbeek produziu dezenas de *Upside-Downs* entre 1903 e 1905.

Outro "experimentador" foi **Winsor McCay** (1869-1934), que criou a série *Little Nemo in Slumberland*, em 1905. Sua ousadia fica evidente, por exemplo, no ambiente onírico de suas histórias. As histórias de Little Nemo podem ser descritas como surreais – embora o surrealismo, como movimento artístico, só tenha surgido bem mais tarde. O garoto Little Nemo vive suas aventuras em um mundo dos sonhos, rodeado por seres fantásticos, e está sempre envolvido em situações insólitas, das quais escapa ao despertar abruptamente no último quadrinho. Cada história ocupava uma página inteira da edição de domingo do jornal *New York Herald*, o que permitiu que McCay inovasse aspectos de *layout* de página, adotando diferentes tamanhos e formatos para os quadrinhos. McCay explorou também novas formas de enquadramentos, o uso harmônico das cores e o detalhamento sofisticado dos cenários. Observe, na Figura 5.4, o fragmento de uma página publicada em 1906 da história *Little Nemo in Slumberland*.

Figura 5.4 – *Little Nemo in Slumberland*, de McCay

Em 1911, a série passou a ser publicada no jornal *New York American* com o nome *In the Land of Wonderful Dreams*. No mesmo ano, McCay produziu o filme de curta metragem *Winsor McCay, the Famous Cartoonist of the N.Y. Herald and His Moving Comics*, no qual incluiu uma breve animação com Little Nemo e outros personagens. Outras animações se seguiram (sendo *Gertie the Dinosaur*, de 1914, a mais famosa delas) e McCay também deixou registrado seu talento e sua imensa criatividade nessa outra forma de arte.

Também explorando situações insólitas, porém com abordagem e estilo muito diferentes daqueles de McCay, **George Herriman** (1880-1944) estreou seus personagens Krazy Kat e Ignatz Mouse em 26 de julho de 1910, em uma pequena história transcorrendo independentemente dentro de uma tira de *The Dingbat Family*. Isso mesmo, dentro da tira. Enquanto a história com a família Dingbat era desenvolvida, ocupando a maior e visualmente mais importante área interna de cada quadrinho, o gato e o rato apareciam em tramas paralelas perto das margens inferiores. Não demorou muito tempo para que suas histórias fossem destacadas da tira principal e apresentadas em seus próprios quadrinhos. Em 1913, *Krazy Kat* se tornou uma tira diária e, em 1916, o personagem também passou a ter sua página dominical.

Herriman, ao contrário de McCay, não se preocupava muito com detalhamentos. A partir do momento em que o gato e o rato ganharam autonomia e "se mudaram" da casa da família para o condado de Coconino, Herriman passou a ambientar suas histórias em cenários desérticos e com poucos elementos visuais. Seus desenhos apresentam um aspecto propositalmente primitivo, porém com um estilo marcante e muito pessoal. O humor nonsense aliado a elementos da comédia do tipo "pastelão" é característico das histórias de *Krazy Kat*. O próprio tema central é exemplo disso. Afinal, em uma das primeiras séries de quadrinhos sobre a eterna rivalidade entre gato e rato, Herriman já realizava uma divertidíssima inversão, fazendo o rato "caçar" o gato para lhe dar tijoladas. Quer mais nonsense? Krazy Kat ama Ignatz e acha que cada tijolada que leva na cabeça é uma demonstração de amor. Mais ousadia? Herriman usava intencionalmente nas histórias de *Krazy Kat* uma linguagem distante da norma-padrão e de regras gramaticais, uma linguagem repleta de gírias, coloquialismos, reproduções de sotaques e distorções ortográficas. Então, tanto por sua irreverência quanto por sua arte, Herriman é sempre lembrado como um dos grandes nomes da história dos quadrinhos. Na Figura 5.5, observe um pouco de sua arte neste fragmento de uma página de *Krazy Kat* publicado em 1916.

Figura 5.5 – *Krazy Kat*, de Herriman

E no Brasil? Naquele início de século, o principal fato relacionado a quadrinhos foi o lançamento da revista infantil O Tico-Tico, em 11 de outubro de 1905. Entre seus primeiros colaboradores estava Angelo Agostini, que, inclusive, criou o cabeçalho ilustrado com o título da revista.

Não se tratava exatamente de uma revista *em* quadrinhos, mas de uma revista *com* quadrinhos – além de textos ilustrados, jogos, passatempos, brinquedos do tipo "recorte e monte", concursos culturais, correspondências e colaborações dos leitores, entre outras matérias educativas e recreativas para as crianças.

Quanto aos quadrinhos, logo no primeiro número de O Tico-Tico, ocorreu a estreia de Chiquinho, que se tornaria o personagem-símbolo da revista. As histórias de Chiquinho e seu cachorro Jagunço eram, a princípio, "decalcadas" de histórias do personagem Buster Brown (sim, aquele mesmo criado por Outcault). Na Figura 5.6, obtida a partir da edição facsimilar de O Tico-Tico n. 1 (encarte de Vergueiro; Santos, 2005), você vê um fragmento da primeira "desventura" de Chiquinho.

Mais tarde, o desenhista **Luís Gomes Loureiro** se tornou o responsável pela produção das histórias de Chiquinho e passou a incluir cada vez mais aspectos relacionados à realidade brasileira, criando, inclusive, o personagem Benjamin para ser um companheiro de aventuras de Chiquinho.

Depois de Loureiro, vários artistas brasileiros deram continuidade a essas histórias, entre eles: Augusto Rocha, Alfredo Storni, Oswaldo Storni, Paulo Affonso e Miguel Hochman. Buster Brown parou de ser publicado nos Estados Unidos em 1920, já Chiquinho seguiu aprontando suas travessuras até

1958. A revista ainda continuou sendo publicada até 1962, porém bastante modificada – edições especiais bimestrais, cada qual abordando um tema educativo.

Ao longo dessas décadas de atividade, trabalhos de diversos artistas apareceram nas páginas de *O Tico-Tico*. Além dos já mencionados, destacam-se J. Carlos (1884-1950), Max Yantok (1881-1964), Carlos Thiré (1917-1963), Théo (1901-1980) e Luiz Sá (1907-1979) – criador do trio Reco-Reco, Bolão e Azeitona, que fez grande sucesso na revista. Simultaneamente com os quadrinhos nacionais, *O Tico-Tico* também publicou muitos personagens estrangeiros, como os Sobrinhos do Capitão, Little Jimmy, Krazy Kat, Pafúncio e Marocas, Little Nemo, Gato Felix, Mickey e Popeye. Aliás, a revista foi responsável pela estreia de vários desses personagens no Brasil. Já tratamos de alguns deles, mas você deve ter notado que, até agora, quase não abordamos os super-heróis, e isso tem um motivo.

Figura 5.6 – Estreia de Chiquinho em *O Tico-Tico*, em 22 de novembro de 1905

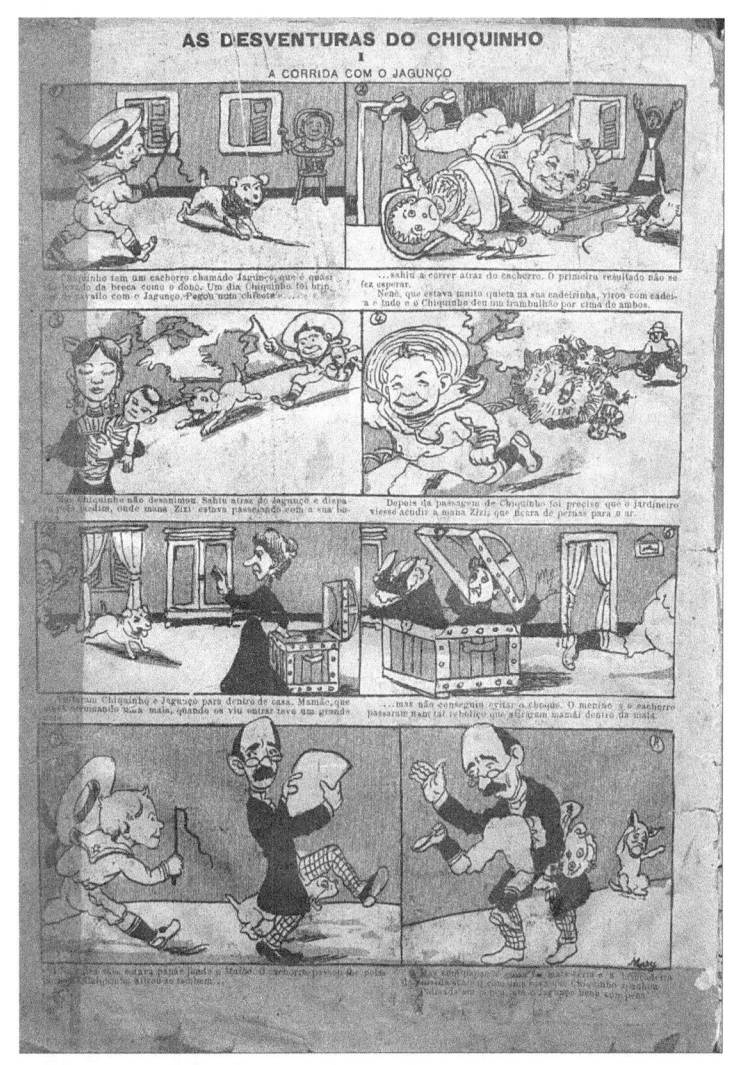

O TICO-TICO: Jornal das crianças (RJ) - 1905 a 1961. Disponível em: <http://memoria.bn.br/DOCREADER/DOCREADER.ASPX?BIB=153079&pagfis=1>. Acesso em: 16 nov. 2023.

Como já comentamos, os quadrinhos surgiram relacionados mais especificamente às histórias cômicas. Esse quadro começou a se alterar com o sucesso de algumas histórias de aventuras lançadas na década de 1920. Foi *Wash Tubbs* (*Tubinho*, no Brasil), criação de **Roy Crane** (1901-1977), que iniciou essa nova tendência. A série começou a ser publicada em 1924 como uma história cômica, porém, alguns meses depois tornou-se uma série de aventuras – o que se acentuou com a inclusão do personagem Capitão Cesar em 1928. Não apenas pela temática, mas também por sua arte, a série de Crane foi inovadora. De acordo com Gubern (1980, p. 92), "Crane ultrapassou o esquematismo gráfico dos predecessores ao introduzir o uso do pincel, com massas negras e cinzentos matizados, anunciando o estilo naturalista que iria ter o *comic* de aventuras na década seguinte". O caminho estava aberto para o surgimento de novos heróis.

Em 1929, começaram a ser publicadas duas outras séries que reforçaram essa direção que os quadrinhos tomavam. Com histórias baseadas nos livros escritos por Edgar Rice Burroughs, Tarzan ganhou sua versão em quadrinhos com desenhos de **Harold Foster** (1892-1982). Publicadas em tiras diárias de cinco quadros com legendas externas, as histórias de Tarzan, aos poucos, conquistaram os leitores e o sucesso que o personagem fazia nos livros se repetiu nos quadrinhos.

A outra importante série de aventuras que surgiu em 1929 também era proveniente de outro meio, no caso, de uma revista *pulp* (revistas populares produzidas com papel de baixo custo). Criado por **Philip Francis Nowlan** (1888-1940), o herói Buck Rogers estreou com o nome de Anthony Rogers no conto *Armageddon 2419 AD*, publicado na revista *Amazing Stories* de agosto de 1928. O editor John F. Dille logo se interessou pelo personagem e contratou Nowlan para criar as tiras em quadrinhos, ficando os desenhos a cargo de Dick Calkins (1894-1962). Em janeiro de 1929, foi publicada a primeira tira de *Buck Rogers 2429 AD*, e assim surgiu o primeiro herói espacial dos quadrinhos.

Além de impulsionar a produção de quadrinhos de aventuras, Tarzan e Buck Rogers se tornaram referências para dois tipos clássicos de histórias em quadrinhos: as aventuras nas selvas e as aventuras espaciais.

O ano de 1929 foi mesmo especial para essa arte, pois também naquele ano estrearam os personagens Tintim e Popeye. Criado pelo artista belga **Hergé** (1907-1983), Tintim inicia sua primeira aventura,

"Tintim no país dos sovietes", no suplemento "Le Petit Vingtième" do jornal *Le Vingtième Siècle*. Nessa história, Tintim viaja até Moscou para fazer uma reportagem para esse suplemento (veja mais sobre Tintim nas indicações culturais). Já o marinheiro Popeye, criação de **E. C. Segar** (1894-1938), apareceu pela primeira vez nos quadrinhos como um personagem coadjuvante das tiras da série *Thimble Theatre*. O sucesso entre os leitores fez com que Segar passasse a dar destaque ao marinheiro nas aventuras seguintes, não demorando muito para Popeye se tornar o protagonista da série.

Ao longo da década de 1930, o que se viu foi outro período de expansão e de grande criatividade nos quadrinhos. O detetive Dick Tracy, criado por **Chester Gould** (1900-1985), surgiu em 1931, estabelecendo as aventuras de detetives como um novo segmento das histórias em quadrinhos e desencadeando o aparecimento de diversos personagens semelhantes. Também surgiram naquela década novos heróis, como Flash Gordon e Jim das Selvas, de **Alex Raymond** (1909-1956); Mandrake e Fantasma, de **Lee Falk** (1911-1999); e Príncipe Valente, de Harold Foster. Além desses, houve a estreia das tiras diárias de *Terry e os Piratas*, de **Milton Caniff** (1907-1988), que, ao lado de Raymond e Foster, é nome obrigatório em qualquer lista de maiores artistas dos quadrinhos em todos os tempos. Em 1935, cartuns de Luluzinha, de **Marge** (1904-1993), começaram a ser publicados em jornais americanos e, mais tarde, vieram as tiras e as histórias em quadrinhos dessa personagem, que faz enorme sucesso até hoje. No Brasil, a série *A garra cinzenta*, com história de Francisco Armond e desenhos de Renato Silva, começou a ser publicada pelo suplemento "A Gazetinha", em 1937, podendo ser considerada como a primeira história em quadrinhos de terror brasileiro.

> Com a diversidade de gêneros e de tipos de heróis que surgiam a cada dia, o terreno estava preparado para uma nova etapa na história dos quadrinhos com a chegada dos super-heróis.

Alguns pesquisadores gostam de dividir a história dos quadrinhos em períodos ou eras, e isso, é claro, gera discussões e polêmicas. O período inicial é frequentemente denominado *Era de Platina*, a qual é sucedida pela chamada *Era de Ouro*. Há quem defenda que a **Era de Ouro** dos quadrinhos iniciou em

1929, tendo em vista a explosão de criatividade de que se falou. Já para outros, a Era de ouro começou em 1938, com a publicação da primeira história de Superman na revista *Action Comics* n. 1.

Criado por **Jerry Siegel** (1914-1996) e **Joe Shuster** (1914-1992), *Superman* pode não ter sido o primeiro super-herói dos quadrinhos (isso vai depender daquilo que você define como "super-herói"), mas certamente foi o mais influente e o principal responsável pelo surgimento de inúmeros super-heróis nos anos seguintes. Entre os mais famosos, apareceram na sequência:

a) *Batman*, em 1939; *Robin*, *Lanterna Verde*, *Gavião Negro* e *Flash*, em 1940; *Mulher-Maravilha* e *Aquaman*, em 1941 – publicados por editoras que originariam a DC Comics;

b) *Namor* e *Tocha Humana*, em 1939; e *Capitão América*, em 1941 – publicados pela Timely Publications, antecessora da Marvel Comics;

c) *Capitão Marvel*, em 1940 – publicado pela Fawcett Comics, atualmente personagem pertencente à DC Comics;

d) *Homem-Borracha* e *Falcão Negro*, em 1941 – publicados pela Quality Comics, também pertencentes atualmente à DC Comics.

Foram, literalmente, centenas de super-heróis que surgiram a partir de 1938, mas apenas uma pequena parcela conseguiu "sobreviver" até nossos dias. Com a entrada dos Estados Unidos na Segunda Guerra Mundial, a maioria dos super-heróis americanos passou a combater o nazismo e o fascismo. Alguns – como o Capitão América, por exemplo – foram criados especificamente para essa finalidade. Não por acaso, o período de maior sucesso dos super-heróis se prolongou até o final da guerra. Após 1945, a popularidade dos super-heróis decaiu e somente começou a se recuperar durante a década de 1960. O período que vai de 1946 até 1956 pode ser visto tanto como parte da Era de ouro quanto como um período à parte, conhecido como *interregno*.

Em 1956, a DC Comics começou a reformulação de vários de seus super-heróis, dando início à **Era de Prata**, que se estendeu até aproximadamente 1970. Também nesse período surgiu a Marvel Comics, sucessora da Timely e da Atlas Comics, que lançou e relançou diversos super-heróis, porém com uma abordagem diferente. A Marvel buscou modernizar os super-heróis, incluindo em suas aventuras tramas com aspectos psicológicos e problemas cotidianos, tornando-os menos "supers" e mais "humanos".

Esse processo começou com a publicação da revista do *Quarteto Fantástico* (*Fantastic Four* n. 1, de 1961), cujo sucesso desencadeou o aparecimento de personagens como Hulk (1962), Thor (1962), Homem de Ferro (1963), os X-Men (1963), Demolidor (1964) – e, claro, Homem-Aranha (1962), maior êxito da editora e melhor exemplo dessa proposta de "humanização" dos super-heróis.

Após a Era de Prata, seguiu-se a **Era de Bronze** até 1985, que teria como marco limítrofe a publicação da saga *Crise nas infinitas terras*, por meio da qual a DC se propôs a reorganizar seu universo de super-heróis, resolvendo problemas de cronologia e de continuidade que as histórias apresentavam. O período após a Era de Bronze é mais frequentemente denominado **Era Moderna**, porém a discussão sobre esse período recente ainda está longe de um consenso, e proliferam propostas de divisões, subdivisões e de nomes para essas "novas eras".

Essa divisão em períodos tem o foco na produção norte-americana, especificamente tomando como parâmetro o gênero dos super-heróis. No entanto, esta é apenas uma das possibilidades de se analisar essa história. Apesar da evidente influência global dos quadrinhos norte-americanos, a história dos quadrinhos se desenvolveu por caminhos diferentes no resto do mundo. Basta lembrar, por exemplo, de quadrinhos clássicos argentinos como *O Eternauta* (1957), de **Oesterheld** (1919-1977) e **Solano López** (1927-1970), e *Mafalda* (1964), de **Quino** (1932-); ou de alguns importantes quadrinhos europeus que nada têm a ver com super-heróis, como: *Lucky Luke* (1947), de **Morris** (1923-2001); *Tex* (1948), de **Bonelli** (1908-2001); *Asterix* (1959), de **Goscinny** (1926-1977) e **Uderzo** (1927-); *Valentina* (1965), de **Guido Crepax** (1933-2003); *Corto Maltese* (1967), de **Hugo Pratt** (1927-1995); e obras vanguardistas de **Guy Peellaert** (1934-2008), **Philipe Druillet** (1944-) e **Moebius** (1938-2012) – pseudônimo de Jean Giraud.

Outro exemplo que podemos citar é o desenvolvimento da produção brasileira de quadrinhos a partir da década de 1950. Esse processo pode ser observado nas publicações das três maiores editoras – Ebal, Rio Gráfica e Editora (RGE) e O Cruzeiro – porém também em publicações das editoras "menores" La Selva e Novo Mundo, que, então, apenas começavam a produzir revistas em quadrinhos. Todas essas editoras publicavam prioritariamente quadrinhos estrangeiros, mas também abriam espaço para a produção local de diferentes modos.

Fundada em 1945 por Adolfo Aizen (sim, o mesmo editor de *Suplemento juvenil* e *Mirim*), a Ebal contava com artistas brasileiros e estrangeiros radicados no Brasil para a criação de capas e também de edições inteiramente produzidas aqui – como se vê, por exemplo, nas séries *Edição maravilhosa* e *Grandes figuras em quadrinhos*. A RGE, criada em 1952 para abrigar as edições do jornal O Globo, também contava com vários colaboradores capistas, além de produzir revistas nacionais como *Aventuras do Anjo* e *Jerônimo, o herói do sertão*, e de publicar histórias de personagens estrangeiros que eram feitas no Brasil por carência de material original. Já a principal contribuição da editora O Cruzeiro viria um pouco mais tarde, em 1960, com o lançamento da revista *Pererê*, de Ziraldo, que foi publicada até 1964.

A La Selva, por sua vez, criou condições para o desenvolvimento da produção de quadrinhos no Brasil ao reunir diversos artistas colaboradores (entre eles, Jayme Cortez e Miguel Penteado) que atuariam como fomentadores dos quadrinhos nacionais nos anos seguintes. Além disso, a editora investiu em um gênero pouco explorado no Brasil: os quadrinhos de terror. O título *O terror negro*, que nascera publicando personagens estrangeiros, passou a trazer, além de capas, algumas histórias produzidas no Brasil. O sucesso fez surgir outros títulos, como *Sobrenatural* e *Contos de terror*, e também foi seguido por outras editoras como a Gráfica Novo Mundo (por exemplo, com *Noites de terror*, *Gato preto* e *Mundo de sombras*), que foi adquirida pela La Selva em 1958.

A La Selva, no entanto, não publicava somente quadrinhos de terror, mas apresentava uma grande variedade de gêneros em suas revistas. Dois de seus principais títulos eram *Cômico colegial* e *Seleções juvenis*. Nesses títulos, revezavam-se séries de diferentes tipos. *Contos de fadas* e *Varinha mágica*, por exemplo, eram séries infantis e traziam trabalhos de Jayme Cortez, Nico Rosso, Giorgio Scudellari, Sylvio Ramirez e muitos outros. Também nesses dois títulos eram publicadas revistas em quadrinhos com personagens brasileiros do cinema, do rádio e da TV, como Mazzaropi, Oscarito e Grande Otelo, Carequinha e Fred, Fuzarca e Torresmo, Arrelia e Pimentinha – feitas, claro, totalmente no Brasil.

Em 1951, Jayme Cortez, Miguel Penteado, Álvaro de Moya, Reinaldo de Oliveira e Syllas Roberg (todos trabalharam para a La Selva) organizaram a 1ª Exposição Internacional de Histórias em Quadrinhos, em São Paulo, que foi o primeiro evento desse tipo no mundo e uma iniciativa pioneira de valorização dos quadrinhos como forma de arte.

Cresceu também, durante os anos 1950, um espírito nacionalista de defesa dos quadrinhos produzidos no Brasil, o que levou à elaboração de propostas e projetos de lei visando à melhoria de condições de trabalho dos artistas e ao incremento de cotas de produção nacional nas publicações. Foi com esse espírito que surgiu em 1959 a editora Continental, criada por Jayme Cortez, Miguel Penteado e mais um grupo de amigos, tendo como proposta publicar apenas quadrinhos feitos no Brasil. A Continental, que pouco depois mudou seu nome para Editora Outubro, agregou cerca de 50 artistas colaboradores (veteranos e iniciantes) em torno dessa proposta. Entre esses iniciantes estava Mauricio de Sousa, cuja primeira revista em quadrinhos, *Bidu*, foi publicada pela Continental em 1960. Mauricio já publicava suas tiras em jornais e continuou publicando tiras e criando personagens até que, em 1970, conseguiu que uma editora de grande porte, a Editora Abril, lançasse sua revista *Mônica*.

A década de 1960 foi marcada pelo surgimento de diversas pequenas editoras, algumas com essa mesma proposta de valorizar o quadrinho nacional, entre elas: a Gráfica Editora Penteado (GEP), de Miguel Penteado (após sair da editora Outubro) e Luiz Vicente Neto; e a Editora de Revistas e Livros (Edrel), de Minami Keizi, Jinki Yamamoto e Salvador Bentivegna. A Edrel foi a primeira editora brasileira a publicar recorrentemente quadrinhos inspirados no estilo mangá, merecendo destaque as criações de Keizi e de Cláudio Seto. O pesquisador Gonçalo Junior (2010) relata a criação de 22 editoras somente na cidade de São Paulo no período entre meados dos anos 1960 e início da década seguinte. Em sua grande maioria, eram pequenas editoras que não duraram muito tempo, operavam meio "clandestinamente", com poucos recursos e seguindo o mote "faça você mesmo".

De certo modo, ainda que com propósitos bastante diferentes, isso se assemelhava a algo que ocorria nos Estados Unidos naquela época. Os quadrinhos contraculturais, ou **quadrinhos *underground***, que surgiram em meados dos anos 1960, também adotaram soluções alternativas de produção e distribuição. Não buscavam se inserir no mercado de quadrinhos, e sim contestavam esse mercado e suas regras. A proposta dos *undergrounds* era, antes de tudo, política, ao exercerem liberdade total para a criação, para a abordagem de temas considerados tabus, como sexo e drogas, e para a crítica às instituições, à sociedade e aos valores que regiam o modo de vida americano. Esses quadrinhos davam continuidade, levando ao extremo, à linha de sátira de costumes desenvolvida pela revista *Mad*, concebida na década anterior por Harvey Kurtzman. Tanto é que Robert Crumb e Gilbert Shelton, dois dos principais nomes dos quadrinhos contraculturais, tiveram alguns de seus primeiros trabalhos publicados na revista *Help!*, de Kurtzman (após sua saída da *Mad*). E, a propósito, Crumb sempre fez questão de apontar Kurtzman como um de seus ídolos.

Os quadrinhos *underground* foram veiculados inicialmente pela imprensa alternativa, porém, a partir da publicação da revista *Zap Comix* n. 1, em 1968, tornaram-se um fenômeno. Após a primeira edição da *Zap Comix*, integralmente desenhada por Crumb, outros artistas passaram a colaborar com a revista, entre eles, Clay Wilson, Victor Moscoso, Rick Griffin, Spain Rodriguez, Gilbert Shelton e Robert Williams. As vendas da *Zap Comix* atingiram números impressionantes no início da década de 1970, de modo que, ao contestarem os parâmetros que regulavam o mercado tradicional de quadrinhos, os *undergrounds* criaram o próprio mercado, inspirando até mesmo o aparecimento de diversas revistas em quadrinhos de pequenas editoras em todo o mundo.

Essa turma do *underground* americano estreou no Brasil por meio da revista *Grilo*, que surgiu em 1971 com a proposta de publicar quadrinhos de alta qualidade e de diferentes países. De certo modo, *Grilo* seguiu o modelo proposto pela revista italiana *Linus*, criada em 1965. Os quadrinhos de Robert Crumb e Gilbert Shelton dividiam as páginas de *Grilo* com histórias de *Peanuts* ("a turma do Charlie Brown", de Charles Schulz), *Mago de Id* (de Brant Parker e Johnny Hart), *B.C.* (de Johnny Hart), *Pogo* (de Walt Kelly), e com quadrinhos europeus de Wolinski, Pichard, Guido Crepax e outros.

Na mesma época, surgiu a revista independente *Balão*, lançada em 1972, que durou nove edições e teve foco na produção nacional, publicando alguns dos primeiros trabalhos de Laerte, Luiz Gê, Chico Caruso, Paulo Caruso, Angeli e Xalberto.

Laerte, Luiz Gê e Angeli acabaram se tornando figuras centrais da Circo Editorial, idealizada por Toninho Mendes e fundada em 1984, que lançou com sucesso as revistas *Chiclete com Banana* (1985), *Circo* (1986), *Geraldão* (de Glauco, 1987), *Piratas do Tietê* (1990), entre outras.

Paralelamente, a partir da década de 1980, expandiu-se a produção de *graphic novels* e de quadrinhos com temas direcionados ao público adulto. Até mesmo os quadrinhos de super-heróis ganharam abordagens mais complexas, releituras e revisões críticas em algumas obras clássicas como:

Batman: o cavaleiro das trevas (1986), de Frank Miller; *Demolidor: a queda de Murdock* (1986) e *Demolidor: amor e guerra* (1986), escritas por Frank Miller e ilustradas por David Mazzucchelli e Bill Sienkiewicz, respectivamente; *Watchmen* (1986), história de Alan Moore e arte de Dave Gibbons; *Batman, a piada mortal* (1988), história de Alan Moore e arte de Brian Bolland. Essa década foi ainda marcada por *Maus*, de Art Spiegelman (série publicada de 1980 a 1991), e pelos lançamentos de *V de vingança* (1988), de Alan Moore e David Lloyd, e da série *Sandman* (1989), escrita por Neil Gaiman e ilustrada por vários artistas. Em 1993, a editora DC criou o selo Vertigo para abrigar especificamente seus quadrinhos voltados para adultos, e *Sandman* foi um dos títulos que passaram a ser publicados por esse selo.

A década de 1990 consolidou a segmentação dos quadrinhos em nichos de acordo com as faixas etárias dos leitores. Ao lado dos quadrinhos chamados *convencionais*, proliferaram – por todo o mundo e não mais apenas na Europa, onde já eram frequentes – os **quadrinhos autorais**. Além disso, foi também naquela década que os quadrinhos japoneses, os **mangás**, invadiram definitivamente o ocidente e conquistaram uma parcela considerável do mercado, inclusive influenciando artistas e estimulando a produção local de mangás em vários países. Nesse período mais recente, o primeiro mangá japonês publicado no Brasil foi *Lobo solitário*, com história de Kazuo Koike e arte de Goseki Kojima, em 1988. Desde então, principalmente a partir da metade da década seguinte, foram publicados diversos mangás no Brasil, inclusive obras-primas como *Buda* e *Adolf*, de Osamu Tezuka, considerado o "pai" do mangá moderno.

No contexto atual, esse quadro de segmentação e diversificação de gêneros de quadrinhos persiste. A principal novidade dos últimos anos tem sido a crescente publicação de quadrinhos independentes e por pequenas editoras, e está cada vez mais evidente quão estreita é aquela visão de que quadrinhos se resumem a histórias cômicas ou de super-heróis. É claro que essas histórias ainda são as faces mais visíveis da produção dessa arte, principalmente porque os super-heróis voltaram a ser bastante populares nos últimos anos – o que, no entanto, não se deve aos quadrinhos, mas ao cinema, uma vez que, recentemente os filmes de super-heróis têm figurado sempre entre os maiores *blockbusters* da indústria cinematográfica e atraído multidões aos cinemas.

É válido mencionar que as relações entre **cinema** e **quadrinhos** (não somente os de super-heróis) são muito antigas e remontam aos primórdios de ambas as artes, porém o que se verifica atualmente é uma inversão. Se, antigamente, o cinema buscou muitas vezes "capitalizar" o sucesso dos quadrinhos de super-heróis, hoje os filmes parecem ter se transformado no produto principal, por ser o mais lucrativo, relegando a esses quadrinhos uma posição secundária.

Ao longo dessa longa história de relações entre quadrinhos e cinema, os quadrinhos já foram fonte de inspiração para filmes como também foram produtos derivados do cinema. No período que vai da década de 1930 até o início da década de 1950, foram produzidos inúmeros seriados de cinema baseados em personagens dos quadrinhos (como os de Flash Gordon, Mandrake, Fantasma, Batman, Superman e Capitão Marvel). Por outro lado, houve também vários filmes e desenhos animados cujos personagens foram transpostos para a linguagem dos quadrinhos. O Gato Félix, de Pat Sullivan, Betty Boop, de Max Fleischer, e quase todos os primeiros personagens dos estúdios Walt Disney (incluindo Mickey Mouse) surgiram no cinema e, apenas posteriormente, ganharam suas versões em quadrinhos.

As aproximações entre quadrinhos e cinema podem ser analisadas sob diferentes perspectivas, até ao se considerarem as semelhanças entre as linguagens – e você deve se lembrar que já apontamos que ambas são artes sequenciais (o cinema, sequencial no tempo; os quadrinhos, sequencial no espaço). Por essa proximidade, são muito comuns as comparações de técnicas e recursos utilizados por essas artes. Os quadrinhos e os filmes compartilham técnicas como o uso de diferentes tipos de planos e de iluminação para a composição visual das narrativas. Até mesmo elementos básicos dessas linguagens são "intercambiáveis".

Tubau (1969) comenta, por exemplo, o emprego de uma espécie de balão (no caso, um "balão de sonho") no filme *A vida de um bombeiro americano*, de 1903 (como se vê, logo no início do cinema). Por sua vez, Cirne (1972), reportando-se a Francis Lacassin, afirma que algumas técnicas "cinematográficas" – e ele menciona o *plongée* (um dos tipos de ângulos de visão) – já apareciam na série *La famille Fenouillard* (1889), de Christophe, antes mesmo da invenção do cinema. Cirne ainda acrescenta que "é verdade também que foi o cinema a linguagem a determinar – inclusive ideologicamente – o emprego desses recursos na estrutura narrativa das historietas" (Cirne, 1972, p. 26).

Mais importante do que entrar nessa discussão sobre qual das duas artes criou tal técnica ou recurso é perceber que ambas se beneficiaram desse intercâmbio. Porém, algo que parece inegável é que a linguagem do cinema continua sendo tomada como uma referência importante para a criação de quadrinhos. Muitos artistas os elaboram selecionando planos e ângulos de visão, tendo em mente a linguagem cinematográfica, e isso fica ainda mais evidente quando esses artistas falam sobre suas obras e seus processos de criação. É claro que não há nada de errado nisso. Trata-se apenas de uma constatação: quadrinhos e cinema são artes visuais "irmãs", que continuam – e continuarão – se influenciando reciprocamente. No entanto, para levarmos adiante essas questões técnicas, seguimos para o próximo capítulo.

Síntese

Neste capítulo, traçamos um panorama da história dos quadrinhos desde as suas origens no século XIX. O período de formação dos quadrinhos modernos recebeu um pouco mais de atenção por dois motivos: primeiramente, como uma espécie de "tributo" àqueles pioneiros de uma arte que nascera e apenas começara a "engatinhar"; depois, porque foi naquele período que os elementos de linguagem dos quadrinhos surgiram e começaram a ser incorporados e difundidos, o que possibilitou que estabelecêssemos um diálogo produtivo entre aspectos históricos e teóricos.

Quanto aos períodos seguintes, pontuamos fatos importantes e mudanças de rumos, bem como registramos e contextualizamos obras de alguns dos principais artistas de quadrinhos. Nessas abordagens contextualizadas, procuramos sempre destacar o que acontecia no Brasil. Como foi possível notar, a história dos quadrinhos no Brasil é bastante rica. No entanto, é preciso ressaltar que ainda há muito mais sobre essa história e que apenas promovemos uma primeira aproximação para que, a partir desse ponto, você possa fazer novas descobertas.

Indicações culturais

CRUMB, R. **Minha vida**. São Paulo: Conrad, 2005.

Se você não conhece a obra de Robert Crumb, uma boa maneira de começar a conhecê-la é por meio dessa edição. *Minha vida* reúne trabalhos de diferentes períodos de sua carreira, tendo como foco suas histórias autobiográficas. As inquietações, confissões, paranoias, críticas e autocríticas do autor são expostas nesse livro sempre com o humor irreverente e mordaz, que testa os limites da autocensura e que lhe é característico. Por esse motivo, é uma leitura indicada para o público adulto. Crumb tem entre seus personagens mais conhecidos o gato Fritz e o guru Mr. Natural, porém, em *Minha vida*, Crumb também fez de si mesmo um personagem fascinante. Depois de ser "apresentado" ao artista, conheça outros personagens em álbuns também lançados pela editora Conrad (*Fritz the Cat, Mr. Natural, Mr. Natural vai para o hospício e outras histórias, América, Zap Comix*). No entanto, se quiser seguir nessa linha de trabalhos autobiográficos, uma boa opção é *Meus problemas com as mulheres*, também lançado pela Conrad.

Fique atento: o primeiro aspecto que chama a atenção é o humor provocativo e o olhar crítico de Crumb, tanto para a sociedade quanto para si mesmo. Observe também a qualidade artística de seus desenhos caricaturais a traço. O álbum contém desde simples esboços até trabalhos detalhados, sendo uma boa oportunidade para comparar algumas etapas de produção do artista.

HERGÉ. **Tintim no Tibete**. São Paulo: Companhia das Letras, 2008.

Um excelente exemplo dos quadrinhos produzidos na Europa, mais especificamente pela escola de Bruxelas, é a série *As aventuras de Tintim*. Criado em 1929 por Hergé (pseudônimo de Georges Remi), o jovem herói Tintim logo se tornou um sucesso no mundo inteiro. *Tintim no Tibete*, vigésimo álbum dessa série, foi publicado originalmente em 1960 e é tido como um dos melhores trabalhos de Hergé. Como acontece em outras aventuras, os perigos enfrentados por Tintim são intercalados por situações cômicas, geralmente protagonizadas pelo Capitão Haddock ou pelo cachorro Milu. Com base em pesquisas do autor, a história apresenta ao leitor aspectos culturais da Índia e do Nepal. Em suas obras, Hergé tem essa preocupação de divertir e, ao mesmo tempo, educar – tanto pelo caráter informativo que estimula a curiosidade do leitor quanto pelo incentivo a valores positivos, como coragem, honestidade, bondade e lealdade, que caracterizam o personagem Tintim.

Fique atento: o estilo da arte de Hergé é denominado *linha clara* (*ligne claire*), cujas principais características estéticas são o traço bem definido e de espessura quase uniforme, bem como a utilização mínima de técnicas de sombreamento, equilibrando, assim, a importância visual de todos os elementos presentes em cada quadrinho.

QUINO. **Toda Mafalda**: da primeira à última tira. São Paulo: M. Fontes, 1991.

Sabe aquela fase da infância em que as crianças estão descobrindo o mundo e estão sempre fazendo perguntas? Pois essa é uma das principais características de Mafalda, uma menina que, enquanto descobre o mundo, também nos ajuda a redescobri-lo. Mafalda é, antes de tudo, uma questionadora e suas perguntas são sempre desconcertantes. Quino, apelido de infância de Joaquín Salvador Lavado Tejón, criou Mafalda em 1964. Nascido na Argentina (mas também com nacionalidade espanhola), Quino produziu tiras da personagem até 1973, quando passou a se dedicar a outros projetos. A edição brasileira de *Toda Mafalda* contém quase todas as tiras de Mafalda, porém, se você ainda quiser mais, pode recorrer ao álbum *Mafalda inédita*, que traz, entre outros trabalhos, as primeiras tiras de Mafalda publicadas no periódico *Primeira Plana*.

Fique atento: as tiras de Mafalda são um excelente exemplo de como desenvolver histórias cômicas nesse formato. Quino domina com perfeição a arte de contar uma história em poucos quadrinhos, estando sempre atento às etapas de preparação, tensão e conclusão que uma boa história necessita.

Atividades de autoavaliação

1. São exemplos de arte sequencial:
    a) desenho animado e placa de trânsito.
    b) desenho animado e tapeçaria de Bayeux.
    c) tapeçaria de Bayeux e placa de trânsito.
    d) cartum e tapeçaria de Bayeux.

2. São artistas que contribuíram para o desenvolvimento dos quadrinhos no século XIX:
    a) Harold Foster, Rodolphe Töpffer e Angelo Agostini.
    b) Rodolphe Töpffer, Roy Crane e Christophe.
    c) R. F. Outcault, Rudolph Dirks e Hergé.
    d) Rodolphe Töpffer, Angelo Agostini e R. F. Outcault.

3. No que se refere à revista infantil *O Tico-Tico*, marque as afirmativas a seguir como verdadeiras (V) ou falsas (F).
    ( ) A revista publicava somente quadrinhos produzidos no Brasil.
    ( ) Foi a mais importante revista infantil brasileira nas primeiras décadas do século XX.
    ( ) *O Tico-Tico* apresentava conteúdo educativo e recreativo.
    ( ) O personagem-símbolo da revista era um menino travesso chamado Chiquinho.

    Agora, assinale a alternativa que corresponde à sequência correta:

    a) F, V, F, V.
    b) F, F, V, V.
    c) F, V, V, V.
    d) V, V, F, F.

4. Sobre a Era de Ouro dos quadrinhos, **não** é possível afirmar que:
   a) foi marcada pelo sucesso dos quadrinhos de super-heróis.
   b) naquele período, consolidou-se o formato *comic book*.
   c) a Segunda Guerra Mundial desmotivou o surgimento de novos super-heróis.
   d) o termo se refere, principalmente, à produção de quadrinhos nos Estados Unidos.

5. No que se refere às relações entre quadrinhos e cinema, pode-se afirmar que:
   a) os primeiros filmes de animação com personagens dos quadrinhos foram criados na década de 1920.
   b) as histórias em quadrinhos de Mickey Mouse surgiram em decorrência do sucesso do personagem no cinema.
   c) ao longo dos anos 1930, a concorrência entre quadrinhos e cinema, como formas de entretenimento, foi prejudicial para ambas.
   d) a utilização de diferentes tipos de planos é uma técnica criada pelo cinema, que, posteriormente, foi incorporada à linguagem dos quadrinhos.

Atividades de aprendizagem

Questões para reflexão

1. Nos Estados Unidos, no começo dos anos 1950, os quadrinhos de terror faziam muito sucesso. Ao mesmo tempo, acusações de que os quadrinhos incentivavam a violência e influenciavam negativamente a juventude atingiram um clímax, o que resultou na publicação de um código de autorregulamentação (*Comics Code Authority*, de 1954) e no fim de muitas revistas de crime e terror. Como esses fatos podem ter afetado o mercado editorial brasileiro naquele período? Quais os possíveis reflexos sobre a produção local de quadrinhos?

2. O período que vai da segunda metade da década de 1960 até o início dos anos 1970 foi marcado por uma revolução contracultural nos Estados Unidos e na Europa. Quais relações podem ser estabelecidas entre aquele contexto social e os quadrinhos?

Atividade aplicada: prática

1. Pesquise *comic shops* e livrarias na internet e navegue pelas seções de quadrinhos. Escreva um breve texto comentando os tipos de quadrinhos que são publicados e comercializados atualmente.

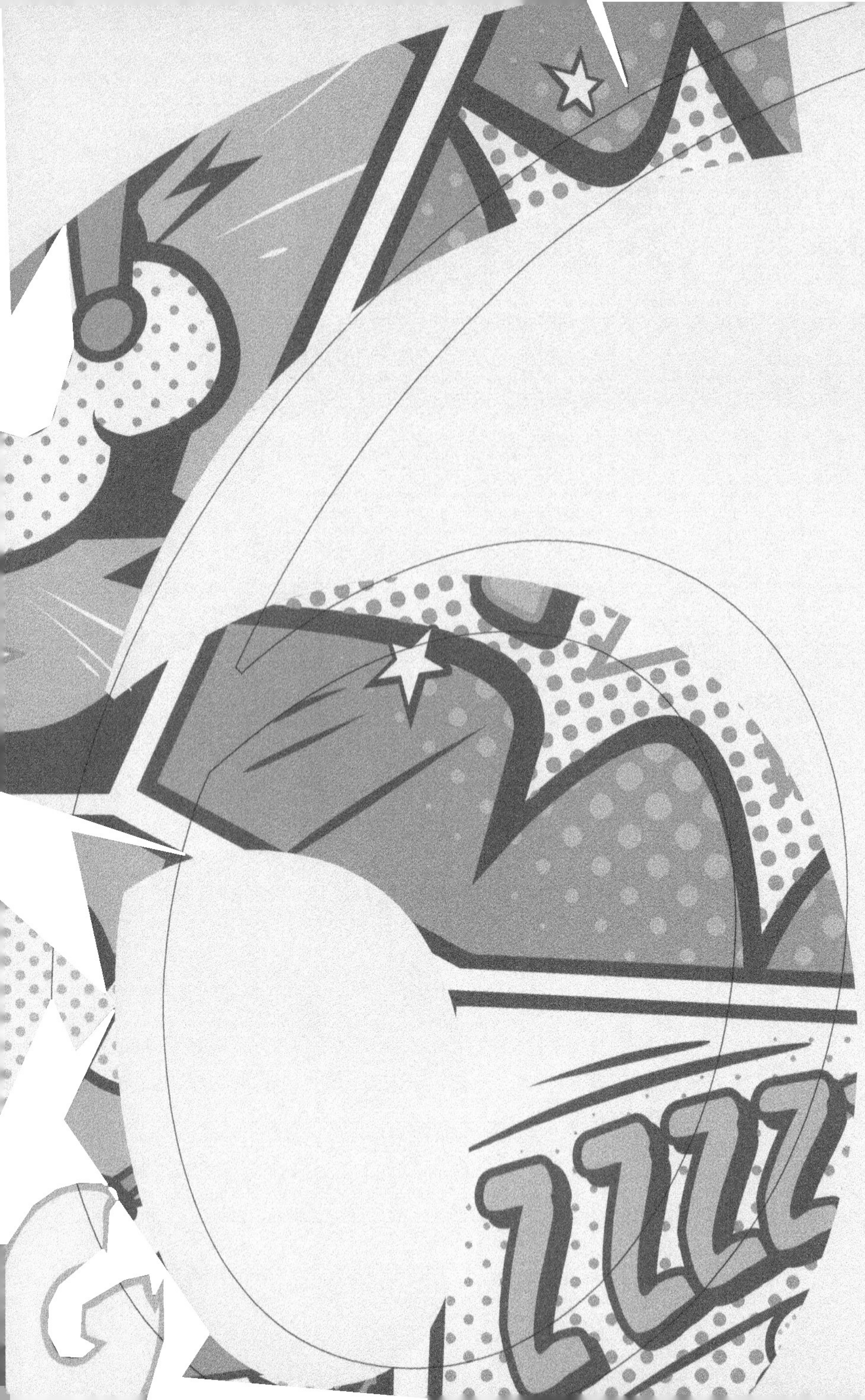

Quadrinhos na prática

André Lopez Scoville

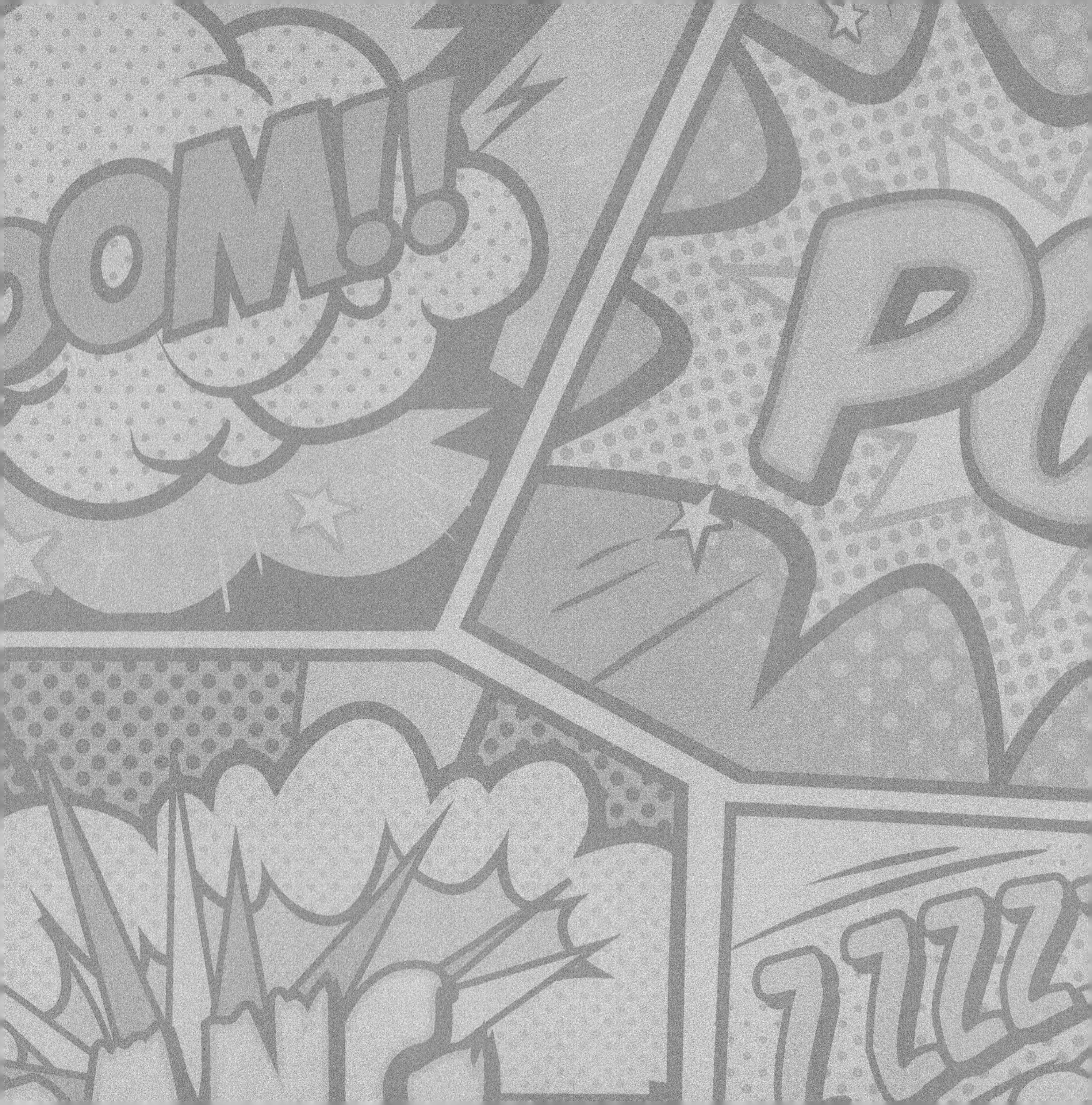

Neste capítulo, apresentaremos noções básicas sobre as etapas de produção e as ferramentas necessárias para se criar uma história em quadrinhos. Além disso, traremos dicas e informações técnicas sobre o processo de produção de uma revista em quadrinhos desde a fase de planejamento inicial até o produto final. Por fim, comentaremos os quadrinhos digitais, abordando aspectos sobre conceituação, produção e distribuição.

6.1 Como se faz uma história em quadrinhos

Para criar uma história em quadrinhos, é preciso cumprir algumas etapas de produção: criação da história (argumento), roteiro, desenho, quadrinização, letreiramento, arte-final e colorização.

A ordem em que essas etapas são realizadas pode variar um pouco, de acordo com a preferência e o método de cada um, mas a criação de uma história em quadrinhos sempre se inicia com uma **ideia**. Antes de tudo, é preciso ter uma noção do que se quer contar e como se quer contar, ou melhor, é preciso escolher um assunto e o efeito principal que se deseja obter com a história.

Para exemplificar, imaginemos um acontecimento bastante simples que você poderia ter presenciado. Digamos que, enquanto passeava pela rua, você viu uma pessoa escorregar e cair. Isso não parece ser suficientemente interessante para uma história, entretanto se resolver contar o que viu para outra pessoa, há diversas maneiras de fazê-lo – e é isso que interessa aqui. É possível, por exemplo, descrever o fato como algo engraçado ou como algo triste. Com isso, podem ser obtidas reações distintas de seu público, que vai rir ou sentir pena da pessoa que escorregou.

Para que a narração alcance seu objetivo e fique mais interessante, será necessário explicar, ainda que brevemente, o contexto da situação. Acrescente detalhes sobre o lugar em que você estava, por que você estava lá, onde a pessoa estava, como era a pessoa, o que ela estava fazendo antes de escorregar etc. – são eles que vão compor a introdução de sua história. Somente, então, siga para núcleo da história, ou seja, para a narração de como ocorreu o escorregão e daquilo que aconteceu em seguida.

Ao optar por um maior ou menor detalhamento das circunstâncias que cercaram esse acontecimento, você está definindo outro elemento importante da narrativa: a duração, ou seja, está delimitando se sua história será mais curta ou mais longa. Mesmo um fato simples pode gerar uma longa narrativa ao serem incluídas descrições minuciosas, reflexões, impressões pessoais etc. Na fase de planejamento de uma história em quadrinhos, essa definição da duração é equivalente à previsão de quantos quadros e páginas terá sua história. Se você planeja fazer uma tira de três ou quatro quadros com história fechada, obviamente não poderá se deter em detalhes.

Enfim, com esse exemplo, constatamos que, para criar uma história em quadrinhos, é necessário decidir o assunto, o objetivo e o tamanho aproximado da história. Essas definições fazem parte de uma etapa de pré-produção, e é a partir dela que será possível elaborar um argumento e começar a desenvolver a história.

Para a apresentação das etapas de produção, optamos, nesta obra, pela sugestão do método convencional, que é começar pela elaboração do texto e do roteiro. Há, é claro, outros métodos, e não são poucos os artistas que preferem desenvolver a história ao mesmo tempo em que esboçam desenhos e *layouts*. Porém, iniciar o trabalho pelo texto é o método mais adequado quando a história em quadrinhos é criada por uma equipe e as etapas são desenvolvidas por diferentes pessoas.

6.1.1 História e argumento

A essa altura, o assunto já foi escolhido e há uma noção sobre o que se pretende com a história em quadrinhos. Então, é o momento de começar a organizar as ideias e colocá-las no papel. O assunto, ou tema, ainda não é a história, é apenas uma ideia geral que deve poder ser resumida em uma ou duas frases, por exemplo: "Um homem decide combater o crime usando um uniforme que esconde sua verdadeira identidade". Você deve ter se lembrado de diversos heróis que se encaixam nessa descrição – mas espere um pouco, pois ainda não estamos falando sobre personagens. O tema é um homem decidido a combater o crime e a adotar um uniforme, portanto, deduz-se que a história é sobre a origem de um herói. Explicar "quem" é esse homem, "o quê" pretende e "como, quando e por que" ele toma essa decisão já consiste no desenvolvimento da história. Ao incluir esses detalhes, ao especificar situações da narrativa e ao determinar como começa, como se desenvolve e como termina a história, estamos criando o argumento.

Então vamos modificar alguns detalhes e acrescentar outros. Podemos estabelecer que a decisão de combater o crime foi tomada quando o personagem ainda era criança. Podemos até já definir seu nome... hum, que tal Bruce Wayne? Desenvolvemos o argumento até chegarmos a algo assim:

> Argumento da história da origem de Batman, escrita por Bill Finger e desenhada por Bob Kane
>
> Um menino presencia seus pais serem assassinados por um assaltante e jura dedicar sua vida a combater o crime. Para cumprir seu juramento, Bruce Wayne, tendo herdado a fortuna de seus pais, cresce com o foco em seu aprimoramento físico e intelectual. Já adulto, ele resolve que é hora de começar a agir, mas ainda precisa de um disfarce. Enquanto Bruce Wayne reflete sobre o caráter supersticioso dos criminosos e sobre um uniforme que lhes provocasse terror, um morcego entra pela janela. É a resposta que procurava. Assim nasce Batman, o homem-morcego.

A história ainda não está completa, mas o argumento está aí, apresentando as definições básicas do personagem principal e do enredo. O argumento poderia ser bem mais detalhado, especificando personagens secundários, ambientação, ação e até descrições de cenas e diálogos, tornando-o mais próximo do que seria um roteiro da história. Poderia também ser mais resumido ou até mesmo nem ser feito (deixando para criar e estruturar a história e os personagens na etapa de elaboração do roteiro). São opções pessoais de cada autor, mas estabelecer desde logo um argumento obviamente facilita o trabalho de roteirização.

Por outro lado, um dos métodos adotados para a criação de uma história em quadrinhos é o do **argumento prévio**, também conhecido como *método Marvel*, em que o argumento é passado diretamente para o desenhista, eliminando, assim, a etapa de roteirização. Esse método concede maior liberdade criativa ao desenhista, que toma várias decisões necessárias para o bom desenvolvimento da história. Conforme relata Dennis O'Neil (autor que revitalizou os quadrinhos de super-heróis ao inserir temáticas adultas na década de 1970), o método de argumento prévio foi criado por Stan Lee no início dos anos de 1960, em decorrência das diversas atividades que acumulava como autor e editor da Marvel:

> Ele simplesmente não tinha tempo de escrever roteiros completos. Assim, no lugar disso, ele dava aos desenhistas um argumento – alguns parágrafos delineando o básico da história. O artista pegava esse argumento e desenhava os cerca de 125 quadros que contavam a história visualmente. Esses desenhos a lápis eram entregues a Stan, que depois escrevia as legendas e os diálogos [...]. (O'Neil, 2005, p. 26)

O'Neil (2005, p. 26) ainda acrescenta: "Hoje, muitos escritores apresentam a seus artistas argumentos com muitas páginas, cada importante detalhe literalmente descrito". Dessa forma, não existe um método único e definitivo para conceber uma história em quadrinhos. E mesmo ao se optar pela elaboração e formatação de um roteiro a ser entregue ao desenhista, há diferentes modos de fazê-lo, como analisaremos a seguir.

6.1.2 Roteiro

Ao escrever um roteiro, é preciso sempre ter em mente que sua história será narrada por meio de textos e imagens. Isso pode parecer bastante óbvio, mas serve para lembrar que o roteirista também deve fornecer informações ou orientações sobre aspectos formais e visuais ao desenhista. Tubau (1969, p. 18) vai direto ao ponto: "um bom roteiro é aquele que é pensado para ser desenvolvido em desenhos".

Isso não quer dizer que você seja obrigado a definir todos os elementos visuais da história em quadrinhos. Como autor da história, você decide o que lhe parece visualmente importante e repassa essas orientações ao desenhista por meio do roteiro. Se restringir suas orientações a aspectos básicos, terá um **roteiro completo**. Por outro lado, se considerar "tudo" ou "quase tudo" importante, então, seu roteiro será gigantesco, ou seja, um **roteiro completo detalhado**.

De um modo ou de outro, você deve conceber sua história quadro a quadro, pensando cada quadrinho como unidade, sem esquecer que também é parte de um conjunto. No roteiro, já deve estar determinada a ordem exata em que a narrativa precisa transcorrer, sendo estipulada a sequência de quadros e de páginas. Isso também determina o ritmo da narrativa.

> Importante!
> O **ritmo da narrativa** é, basicamente, estabelecido pelas transições e pela quantidade de quadros empregada em uma sequência narrativa. A fórmula parece ser simples: quanto menos quadros, maior o ritmo – ou seja, a narrativa se torna mais dinâmica. No entanto, reduzir o número de quadros pode prejudicar a compreensão da história – e a clareza da narrativa é sempre muito mais importante do que sua dinâmica. É por isso que McCloud (2008) enfatiza a importância da escolha do momento certo a ser mostrado em cada quadro, de modo que as transições entre os quadros estabeleçam o ritmo que se deseja sem que se perca a clareza da narrativa.

Com maior ou com menor detalhamento, o roteiro deve descrever a ação, o cenário, os personagens, as falas, os sons e as legendas de cada um dos quadros. É uma prerrogativa do roteirista decidir quais outros aspectos são essenciais em uma cena e fazer as respectivas indicações no roteiro – por exemplo, se a cena se passa de dia ou de noite, bem como quais enquadramentos, ângulos de visão, composição etc.

Do ponto de vista formal, o roteiro de quadrinhos é bastante semelhante ao roteiro de um filme. As informações básicas são praticamente as mesmas, mas quando o roteirista de quadrinhos deseja ter maior controle sobre o resultado visual da história, indicando enquadramento, ângulo de visão e iluminação, passa atuar também como uma espécie de diretor de cinema.

Veja, a seguir, um exemplo de modelo de roteiro (entre vários possíveis) para que essas informações e orientações sejam apresentadas de modo claro e organizado.

Modelo de roteiro

	Página: 1	
Quadro	Descrição	Texto
1	Descrição da ação, personagens, cenário, planos e outros detalhes considerados importantes para a narração.	(Diálogos e legendas) Legenda: texto da legenda Personagem X: fala de X Personagem Y: fala de Y
2	[...]	[...]

Também é bastante comum, por exemplo, que o roteirista queira destacar o plano utilizado em cada quadrinho e, nesse caso, pode ser criada uma coluna para essa informação (quadro, plano, descrição, texto).

Veja outro formato de roteiro que é bastante adotado e que dispensa o uso de tabelas:

> **Página 1**
> *Quadro 1*
> DESCRIÇÃO: Descrição da ação, cenário, personagens, planos e outros detalhes considerados importantes para a narração.
> LEGENDA: texto da legenda
> PERSONAGEM X: fala de X
> PERSONAGEM Y: fala de Y
> *Quadro 2*
> [...]

Usando esse segundo modelo, podemos criar um exemplo imaginando o quadrinho de abertura de uma história.

> **Página 1**
> *Quadro 1*
> DESCRIÇÃO: Plano geral. Ângulo de visão: superior invertido. Quadro grande, página inteira. Dia claro. Cena exterior: um grande campo em uma área rural. X: cerca de 30 anos, alto, magro, veste *jeans* e camiseta e carrega uma mochila nas costas. Y: cerca de 40 anos, um pouco mais baixo que X, obeso, ficando calvo, veste camisa e calça sociais e leva na mão esquerda seu paletó. X e Y, lado a lado, estão atravessando o campo.
> LEGENDA: O caminho para casa...
> PERSONAGEM X: Chama isso de atalho?

Observe que a descrição dos personagens é relativamente breve e deixa muitos aspectos a serem decididos pelo desenhista, que, assim, fica incumbido da concepção visual dos personagens. O roteirista, por outro lado, pode oferecer descrições à parte, fichas dos personagens ou esboços para orientar o desenhista. A propósito, em alguns métodos, a caracterização dos personagens (biográfica, física e psicológica) precede o roteiro e pode até mesmo ser o ponto de partida do processo de criação da história – aliás, como propõe o professor e roteirista de filmes Syd Field (1995).

Sobre alguns termos técnicos que aparecem nesse exemplo, vamos falar um pouco mais adiante. Por enquanto, você pode ir pensando no modelo de roteiro que quer testar inicialmente. Mas não decida nada ainda, pois existe outro modo de elaborar um roteiro sobre o qual precisamos falar.

O **roteiro esboçado**, em forma de *layout*, é muito utilizado quando a história é escrita e desenhada pela mesma pessoa. Nesse caso, o artista pode ir esboçando os desenhos e prevendo elementos visuais, composição das cenas, disposição dos quadros, ao mesmo tempo em que desenvolve a história. Isso permite que se obtenha uma visualização prévia de cada quadro, página e da história como um todo. No entanto, como se trata de um esboço, um roteirista, mesmo que não saiba desenhar, também pode usar esse método, fazendo seus "rabiscos" e repassando o roteiro esboçado ao desenhista que fará a arte.

De qualquer modo, tendo recebido um roteiro escrito ou esboçado, o desenhista ainda fará os próprios esboços (*roughs* ou "rafes", como se diz no Brasil) e poderá trocar informações com o roteirista para desenvolver aspectos visuais da história em quadrinhos.

6.1.3 Desenho e quadrinização

Sobre o desenho e a quadrinização, vamos nos concentrar em como essa etapa se encaixa no processo de produção de uma história em quadrinhos e comentar algumas das principais técnicas utilizadas pelos artistas. É claro que, em poucas páginas, não pretendemos "ensinar a desenhar". Para aprender a desenhar, a prática constante é o primeiro requisito, mas também existem centenas de livros e cursos muito úteis para esse processo de aprendizagem. Se você pesquisar a respeito, possivelmente ficará surpreso com a quantidade de material e com a especificidade com que o assunto é tratado. Encontrará livros sobre anatomia, movimento e expressão corporal, expressões faciais, cenários, paisagens naturais, luz e sombra, uso de cores, estilo caricatural, estilo realista, estilo mangá, desenho de animais, super-heróis, monstros, enfim, uma grande variedade de abordagens que buscam atender a interesses bastante específicos.

Com o roteiro nas mãos, o desenhista já pode começar a transformar texto em imagens. Caso a concepção visual dos personagens ainda não tenha sido feita, essa é a primeira tarefa a cumprir. Utilizando as referências fornecidas pelo roteirista, são desenhados esboços em um caderno de rascunhos, mostrando cada personagem em diferentes ângulos, posições, expressões corporais e faciais. Para desenhar personagens, muitos artistas se baseiam em fotografias, modelos vivos ou pequenos manequins articulados.

Vamos supor que o roteirista tenha concedido bastante autonomia ao desenhista para criar a história em quadrinhos. Nesse caso, muitos aspectos do processo de quadrinização são definidos pelo desenhista.

Como visto, o roteiro fornece informações para cada um dos quadros, mas essas indicações podem se limitar a uma breve descrição da ação, aos personagens presentes e aos textos (legendas e diálogos). Assim, o desenhista sabe apenas "o que deve ser mostrado" e "o que está acontecendo". E o "como deve ser mostrado" fica por sua conta.

Para desenhar o quadro, o desenhista terá de decidir questões sobre composição do quadro, enquadramento, ângulo de visão e iluminação. Também terá de definir expressões e poses dos personagens, cenário e seus objetos, linhas de movimento, bem como a posição de todos os elementos da cena, incluindo os balões e as legendas.

O objetivo da composição de um quadro é arranjar os elementos de modo que formem uma unidade clara e harmoniosa e, se for o caso, colocar em destaque o elemento mais importante da cena (que pode ser um personagem, um objeto, uma explosão, um grito etc.).

Para obter uma boa composição, o artista depende da escolha correta do enquadramento. Tanto nos quadrinhos quanto nos filmes, o enquadramento é definido inicialmente pela distância entre o observador (leitor) e a cena, conforme diferentes tipos de planos:

- **Plano panorâmico ou geral extremo**: distância muito grande entre ponto de observação e cena, mostrando, por exemplo, um vale com montanhas ao lado e ao fundo.
- **Plano geral ou de localização**: distância de média a grande entre ponto de observação e cena, mostrando, por exemplo, um grupo de pessoas e o local em que estão.
- **Plano conjunto**: mostra, por exemplo, um pequeno grupo de pessoas ou o corpo inteiro de um personagem.
- **Plano americano ou 3/4**: mostra um personagem até a linha dos joelhos.
- **Plano médio**: quando um personagem é mostrado até a linha da cintura.
- **Primeiro plano ou *close-up***: mostra a cabeça, os ombros e uma pequena parte do tórax de um personagem.
- **Primeiríssimo plano ou *big close-up***: mostra o rosto de um personagem.
- **Plano de detalhe**: quando apenas um detalhe é mostrado – por exemplo: a boca de um personagem.

Figura 6.1 – Plano panorâmico

Figura 6.2 – Plano geral

Na definição da maioria desses planos, o tamanho de uma pessoa adulta é tomado como referência, não sendo necessário, claro, que uma pessoa esteja representada na cena.

O tipo mais comum de enquadramento é o **objetivo**, em que o observador (leitor) é neutro e vê a cena a partir de um ponto externo à ação. Para buscar maior envolvimento do leitor com a história, criando uma ilusão de participação na ação, em alguns quadros, pode ser adotado o enquadramento **subjetivo**. Nesse tipo, a cena mostra aquilo que um dos personagens vê. Por exemplo: em um quadro aparece alguém abrindo um cofre; no quadro seguinte, mostra-se em primeiro plano o cofre aberto e o interior do cofre – com isso, há um enquadramento subjetivo, ou seja, o leitor passou a "ver pelos olhos do personagem".

Outra variável importante para a apresentação de uma cena é o **ângulo de visão**. Nesse caso, considera-se não a distância, mas a posição angular do observador em relação à cena. Alguns tipos básicos de ângulos de visão são:

Figura 6.3 – Outros planos

A – Plano conjunto
B – Plano americano
C – Plano médio
D – Primeiro plano
E – Primeiríssimo plano
F – Plano de detalhe

Net Vector/Shutterstock

- **Superior ou *plongée***: quando o observador está acima da cena.
- **Inferior ou contra-*plongée***: quando a cena é observada de baixo para cima.
- **Normal ou médio**: quando o observador está na mesma altura da cena.
- **Inclinado**: quando a cena está inclinada em relação ao observador.

Além desses tipos, ao se considerar a posição virtual do observador ao redor da cena, o ângulo de visão também pode ser definido como:

- frontal (visão de frente);
- invertido ou contraplano (visão por trás);
- lateral (visão de perfil 90°);
- oblíquo (visão em outros ângulos).

Figura 6.4 – Exemplos de ângulos de visão

Superior (*plongée*)   **Inferior (Contra-*plongée*)**   **Normal**   **Inclinado**

whiteisthecolor, Britani, Anabela88 e Nowik Sylwia/Shutterstock

Vários desses tipos de ângulos de visão podem ser combinados, de modo que se pode ter, por exemplo, um ângulo médio, inclinado e invertido. Agora, some a isso todas as possibilidades de combinações de ângulos e planos; você vai perceber que não faltam opções ao desenhista para mostrar cada cena conforme imagina e para variar enquadramentos e ângulos de maneira a tornar a história visualmente mais atraente. Essa variação de enquadramentos e ângulos é recomendável para muitos tipos de histórias, mas não deve ser feita aleatoriamente, deve ser planejada para atender a finalidades específicas e sempre preservar a clareza da narrativa.

A **iluminação** e a **definição de sombras** também podem exercer um papel fundamental no aspecto da cena, mas isso depende do estilo do desenho. Em *As aventuras de Tintim*, de Hergé, por exemplo, a luz é distribuída uniformemente em cada quadro, e muito raramente uma fonte de luz cria algum efeito de iluminação ou projeção de sombras. A técnica de luz e sombra também é pouco utilizada em boa parte dos quadrinhos cômicos (como em *Popeye*, *Mafalda*, *Mônica*, *Peanuts* etc.). No entanto, em outros gêneros, a iluminação é essencial tanto para efeitos estilísticos quanto expressivos, como podemos ver destacadamente em muitos quadrinhos de terror.

Burne Hogarth, mais conhecido por seus trabalhos com o personagem Tarzan, escreveu vários livros sobre desenho, incluindo uma obra específica sobre luz e sombra. Nesse livro, Hogarth (1999) aponta cinco tipos básicos de luz: luz de uma só direção, luz de duas direções, luz plana e difusa (de fraca intensidade, como em um dia nublado), luz da lua e luz escultural (usada para definir formas). Essa classificação leva em conta a fonte da luz, onde ela se encontra e qual sua intensidade, e essas são as principais questões a serem resolvidas ao se lidar com essa técnica. O assunto é bem mais complexo, mas resolver essas questões é um primeiro passo. Bernie Wrightson, desenhista e um dos criadores do personagem Monstro do Pântano, é um artista que utiliza primorosamente essa técnica – e vale apenas dar uma olhada nas ilustrações que fez para o clássico *Frankenstein*, de Mary Shelley, para uma edição publicada originalmente em 1983 e lançada no Brasil em 2014.

Até o momento, analisamos várias técnicas e recursos utilizados na criação de cada um dos quadros – enquadramento, ângulo de visão, iluminação e composição do quadro –, mas também é preciso pensar no conjunto. Cada página é um conjunto de quadrinhos e, ao mesmo tempo, um "grande quadrinho". A primeira percepção do leitor ao folhear uma revista é a visão global de cada página (ou de páginas duplas, se for o caso).

Figura 6.5 – Exemplo de grade democrática

Figura 6.6 – Exemplo de grade hierárquica

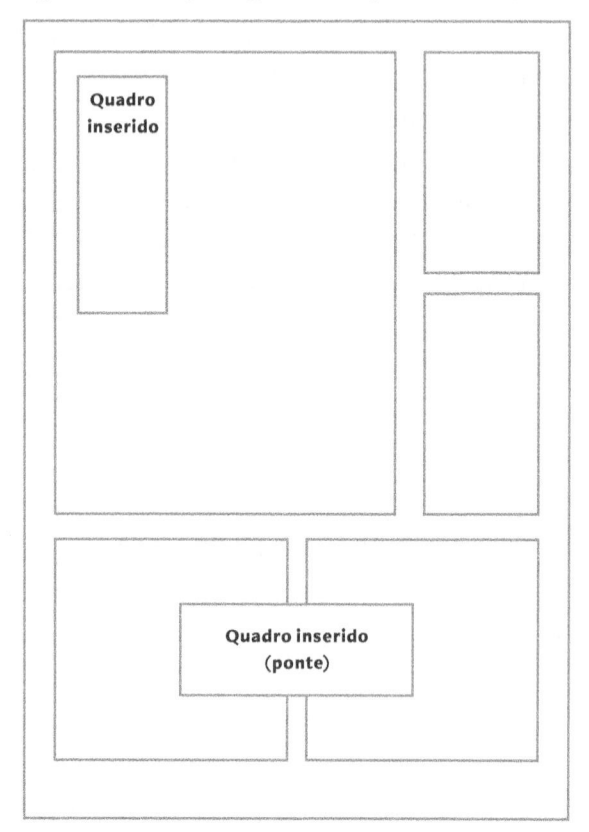

Quadro inserido

Quadro inserido (ponte)

Pensando nisso é que se planeja cuidadosamente o **layout da página**, definindo formas, tamanhos e posicionamentos de imagens e de textos, disposição dos quadros e formas de requadros. Cada página deve ser elaborada tendo como referência uma margem interna, a denominada *margem gráfica*, que corresponde à área de trabalho (a área do "grande quadrinho" composto pelos vários quadros). No caso de imagens ou textos sangrados, que extrapolam a margem gráfica, o limite deve ser o tamanho da página a ser impressa.

A diagramação da página pode ser em *grid* (forma convencional) com todos os quadros do mesmo tamanho e formato. Ivan Brunetti (2013, p. 49) nomeia isso de *grade democrática*, a qual "não chama a atenção para si, mas nos convida a entrar num fluxo narrativo desimpedido".

A diagramação também pode ter uma forma livre (ou em grade hierárquica, conforme Brunetti, 2013, p. 53), em que os quadros apresentam diferentes tamanhos e formatos, sendo possível privilegiar visualmente determinada cena para transmitir, por exemplo, maior dramaticidade.

A forma livre permite o uso de quadros inseridos, os quais podem ser colocados totalmente em um quadro maior ou ainda entre quadros adjacentes, indicando uma transição de cenas (ponte). A diagramação guia o olhar do leitor e estabelece um fluxo de leitura, portanto, ao escolher a posição, tamanho e formato dos quadros, é preciso – mais uma vez – ficar atento para que não se perca a clareza da narrativa.

6.1.4 Letreiramento

O letreiramento é a etapa em que se define como os textos devem aparecer nos quadrinhos. Mesmo em seu uso convencional para falas e legendas, o letreiramento é também um trabalho artístico, sendo criados ou escolhidos tipos e tamanhos de letras (fontes) visualmente harmônicos com o estilo do desenho e com o gênero da história. É uma atividade que, quando não é feita no computador, também exige a realização de alguns esboços para prever o melhor posicionamento dos textos, inclusive internamente aos balões e caixas de legendas.

Além disso, conforme a necessidade, a forma de apresentação do texto pode ser elaborada de modo a acentuar sua expressividade. Quando um personagem está, por exemplo, gritando ou sussurrando, a intensidade e o volume da fala são indicados graficamente por meio da variação do tipo e do tamanho da fonte. O mesmo ocorre sempre que se deseja destacar aspectos emocionais de uma cena. Isso quer dizer que o letreiramento deve atender às necessidades de cada momento da narrativa.

Obviamente, os títulos das histórias sempre recebem atenção especial quanto ao aspecto visual, porém o tratamento artístico do texto pode ser explorado criativamente durante toda a narrativa. Como comentamos no Capítulo 4, Eisner (1989) destaca a importância de que textos também sejam lidos como imagens, podendo ser trabalhados de modo a reforçar ou adicionar informações visuais, a indicar entonação e a transmitir o clima da história. Nesses casos, o letreiramento é feito pelo próprio desenhista. No entanto, no letreiramento convencional, é bastante frequente que o trabalho seja realizado por outro profissional, que inclui os textos em cópias das páginas com desenhos definitivos ou, como prática mais adotada atualmente, utilizando programas de computador.

6.1.5 Arte-final e colorização

Depois dos esboços preliminares e do desenho definitivo a lápis, é preciso fazer a arte-final, que é a etapa de acabamento do desenho e pode ser desenvolvida em páginas com ou sem o letreiramento.

O arte-finalista pode realizar seu trabalho usando programas para computador ou adotar o método tradicional, utilizando penas, canetas técnicas ou pincéis para aplicar a tinta. A arte-finalização também define áreas claras e escuras, texturas, iluminação e sombras, mesmo quando esses aspectos já foram previamente trabalhados pelo desenhista. Concluída essa etapa, é necessário remover os traços a lápis, o que pode ser feito digitalmente ou com a boa e velha borracha. Caso se esteja trabalhando com um arquivo digital, existem outros métodos para essa tarefa (por exemplo, pode-se desenhar com uma caneta futura vermelha, fazer a arte-final e eliminar a cor vermelha no computador).

Em seguida, passa-se para a etapa de colorização. A escolha adequada das cores é apenas a primeira fase desse processo e depende tanto de conhecimentos técnicos sobre cores quanto da criatividade do artista. Além disso, existe uma grande variedade de técnicas de pintura que pode ser empregada e que define diferentes estilos visuais para a história em quadrinhos.

No método tradicional, a colorização é aplicada em cópias da arte-final, utilizando, mais frequentemente, pincéis e tinta aquarela. Depois de colorizadas, as páginas são enviadas para o processo de produção gráfica, quando são fotografadas e é feita a sobreposição com a arte-final.

Atualmente, esse método tradicional é pouco utilizado, pois, em sua maioria, as colorizações estão sendo feitas digitalmente por meio de *softwares* como Adobe Photoshop e Corel Painter.

6.2 Ferramentas de produção

Ao falar sobre os materiais indicados para seu curso sobre produção de quadrinhos, o professor Ivan Brunetti (2013, p. 19) afirma que os únicos absolutamente necessários são "papel, lápis e vida". E, de fato, isso parece ser o essencial. No entanto, é claro que vamos comentar algo a mais sobre papel, lápis e os principais materiais empregados na produção de uma história em quadrinhos. A "vida" também é importante, mas isso fica por sua conta.

- **Lápis** – Os diferentes tipos de lápis são definidos de acordo com as propriedades dos grafites, que podem ser duros (H), médios (HB ou F) ou macios (B). Um lápis "H" proporciona traços mais claros e mais fáceis de serem apagados, mas também pode causar sulcos no papel; com um lápis "B", os traços são mais escuros e, por sua melhor visualização, facilitam o trabalho de arte-final. Os tipos de grafite também são numerados para indicar a intensidade de suas propriedades, por exemplo, o lápis "6H" é muito mais duro do que o "H". Ainda, a lapiseira pode ser uma boa opção, e os grafites seguem a mesma classificação. Alguns desenhistas utilizam o grafite azul para esboços preliminares, uma vez que os traços não precisam ser apagados e são eliminados no processo de escaneamento. Tanto o lápis quanto a lapiseira, conforme a preferência de cada desenhista, são usados para esboços e desenhos definitivos.
- **Pena, pincel e caneta técnica** – Esses são os instrumentos mais adotados para a realização da arte-final. Os pincéis permitem maior variação de estilo e de espessuras de linhas. As penas ou bicos-de-pena também têm boa flexibilidade quanto a esses aspectos. Por sua vez, as canetas técnicas proporcionam traços precisos e uniformes. Outra opção para a arte-final são os marcadores, que contam com pontas porosas de feltro.
- **Nanquim** – É a tinta mais utilizada para fazer a arte-final. A consistência varia conforme a marca do nanquim, o qual também pode ser diluído para atender a necessidades técnicas

específicas do desenho. Eventuais correções em desenho a nanquim podem ser feitas com líquidos corretivos, guache branco, estiletes ou mesmo de forma digital.

- **Papel** – Os papéis apresentam várias gramaturas (relação de peso por área) e texturas (podendo ser mais lisos ou mais ásperos). Os modos como o grafite e a tinta interagem com essas texturas levam a diferentes resultados, por isso é bom testar essas combinações para que os desenhos saiam como planejados. Na arte-final, ocorre a aplicação de tinta, portanto, é recomendável usar um papel de maior espessura e com gramatura acima de 120 g/m². Para uma colorização com tinta aquarela, é melhor usar papéis com gramatura superior (180 g/m²). Perceba que a escolha correta do papel está relacionada com os materiais empregados, mas o essencial é que haja boa absorção de tinta sem enrugamento do papel. Para isso, existem muitas alternativas que vão desde excelentes papéis de alto custo, como o Fabriano e os da Schoeller, até o mais econômico papel sulfite de 120 g/m², que também pode dar conta do recado.
- **Borracha** – Borrachas comuns ou de vinil cumprem bem sua função básica. Para apagar cantos e contornos também existem as borrachas com formatos de lapiseira e de estilete. Contudo, as borrachas não servem apenas para apagar, também são úteis para esfumar e criar áreas claras nos desenhos, até mesmo brilhos e outros efeitos de iluminação, ou seja, com a borracha também é possível desenhar. Além dessas borrachas, há o limpa-tipos, que é usado para apagar áreas grandes como os traços a lápis após a arte-finalização.
- **Réguas, régua em T, esquadro, compasso, curva francesa, gabaritos de formas geométricas** – Esses são alguns dos instrumentos que fornecem a precisão necessária para o desenho de retas, curvas, círculos e formas geométricas.
- **Outros materiais** – Prancheta, luminária, ferramentas de corte (tesoura, estilete) e fita adesiva para fixar o papel de desenho são alguns exemplos de ferramentas de produção.

Para realizar digitalmente uma etapa, ou mesmo todo o processo de criação de uma história em quadrinhos, são necessários um computador e *softwares* de desenho, edição e tratamento de imagens. Alguns programas de desenho e criação de imagens vetoriais são CorelDraw, Adobe Illustrator, Xara

Photo & Graphic Designer e Inkscape. Para tratamento e edição de imagens, letreiramento e colorização, o programa mais adotado é o Adobe Photoshop.

Um equipamento bastante utilizado hoje em dia são as mesas gráficas ou mesas digitalizadoras. A mesa gráfica é um tipo de prancheta na qual é desenhada a arte digital, que pode ser visualizada no computador ou na própria tela da mesa (nos modelos mais sofisticados que têm essa função interativa). Os desenhos são feitos com uma caneta digitalizadora, que acompanha o equipamento e apresenta grande variedade recursos, tais como sensibilidade à pressão, sensibilidade à inclinação e função *apagar*.

6.3 Produzindo uma revista em quadrinhos

Se você gostava de quadrinhos quando era criança, provavelmente naquela época se arriscou a desenhar seus personagens favoritos e, quem sabe, até criou uma revista em quadrinhos. Bem, eu fiz algumas. Lembro-me que o primeiro passo era reunir oito folhas de papel e dobrá-las ao meio para que ficassem com o aspecto de uma revista. Com isso, eu obtinha um "projeto" de revista com 32 páginas e tamanho razoavelmente semelhante ao das revistas conhecidas como *formatinhos*. Quatro páginas já ficavam reservadas para as capas. As 28 páginas restantes seriam o miolo da revista, e isso correspondia ao espaço disponível para as histórias em quadrinhos. Como eu era meu próprio editor, podia escolher como usar minhas 28 páginas, que, mais frequentemente, traziam uma história longa e duas curtas. Além disso, eu também podia escolher o título da revista e os personagens principais de cada história.

Até hoje, algumas décadas depois, não consigo perceber nenhum grande equívoco nesse planejamento inicial. Afinal, para criar uma história em quadrinhos, uma das primeiras coisas que se deve prever é o número aproximado de páginas que ela vai ocupar. Como eu gostava de inventar histórias com meus super-heróis favoritos, o gênero também já ficava previamente definido. Antes mesmo de começar a desenhar, eu sabia até quem seriam meus leitores. No entanto, o que eu não sabia era que aquela revistinha – feita de modo artesanal, lida apenas por pequeno grupo de amigos e familiares e consequência direta da minha condição de fã daqueles personagens – era uma espécie de *fanzine* de quadrinhos.

> **Preste atenção!**
> O termo ***fanzine*** foi criado por Russ Chauvenet em 1940 para se referir às revistas publicadas desde a década anterior por fãs de ficção científica e é derivado da expressão inglesa *fan magazine* (revista de fã). Com o tempo, as publicações editadas por fãs de outros gêneros e formas de arte (quadrinhos, música, cinema etc.) também passaram a ser conhecidas como *fanzines*. Segundo uma concepção mais restrita, o *fanzine* deve ter caráter informativo. Contudo, o termo também passou a ser aplicado para as publicações independentes que promoviam a circulação e divulgação de trabalhos artísticos. Nesses casos, há quem prefira chamá-las de *zines*, *revistas alternativas* ou *independentes* ou, ainda, *hqzines* (quando se trata de publicações de quadrinhos).

De modo geral, os *fanzines* publicados até o começo da década de 1990 ficaram marcados por seu aspecto rústico, resultante da reprodução dos exemplares por meio de fotocópias. Ainda existem *fanzines* que seguem essa linha, mas o desenvolvimento de tecnologias de impressão economicamente acessíveis, bem como a popularização da internet, alterou bastante esse quadro. As revistas independentes migraram para a internet ou passaram a adotar processos de impressão digitais (em gráficas ou até mesmo em casa), o que gerou publicações visualmente mais atraentes.

Pensar no modo como será impressa a revista em quadrinhos (independente, alternativa, *hqzine* ou como preferir chamá-la) é algo que deve fazer parte do planejamento inicial. E isso tem relação direta com o propósito da revista, ou seja, com o motivo pelo qual está sendo feita. As perguntas que devem ser seguidas são:

- Quais os equipamentos e demais recursos disponíveis?
- A quem se destina a revista?
- Quantas páginas terá e quais as dimensões da revista?
- Quantos exemplares serão feitos?
- Como será distribuída?

Tudo isso ajuda a determinar a viabilidade do projeto.

Os formatos de revistas em quadrinhos mais comuns no Brasil são o americano (17 × 26 cm), o formatinho (13,5 × 19 cm) e, menos frequentemente, o magazine (21 × 27,5 cm). O número de páginas da revista deve ser obrigatoriamente um múltiplo de quatro, e a estrutura convencional de uma revista contém, nessa ordem, os seguintes elementos: capa, verso da capa, miolo, verso da contracapa e contracapa.

As capas geralmente recebem tratamento especial, sendo impressas em um papel de melhor qualidade do que o das páginas internas. Na **capa frontal**, além da ilustração, devem constar o título da revista e algum texto de chamada ou frase de impacto (que forneça informação sobre o conteúdo da revista ou atraia o leitor). Outros elementos que, conforme o caso, podem aparecer na primeira capa são o número da revista, a data da publicação, o preço e o nome e o símbolo da editora.

Como sugestão, o **verso da capa** pode incluir sumário, créditos da revista ("quem fez o quê"), endereço, *e-mail* para contato e um texto de apresentação. No **verso da contracapa** podem aparecer, por exemplo, uma foto da equipe da revista, breves biografias daqueles que trabalharam no projeto, agradecimentos ou um convite para participar da equipe. Na **contracapa**, uma possibilidade é colocar uma ilustração em destaque (como um minipôster). No entanto, essas são apenas sugestões e não há nenhuma regra rígida sobre como e quais desses elementos são apresentados e dispostos na revista. Na verdade, talvez apenas uma: se o verso da capa ficar vazio, é recomendável, por questões estéticas e gráficas, que o verso da contracapa também fique. No mais, prevalece o bom senso (você não vai colocar o sumário no meio da revista, não é mesmo?).

Quanto ao **miolo**, é preciso definir se a revista terá uma ou mais histórias em quadrinhos e como será divido o espaço. O número de páginas do miolo também deve ser múltiplo de quatro. Cada história deve ter uma página de abertura, na qual devem constar o título e os créditos da história – muitas vezes, essa página é uma *splash page* (com um único grande quadro, como foi comentado). Essa *splash page*, é claro, não é obrigatória, assim como não é obrigatório que a página de abertura seja a primeira página da história. Hoje, aliás, é frequente a inclusão de um prólogo, de uma introdução nas páginas iniciais, e só depois aparece a página de abertura. No modelo tradicional, a página 3 de uma revista (lembre-se que as capas também contam na numeração) apresenta o sumário ou a página de abertura da primeira história.

Depois de decidir o formato e o número de páginas da revista, bem como a ordem de apresentação das histórias e os demais elementos, é necessário planejar a paginação. Uma revista é, geralmente, composta por um único **caderno**. Cada folha é dobrada ao meio gerando quatro páginas da revista. Portanto, é preciso prever quais páginas ficarão lado a lado na mesma face de uma folha, de modo que apareçam na ordem correta de leitura após a impressão da revista. Observe, na Figura 6.7, o que acontece com as capas.

E o mesmo se aplica às páginas do miolo. Vamos supor que a revista tenha o total de 20 páginas da capa até a contracapa. A folha da primeira página interna (página 3) ficaria como na Figura 6.8.

Parece complicado? Na verdade, há um modo muito fácil de fazer esse planejamento. Nesse caso, basta pegar 5 folhas, dobrá-las para formar um caderno de 20 páginas, e anotar o número correspondente em cada uma das páginas, então você verá as páginas que ficam lado a lado em cada face da folha. Isso caso não esteja utilizando um programa de editoração, pois esses programas já realizam essa tarefa por meio da chamada *imposição de páginas*. Todo o processo de paginação e diagramação da revista pode ser feito no computador em programas como Adobe InDesign, Scribus e QuarkXPress.

Com esses programas, você elabora a diagramação de cada página, definindo margens, área de trabalho e tantas linhas-guia quanto precisar, produzindo na sequência normal de páginas e deixando que os *softwares* "arrumem a bagunça" no final. Além disso, você trabalha com capas e miolos em arquivos digitais separados, o que é muito conveniente, pois terão tratamentos diferentes na hora de imprimir – por exemplo: a capa pode ser impressa colorida e em papel de melhor qualidade, e o miolo pode ser em preto e branco com papel mais simples. Esses programas permitem a montagem de vários tipos de publicações, inclusive de livros (que seguem o mesmo princípio, reunindo, no caso, vários cadernos em vez de somente um).

A impressão pode ser feita, dependendo dos recursos disponíveis, em gráficas ou impressoras domésticas. Após a impressão, basta dobrar as folhas e grampear as revistas.

Entretanto, é possível não imprimir a revista em quadrinhos e fazer a veiculação de outro modo. Em vez de papel, você pode preferir, por exemplo, distribuí-la como um arquivo digital.

Figura 6.7 – Disposição das capas para impressão

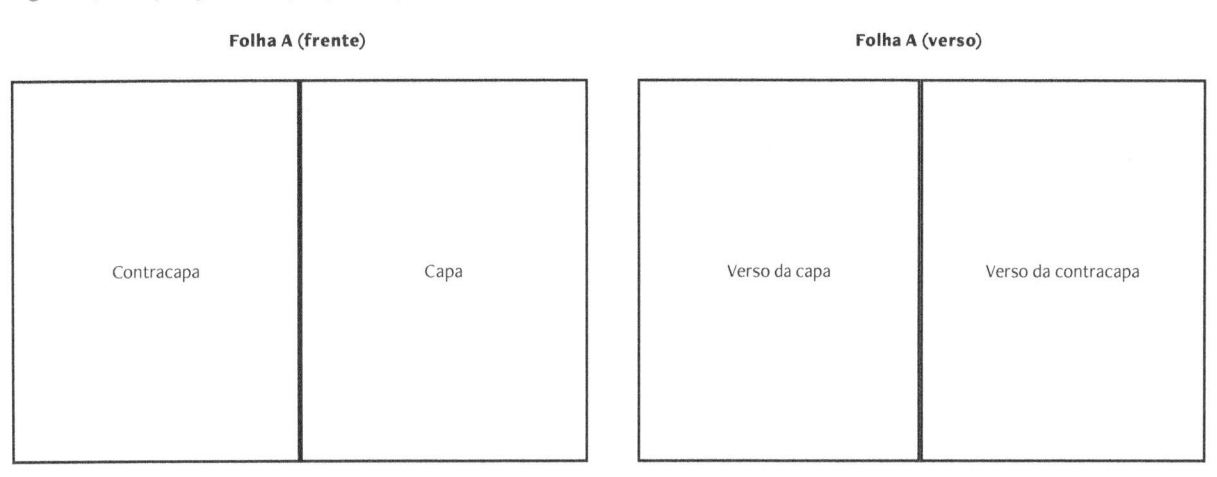

Folha A (frente)

| Contracapa | Capa |

Folha A (verso)

| Verso da capa | Verso da contracapa |

Figura 6.8 – Disposição de páginas internas para impressão

Folha B (frente)

| Página 18 | Página 3 |

Folha B (verso)

| Página 4 | Página 17 |

6.4 Quadrinhos digitais

Falar sobre os quadrinhos digitais é abordar um assunto relativamente recente e, por vezes, confuso. Para começar, é preciso explicar o que se entende por *quadrinho digital*. Se alguém vai até a prancheta, cria e desenha uma história em quadrinhos, digitaliza as imagens com um *scanner* e publica em algum *site* da internet, isso é quadrinho digital? Por outro lado, se alguém cria uma revista em quadrinhos inteiramente no computador, desenhando com seu *mouse* ou em sua mesa digitalizadora e imprime a revista?

Nesses casos, há duas faces diferentes da era digital. Os aprimoramentos tecnológicos das últimas décadas trouxeram benefícios tanto para a produção digital quanto para difusão digital.

Quando a arte é feita no computador, o resultado é uma *arte digital*, independentemente de como será veiculada. Para criá-la, são usados aqueles programas de desenho e de edição de imagens já comentados.

No entanto, a expressão *quadrinhos digitais* vem sendo empregada tanto para as artes digitais quanto para os quadrinhos distribuídos em formato digital. Essa distribuição pode ser feita usando mídias de armazenamento (como CDs e DVDs) ou pela internet.

Qualquer que tenha sido seu processo de criação, uma revista em quadrinhos pode ser distribuída como um arquivo digital. Para tanto, são usados tipos de arquivos apropriados para a leitura como: ePub, PDF, CBR e CBA. O ePub é um dos principais formatos de *e-books* (qualquer tipo de livro digital) e pode ser obtido pela exportação do arquivo por meio de um *software*, como o Adobe InDesign. Quanto ao PDF (que também tem sido usado para *e-books*), você já deve ter familiaridade, pois é amplamente difundido. Para criar um arquivo PDF, basta exportar o arquivo para esse formato ou usar um programa específico de conversão, como o PDFCreator.

No que se refere ao CBR e ao CBA, essas são extensões de arquivos para visualização sequencial de imagens e são associadas a programas criados prioritariamente para a leitura de quadrinhos digitais, como CDisplay, A Comic Viewer, Perfect Viewer e muitos outros. Criar um arquivo CBR ou CBA é bastante simples e só requer um programa de compactação de arquivos. Cada página da revista deve ser um arquivo de imagem (JPEG, JPG, GIF, PNG etc.). Com o programa WinRAR, você cria um arquivo *rar* reunindo todas as imagens, depois, basta renomear a extensão de RAR para CBR ou CBA e ler a revista no CDisplay ou em outro programa similar. Se em vez de usar o WinRAR, você preferir trabalhar com o WinZip, o processo é o mesmo, apenas terá de renomear o arquivo *zip* como CBZ e também vai funcionar.

Criado o arquivo digital de sua revista em quadrinhos, é possível distribuí-lo por *e-mail* ou mesmo fazer o *upload* em *site* próprio ou em *sites* de serviços de compartilhamento ou de armazenamento de arquivos e divulgar o *link* como preferir. Essas são apenas algumas das muitas opções que existem para fazer sua revista em quadrinhos alcançar seus leitores.

É possível ainda publicar seus quadrinhos para serem lidos diretamente em um *site* da internet, criando, assim, uma *webcomic* ou *web quadrinho*.

Até alguns anos atrás, uma preocupação sobre as *webcomics* era a relação entre o tamanho dos arquivos e o tempo para carregamento de página via internet. Como a banda larga da internet não havia se popularizado suficientemente, os primeiros quadrinhos digitais eram bastante limitados, conforme relembram Mazur e Danner (2014, p. 306): "Os primeiros sucessos do final da década de 1990 e início dos anos 2000 foram principalmente tiras de humor como as de jornais tradicionais e semanários alternativos, [...] que, sendo pequenas, eram mais apropriadas para as conexões banda estreita que a maioria dispunha na época".

Aos poucos, esse quadro se alterou, permitindo a incorporação de mais recursos aos quadrinhos digitais, o que, em alguns casos, acabou modificando a essência da linguagem dos quadrinhos. Até mesmo os quadrinhos distribuídos em CD-ROMs e outras mídias passaram a trazer novos elementos: "A multimídia propunha suplementar a base visual dos quadrinhos com som, movimento e interatividade" (McCloud, 2006, p. 208).

Sobre isso, Brunetti (2013, p. 25) comenta que

> Quando os quadrinhos se apresentam na tela do computador, fica tão fácil incorporar elementos temporais como o som e o movimento que entramos inadvertidamente nos domínios da arte da animação e, portanto, do cinema, características como a 'interatividade' nos afastam ainda mais dos desenhos animados e nos lançam na esfera dos videogames.

Não se trata, no entanto, de refutar avanços tecnológicos ou de se recusar a incorporar outros elementos aos quadrinhos, mas de perceber que está sendo desenvolvida, em alguns casos, uma forma híbrida de arte, ainda que baseada na linguagem dos quadrinhos.

Ao passo que alguns artistas caminham nessa direção, adotando formatos como o SWF do programa Adobe Flash e incorporando recursos de animação, outros artistas preferem publicar suas *webcomics* preservando as características fundamentais dos quadrinhos. A forma de apresentação mais frequente de uma *webcomic* é a de sequência orientada de páginas inteiras. Cada imagem exibida (nos formatos JPEG, PNG etc.) corresponde a uma página completa de quadrinhos, e os botões de comando no *site* indicam como passar à página seguinte para prosseguir a leitura e como retornar às páginas anteriores.

Nesse formato, a *webcomic* pode apresentar os mesmos elementos de linguagem e estrutura dos quadrinhos impressos. As principais vantagens da *webcomic* são a eliminação dos custos de impressão, a distribuição imediata e ampla e a possibilidade de uma interação ágil com os leitores. Algumas pessoas dizem que as *webcomics* e outros tipos de quadrinhos digitais são o futuro dos quadrinhos. Outras pessoas não abrem mão dos quadrinhos impressos – se não por outras razões, pelo simples prazer de folhear uma revista. O fato é que, neste momento, os quadrinhos digitais e os impressos ainda convivem de modo relativamente harmonioso, e muitos quadrinhos criados para veiculação na internet acabam originando revistas e álbuns impressos. Se isso vai mudar, só saberemos nos próximos anos.

Síntese

Neste capítulo, focamos em questões práticas relacionadas à produção de histórias e revistas em quadrinhos, enfatizando que existem vários métodos para criar uma história em quadrinhos. Optamos por seguir um método tradicional, com a divisão da produção em etapas, a fim de esclarecer aspectos relacionados a cada uma das atividades do processo, mas sempre indicando alternativas ao método adotado.

Comentamos o processo de criação tendo como referência a produção artística tradicional com suas ferramentas básicas – ou seja, lápis, papel e, para as etapas finais, pincéis (ou penas, canetas...) e tinta. Atualmente, os programas de computador são empregados como alternativa ou mesmo já substituíram o uso desses instrumentos em algumas etapas, mas vale lembrar que eles próprios "adaptam" o método de trabalho tradicional, o qual segue como referência válida e essencial.

Para criar uma história em quadrinhos, apresentamos uma espécie de *checklist* de tarefas: definição do assunto, estruturação de um argumento, formatação de um roteiro, desenho e quadrinização, letreiramento e a arte-final, aplicação de cores. Nesse contexto, explicitamos o planejamento e a produção de uma revista em quadrinhos tendo como foco a revista impressa, mas também mostrando caminhos para torná-la uma publicação digital.

Contemplamos, ainda, os diferentes tipos de quadrinhos digitais e seus aspectos de produção e de distribuição, apontando a diversidade do que se entende por *quadrinho digital*. Além disso, abordamos algumas alternativas para criar uma revista em quadrinhos digital, bem como para veicular quadrinhos na internet. O próximo passo será dado por você.

Indicações culturais

GOSCINNY, R.; UDERZO, A. **Asterix, o gaulês**. 13. ed. Rio de Janeiro: Record, 2015.

Com histórias de Goscinny e desenhos de Uderzo, a série *Asterix* estreou na revista francesa *Pilote*, logo em seu primeiro número, no ano de 1959. Em *Asterix, o gaulês*, encontra-se sua primeira história, que foi publicada em capítulos na *Pilote* e reunida em formato de álbum em 1961. É apenas o começo dos divertidos confrontos entre o império romano e a pequena aldeia gaulesa habitada por Asterix, Obelix, Panoramix, Chatotorix e outros "ix". Clássico absoluto dos quadrinhos, *Asterix* continuou sendo publicado, com histórias criadas por Uderzo e por outros autores, após o falecimento de Goscinny em 1977.

Fique atento: os desenhos de Uderzo são claros (com poucas sombras e texturas) e bastante dinâmicos, acompanhando, aliás, o próprio ritmo da narrativa. Observe como, no estilo de Uderzo, o humor é enfatizado pelo exagero gestual e pela intensidade das expressões faciais dos personagens.

LEE, S. et al. **Os Vingadores**. Barueri: Panini Brasil, 2012. v. 1-4. (Coleção Histórica Marvel).

A Coleção Histórica Marvel apresenta uma seleção de histórias clássicas de alguns dos principais personagens da Marvel. No primeiro conjunto, com quatro volumes, lançado em 2012, o foco é o grupo de super-heróis Os Vingadores. O volume 1 é dedicado ao Capitão América, personagem criado por Joe Simon e Jack Kirby em 1941, e inclui sua aventura de estreia, bem como várias histórias de Stan Lee com desenhos de Jack Kirby e Jim Steranko já da década de 1960. O volume 2, com histórias de Thor, é inteiramente de autoria da dupla Lee e Kirby. O volume 3 conta com algumas das primeiras aventuras do Homem de Ferro e, entre elas, histórias com os desenhos de Don Heck e Gene Colan, dois dos principais desenhistas do personagem. Já o último volume apresenta uma sequência de histórias do grupo Os Vingadores escritas por Roy Thomas e desenhadas por John Buscema. O sucesso dessa primeira coleção promoveu o lançamento de outras similares, como O *Homem-Aranha*, *Os X-Men* e uma segunda *Os Vingadores*.

Fique atento: nessa coleção, você verá o trabalho de mestres da arte de desenhar super-heróis – como Jack Kirby, um dos desenhistas mais influentes de todos os tempos e, não por acaso, conhecido como *O Rei*.

MSP 50: Mauricio de Sousa por 50 artistas. Barueri: Panini Books, 2009.

MSP 50 foi lançado como parte das comemorações pelos 50 anos de carreira do criador da *Turma da Mônica*. 50 artistas brasileiros apresentam suas releituras dos famosos personagens de Mauricio de Sousa. Não apenas pela importância do homenageado e pelo talento desses artistas, *MSP 50* merece ser conhecido também por sua relevância histórica no mercado editorial. O sucesso de público e crítica acarretou o lançamento de outros livros (*MSP+50*, *MSP novos 50* e *Ouro da casa*) e desencadeou o projeto *Graphic MSP* (álbuns criados por artistas convidados, cujo primeiro título foi *Astronauta: magnetar* (2012), de Danilo Beyruth.

Fique atento: em *MSP 50*, você tem a oportunidade de conhecer e comparar os diferentes estilos e técnicas de grandes artistas brasileiros.

Atividades de autoavaliação

1. Identifique quais etapas de produção de uma história em quadrinhos podem ser realizadas com o auxílio de programas de computador.

    I) Desenho.

    II) Arte-final.

    III) Colorização.

    IV) Letreiramento.

    Agora, assinale a alternativa que corresponde à sequência obtida:

    a) I e III.
    b) II, III e IV.
    c) III e IV.
    d) Todas.

2. Sobre o roteiro de uma história em quadrinhos, é correto afirmar que:
    a) um roteiro detalhado é indispensável para a criação de uma história em quadrinhos.
    b) apresenta informações sobre o que acontece em cada um dos quadros.
    c) deve descrever todos os aspectos visuais da história em quadrinhos.
    d) é produzido somente após a elaboração de um argumento completo da história.

3. Identifique aspectos do processo de quadrinização que dizem respeito ao posicionamento e ao ponto de vista do leitor em relação à cena mostrada em um quadro.

    I) Enquadramentos.

    II) Ângulos de visão.

    III) Diagramação.

    IV) Iluminação.

Agora, assinale a alternativa que corresponde à sequência obtida:

a) I.
b) I e II.
c) II e III.
d) Todos.

4. No que se refere ao processo de produção de uma revista em quadrinhos, pode-se afirmar que:
    a) estabelecer o número de páginas não deve fazer parte do planejamento inicial.
    b) a capa e a contracapa da revista nunca são impressas na mesma face de uma folha.
    c) a paginação pode ser definida por meio de *softwares* de editoração.
    d) o número total de páginas deve ser ímpar.

5. Em relação aos quadrinhos digitais, marque as afirmativas a seguir como verdadeiras (V) ou falsas (F).
    ( ) Para criar uma arte digital, são necessários programas de computador.
    ( ) Um arquivo digital CBR de uma revista em quadrinhos contém vários arquivos de imagens.
    ( ) A inclusão de som e movimento em quadrinhos digitais torna-os mais semelhantes aos filmes de animação do que aos quadrinhos tradicionais.
    ( ) *Webcomics* são quadrinhos veiculados pela internet com o único objetivo de testar a receptividade dos leitores.

    Agora, assinale a alternativa que corresponde à sequência correta:

    a) F, V, V, F.
    b) V, F, V, F.
    c) V, V, V, F.
    d) V, V, F, V.

Atividades de aprendizagem

Questões para reflexão

1. Tendo como objetivo a criação de uma história em quadrinhos por um grupo de pessoas, analise essas duas possibilidades de organização da atividade:
   a) Todos participam de todas as etapas do processo.
   b) Divisão do grupo, designando a cada subgrupo uma etapa de produção.

   Quais vantagens e desvantagens você observa em cada uma dessas metodologias?

2. Como o desenvolvimento dos quadrinhos digitais influenciou e pode influenciar os quadrinhos impressos?

Atividade aplicada: prática

1. Atualmente, existem diversas histórias em quadrinhos que são adaptações de obras literárias. Escolha uma dessas adaptações, leia o texto literário original e compare com os quadrinhos – por exemplo, analise a adaptação para quadrinhos do conto *O alienista*, de Machado de Assis (2007), realizada por Gabriel Bá e Fábio Moon. Lembre-se de que se trata de uma adaptação, e não de uma reprodução. Nem tudo que está na obra original precisa ser transposto para os quadrinhos. Quem faz uma adaptação faz escolhas – e é isso que você deve observar. Observe as escolhas que foram feitas sobre a caracterização de personagens e de ambientes, sobre o clima e o ritmo da narrativa, sobre o que omitir e o que destacar etc.

Referências

AGOSTINI, A. **As aventuras de Nhô-Quim & Zé Caipora**: os primeiros quadrinhos brasileiros 1869-1883. Brasília: Senado Federal/Conselho Editorial, 2002.

ANSELMO, Z. A. **Histórias em quadrinhos**. Petrópolis: Vozes, 1975.

BRASIL. Ministério da Educação. Secretaria de Educação Fundamental. **Parâmetros Curriculares Nacionais**: arte. Brasília, 1997.

BRUNETTI, I. **A arte de quadrinizar**: filosofia e prática. São Paulo: WMF M. Fontes, 2013.

CAGNIN, A. L. **Os quadrinhos**. São Paulo: Ática, 1975. (Coleção Ensaios).

CIRNE, M. **Para ler os quadrinhos**: da narrativa cinematográfica à narrativa quadrinizada. Petrópolis: Vozes, 1972.

EISNER, W. **Quadrinhos e arte sequencial**. São Paulo: M. Fontes, 1989.

FIELD, S. **Manual do roteiro**: os fundamentos do texto cinematográfico. Rio de Janeiro: Objetiva, 1995.

FRANCO, E. S. **Hqtrônicas**: do suporte papel à rede internet. São Paulo: Annablume; Fapesp, 2004.

GABILLIET, J.-P. **Of Comics and Men**: a Cultural History of American Comic Books. Jackson: The University Press of Mississippi, 2010.

GONÇALO JUNIOR. **A guerra dos gibis**: a formação do mercado editorial brasileiro e a censura aos quadrinhos – 1933-64. São Paulo: Companhia das Letras, 2004.

GONÇALO JUNIOR. **A guerra dos gibis 2**: Maria Erótica e o clamor do sexo – imprensa, pornografia, comunismo e censura na ditadura militar, 1964-1985. São Paulo: Editoractiva Produções Artísticas, 2010.

GUBERN, R. **Literatura da imagem**. Rio de Janeiro: Salvat, 1980.

HOGARTH, B. **Luz e sombra sem dificuldade**. Köln: Evergreen, 1999.

HORN, M. (Ed.). **The World Encyclopedia of Comics**. New York: Chelsea House, 1976.

HOWE, S. **Marvel Comics**: a história secreta. Tradução de Érico Assis. São Paulo: LeYa, 2013.

MACHADO DE ASSIS, J. M. **O alienista**. Rio de Janeiro: Agir, 2007.

MAGALHÃES, H. **O que é fanzine?** São Paulo: Brasiliense, 1993.

MAZUR, D.; DANNER, A. **Quadrinhos**: história moderna de uma arte global – de 1968 até os dias de hoje. São Paulo: WMF M. Fontes, 2014.

MCCLOUD, S. **Desenhando quadrinhos**. São Paulo: Makron Books, 2008.

MCCLOUD, S. **Desvendando os quadrinhos**. São Paulo: Makron Books, 2005.

MCCLOUD, S. **Reinventando os quadrinhos**. São Paulo: Makron Books, 2006.

MOYA, A. de. **História da história em quadrinhos**. Porto Alegre: L&PM, 1986.

O TICO-TICO: Jornal das crianças (RJ) - 1905 a 1961. Disponível em: <http://memoria.bn.br/DOCREADER/DOCREADER.ASPX?BIB=153079&pagfis=1>. Acesso em: 16 nov. 2023.

OLSON, R. D. **R. F. Outcault, The Father of the American Sunday Comics, and the Truth about the Creation of the Yellow Kid**. Disponível em: <http://www.neponset.com/yellowkid/history.htm>. Acesso em: 6 abr. 2018.

O'NEIL, D. **Guia oficial DC Comics**: roteiros. Tradução de Dario Chaves. São Paulo: Opera Graphica, 2005.

SILVA, D. da. **Quadrinhos dourados**: a história dos suplementos no Brasil. São Paulo: Opera Graphica, 2003.

TÖPFFER, R. **Histoire de M^r. Jabot**. Genebra, 1833. Disponível em: <https://archive.org/details/gri_33125008487627>. Acesso em: 23 mar. 2018.

TÖPFFER, R. **Monsieur Jabot**. São Paulo: Sesi-SP, 2017.

TUBAU, I. **Dibujando historietas**. Barcelona: Ediciones Ceac, 1969.

VERGUEIRO, W.; RAMA, A. (Org.). **Como usar as histórias em quadrinhos na sala de aula**. 2. ed. São Paulo: Contexto, 2005.

VERGUEIRO, W.; RAMOS, P. (Org.). **Muito além dos quadrinhos**: análises e reflexões sobre a 9ª arte. São Paulo: Devir, 2007.

VERGUEIRO, W.; SANTOS, R. E. dos. (Org.). **O Tico-Tico 100 anos**: centenário da primeira revista de quadrinhos do Brasil. Vinhedo: Opera Graphica, 2005.

Bibliografia comentada

EISNER, W. **Quadrinhos e arte sequencial**. São Paulo: M. Fontes, 1989.

Lançado em 1985, o livro *Quadrinhos e arte sequencial* surgiu a partir das aulas que Will Eisner ministrou na Escola de Artes Visuais de Nova York e de ensaios publicados na revista *The Spirit*. Além de reforçar a importância da percepção dos quadrinhos como uma forma de arte, Eisner discorre sobre técnicas, elementos e características essenciais dos quadrinhos, utilizando belos exemplos de sua autoria para demonstrar as inúmeras possibilidades criativas dessa arte.

MCCLOUD, S. **Desvendando os quadrinhos**. São Paulo: Makron Books, 2005.

Nesse livro, Scott McCloud utiliza o formato das histórias em quadrinhos para discutir conceitos, elementos gráficos e outros aspectos, adotando uma linguagem simples e acessível. Lançado nos Estados Unidos em 1993, *Desvendando os quadrinhos* é, ainda hoje, uma das mais aclamadas obras teóricas sobre quadrinhos.

GONÇALO JUNIOR. **A guerra dos gibis**: a formação do mercado editorial brasileiro e a censura aos quadrinhos – 1933-1964. São Paulo: Companhia das Letras, 2004.

Abordando o período que vai de 1933 a 1964, *A guerra dos gibis* é um estudo aprofundado sobre a origem e a consolidação das principais editoras de quadrinhos no Brasil, bem como sobre o combate aos quadrinhos promovido por personalidades influentes, que os viam como "má literatura", "incentivadores de violência" ou, ainda, "degradadores da moral". *A guerra dos gibis* conta uma história de resistência e de luta contra os preconceitos que cercavam essa arte.

MAZUR, D.; DANNER, A. **Quadrinhos**: história moderna de uma arte global – de 1968 até os dias de hoje. São Paulo: WMF M. Fontes, 2014.

Se você quer saber mais sobre o que vem acontecendo no universo dos quadrinhos nas últimas décadas, *Quadrinhos: história moderna de uma arte global* é uma ótima opção. Repleto de belas ilustrações, o livro traz um panorama da produção de quadrinhos desde o quadrinho *underground* da década de 1960 até as *graphic novels* bastante recentes, abrangendo essencialmente quadrinhos americanos, europeus e mangás.

BRUNETTI, I. **A arte de quadrinizar**: filosofia e prática. São Paulo: WMF M. Fontes, 2013.

No pequeno livro *A arte de quadrinizar*, escrito pelo artista e professor Ivan Brunetti, é desenvolvido um curso em 15 lições sobre criação de histórias em quadrinhos. Com ilustrações do próprio autor, o curso apresenta diversas propostas de atividades, muitas vezes pouco ortodoxas, que estimulam a imaginação e a criatividade.

MCCLOUD, S. **Desenhando quadrinhos**. São Paulo: Makron Books, 2008.

Esse é mais um livro essencial escrito por Scott McCloud. Dessa vez, o foco é o processo de criação de histórias em quadrinhos. Em *Desenhando quadrinhos*, o autor aborda principalmente aspectos práticos relacionados a todas as etapas de produção, recursos, técnicas e ferramentas necessárias para criar uma história em quadrinhos. A mesma linguagem informal e o mesmo formato em quadrinhos que McCloud utiliza em *Desvendando em quadrinhos* estão presentes nesse livro.

Considerações finais

Neste livro, abordamos duas das artes mais relevantes do mundo contemporâneo: a fotografia e os quadrinhos. Sobre a fotografia, consideramos como base alguns aspectos relevantes: o pensamento crítico-teórico, para compreender como a linguagem se desenvolveu historicamente; a descrição de aspectos e procedimentos técnicos, para agregar e facilitar o fazer fotografias; e a ampliação de referências, por meio de obras de grandes artistas e da caracterização de gêneros fotográficos.

Nesse âmbito, é válido dizer que só podemos pensar, produzir e consumir fotografia a partir de um contexto global: não adianta saber manipular a abertura da câmera se não se percebe o que uma fotografia pode expressar; não adianta consumir fotografia sem entender o que é consumido e, principalmente, sem a adoção de um posicionamento crítico.

No decorrer da obra, constatamos que a fotografia, em quase 200 anos de história, mostrou-se muito variada, serviu a muitos usos e gerou as mais diversas imagens. Nas primeiras décadas do século XXI chegou-se a um momento histórico: com a tecnologia digital, estamos diante de grandes mudanças nessa forma de expressão artística. Muitas pessoas reclamam que agora todos têm uma câmera e todos podem fotografar. Ora, isso não é motivo para descontentamento, mas para celebração. Contemporaneamente, todas as pessoas (ou quase todas) têm acesso aos meios de produção e podem lutar com melhores condições na arena da produção de sentidos. Ou seja, quanto mais pessoas fotografarem, mais olhares serão representados, as fronteiras da fotografia se ampliarão e novas possibilidades fotográficas surgirão. Estamos vivendo um momento-chave de transformação da arte, e esse é nosso recado principal.

No que se refere aos quadrinhos, abordamos o tema por três perspectivas – linguagem, história e produção –, que, embora sejam distintas, estão interligadas. Apontamos as relações entre esses vieses de modo que foi possível conciliar aspectos teóricos e práticos, tratando de questões que dizem respeito ao presente, ao passado e ao futuro dos quadrinhos.

É propício afirmar aqui que somos otimistas quanto ao futuro dos quadrinhos, e não se trata de um otimismo ingênuo e infundado, mas que se baseia, entre outros motivos, na simples percepção de que poucas décadas nos separam daquela época em que os quadrinhos começaram a ser encarados como uma forma de arte. Grandes mudanças ocorreram desde aqueles tempos em que os quadrinhos eram proibidos em escolas, vistos por muitos pais e professores como prejudiciais à formação das crianças e tratados como subarte ou subliteratura.

Em outras épocas, um aluno que estivesse lendo quadrinhos durante o recreio da escola corria o risco de ser repreendido e de tomarem seu gibi – pelo simples fato de serem quadrinhos. Felizmente, isso mudou a ponto de, em meados da década de 1980, os quadrinhos começarem a ser utilizados como material didático nas escolas brasileiras. O ensino de língua portuguesa foi um dos primeiros a explorar o potencial educativo dos quadrinhos, seja pelo enfoque como gênero textual, seja adotando-os para a apresentação de conteúdos disciplinares – como variantes linguísticas e norma-padrão. Ao mesmo tempo, outras disciplinas também passaram a aproveitar o poder de comunicação dos quadrinhos e a usá-los didaticamente para a discussão de conteúdos.

No final da década de 1990, os Parâmetros Curriculares Nacionais (PCN) oficializaram a presença dos quadrinhos nas escolas. Os PCN sobre arte para o ensino fundamental, por exemplo, mencionam explicitamente os quadrinhos no ensino de artes visuais, tanto como *objeto de apreciação significativa* quanto como objeto de atividades relacionadas ao *fazer artístico* dos alunos (Brasil, 1997).

Nas universidades, por sua vez, surgem a cada ano dezenas de artigos, dissertações e teses sobre quadrinhos, que, como podemos notar, conquistaram seu espaço em todos os níveis de ensino. E isso também é motivo para ser otimista quanto ao futuro desse tipo de expressão.

Essa confiança, contudo, não tem necessariamente relação com o futuro dos quadrinhos impressos. Pensamos que não apenas os quadrinhos, mas todas as publicações que usam o papel como suporte atravessam um período de incertezas em virtude da evolução tecnológica e da difusão digital. De qualquer modo, seja qual for o suporte privilegiado nos próximos anos, os quadrinhos continuarão sendo uma forma de arte que fará parte de nossas vidas e, principalmente, seus elementos visuais continuarão sendo explorados criativamente, novos artistas e obras surgirão e, é claro, também novos leitores.

Aqui, nessas considerações finais, devemos reforçar o que já deixamos claro no decorrer da obra: este livro é um convite. Apenas abrimos as portas da fotografia e dos quadrinhos, mas cabe a você entrar nesses dois mundos e explorar as infinitas possibilidades que essas expressões artísticas guardam.

Respostas

Capítulo 1

Atividades de autoavaliação
1. b
2. c
3. b
4. d
5. b

Capítulo 2

Atividades de autoavaliação
1. d
2. b
3. b
4. c
5. d

Capítulo 3

Atividades de autoavaliação
1. c
2. c
3. d
4. a
5. b

Capítulo 4

Atividades de autoavaliação
1. d
2. b
3. d
4. a
5. d

Capítulo 5

Atividades de autoavaliação
1. b
2. d
3. c
4. c
5. b

Capítulo 6

Atividades de autoavaliação
1. d
2. b
3. b
4. c
5. c

Sobre os autores

Bruno Oliveira Alves é doutor em Tecnologia e Sociedade pela Universidade Tecnológica Federal do Paraná (UTFPR). Possui uma carreira de mais de 15 anos como fotojornalista e fotógrafo autoral. Também atua como professor de fotografia em cursos universitários. Em 2014, publicou um livro de fotografia de rua sobre o centro de Curitiba (A cidade como cenário).

André Lopez Scoville é doutor em Letras pela UFPR. Atua como consultor nas áreas de literatura e arte e cultura. Realizou trabalhos como roteirista de filmes de animação. É professor orientador de TCC em cursos de pós-graduação do Centro Universitário Internacional (Uninter).

Os papéis utilizados neste livro, certificados por instituições ambientais competentes, são recicláveis, provenientes de fontes renováveis e, portanto, um meio responsável e natural de informação e conhecimento.

FSC
www.fsc.org
MISTO
Papel | Apoiando o manejo florestal responsável
FSC® C103535

Impressão: Reproset